Niemand steht so wie Max Horkheimer für das, was in den 1960er Jahren die Bezeichnung »Frankfurter Schule« erhielt. Der Sohn eines Textilfabrikanten übernahm 1930 die Leitung des marxistischen »Instituts für Sozialforschung« mit dem Ziel, der von Konkurrenz und Gewinnstreben bestimmten Welt seines Vaters die Alternative eines der Erkenntnis gewidmeten und von Solidarität geprägten Lebens gegenüberzustellen. Durch das nationalsozialistische Regime ins Exil gezwungen, wurde das Institut zu einem Ort der Zusammenarbeit von Intellektuellen verschiedener Disziplinen und prägte auch nach der Rückkehr nach Deutschland die geistige Entwicklung der Bundesrepublik. Die neue, aktuelle Darstellung von Horkheimers Leben und Werk bietet eine Einführung und eine Gesamtschau dieses zentralen Denkers des 20. Jahrhunderts.

Rolf Wiggershaus studierte Philosophie, Soziologie und Germanistik in Tübingen und Frankfurt am Main. Seine große Studie zur Geschichte der Frankfurter Schule ist zu einem vielfach übersetzten Standardwerk geworden. Darüber hinaus hat er mehrere Werke über Adorno, Wittgenstein und Habermas verfasst. Er lebt als freier Publizist bei Frankfurt am Main.

Weitere Informationen, auch zu E-Book-Ausgaben, finden Sie bei www.fischerverlage.de

Rolf Wiggershaus

Max Horkheimer

Unternehmer in Sachen
»Kritische Theorie«

FISCHER Taschenbuch

MIX
Papier aus verantwortungsvollen Quellen
FSC® C019821

Originalausgabe
Erschienen bei FISCHER Taschenbuch
Frankfurt am Main, Juli 2013

Gesamtherstellung: Druckerei C. H. Beck, Nördlingen
Printed in Germany
ISBN 978-3-596-19574-9

Inhalt

Vorbemerkung

Eine seltene Kombination der Talente verkörperte Max Horkheimer, der Unternehmersohn aus Stuttgart-Zuffenhausen, der kein Unternehmer wie sein Vater werden wollte. Er wurde zu einem kritischen Gesellschaftsbeobachter und eigenwilligen Denker, zu einem Philosophen und Wissenschaftsmanager. Die »Frankfurter Schule«, die in der zweiten Hälfte des vorigen Jahrhunderts zu einer der wichtigsten Strömungen kulturkritischen, gesellschaftstheoretischen und philosophischen Denkens in Deutschland und schließlich weltweit wurde, hätte es ohne ihn nicht gegeben.

Als er 1930 die Leitung des noch jungen Instituts für Sozialforschung in Frankfurt am Main übernahm, begann eine erstaunliche Kooperation von Intellektuellen verschiedener Fachdisziplinen – darunter der Psychoanalytiker Erich Fromm, der Philosoph Herbert Marcuse, der Philosoph und Musiktheoretiker Theodor W. Adorno und der Literaturkritiker und Essayist Walter Benjamin. Sekundiert von seinem lebenslangen Freund Friedrich Pollock, einem Wirtschaftswissenschaftler, vermochte Max Horkheimer eine zunehmende Zahl von Mitarbeitern und Mitarbeiterinnen durch Sendungsbewusstsein und mit organisatorischem Geschick an sich und sein Programm einer interdisziplinären kritischen Gesellschaftstheorie zu binden. Dank dieses »Kapitals« konnte er seine Karriere und die des Instituts nach dem US-Exil im Nachkriegsdeutschland in anderer Form fortsetzen.

Eine Monographie über Horkheimer bietet die Möglichkeit, den Reichtum zu nutzen, der in Form der von Alfred Schmidt und Gunzelin Schmid Noerr herausgegebenen 19 Bände der »Gesammelten Schriften« vorliegt und darüber hinaus im Archivzentrum der Universitätsbibliothek Frankfurt am Main zur Verfügung steht. Privates und Offizielles, Persönliches und Institutionelles sind gleichermaßen dokumentiert und oft nicht voneinander zu scheiden. Weil es sich um eine überwältigende Fülle handelt, weil die Thematik der

Texte und ihre literarischen Formen so vielfältig sind und weil Niveau und Kraft des sprachlichen Ausdrucks oft großartig und pointiert sind, bietet es sich zudem an, diese Qualität durch markante Zitate zur Geltung kommen zu lassen.

In einem Offenen Brief zum 70. Geburtstag Horkheimers formulierte Adorno einmal als Quintessenz seines Bildes von dem Freund: »Der das Triebwerk bis ins Innerste durchschaute und es anders wollte, war entschlossen und fähig, trotzdem, und ohne Kapitulation, sich zu behaupten. Dem selbsterhaltenden Prinzip kritisch auf den Grund zu sehen, und der Einsicht noch die eigene Selbsterhaltung abzwingen – dies Paradoxe stellte in Dir leibhaftig sich dar.« Davon soll diese Biographie einen Eindruck vermitteln.

I Kindheit, Jugend und die Utopie einer »île heureuse«

Max Horkheimer kam am 14. Februar 1895 in Zuffenhausen bei Stuttgart, der Residenzstadt des Königreichs Württemberg, zur Welt. Er blieb das einzige Kind von Moses – genannt Moritz oder Moriz – Horkheimer und dessen Frau Babette. Der Vater (*1858) und die Mutter (*1869), eine geb. Lauchheimer, hatten 1892 geheiratet und die württembergische Staatsangehörigkeit erworben. Nach dem geschäftlichen Misserfolg des Großvaters war der Vater als Teilhaber einer neuartigen Kunstbaumwoll-Fabrik, die er 1885 zusammen mit einem Bruder gegründet hatte, in kurzer Zeit zu einem reichen Mann geworden. »Aus den Abfällen der Webereien und Spinnereien, die natürlich ganze Züge von Wagen ausmachten«, so Max Horkheimer später im Rückblick, »machte er Kunstbaumwolle, die genau die Nuance hatte, die dann die Spinnereien oder die Webereien brauchten und unmittelbar verwenden konnten.« (Das Schlimme erwarten und doch das Gute versuchen. Gespräch mit G. Rein, 1972/HGS 7, S. 442) Die Horkheimer'schen Kunstbaumwollwerke beschäftigten 80–90 Mitarbeiter und produzierten jährlich 5000 Tonnen Ware, die im In- und Ausland verkauft wurden (cf. J. Toury: Jüdische Textilunternehmer in Baden-Württemberg 1683–1938, Schriftenreihe Wissenschaftliche Abhandlungen des Leo Baeck Instituts, Bd. 42, Tübingen 1984, S. 199 f., zitiert nach A. Heuß: Die Sammlung von Moses Moritz Horkheimer, in: Exilforschung, Bd. 29, 2011, S. 139). Um die Jahrhundertwende war Moritz Horkheimer, der »Lumpenhändler in großem Stil« (Heuß), Millionär – »mehrfacher Goldmillionär«, wie sein Sohn Max später im Alter stolz betonte.

Die einzige Quelle für Informationen über seine Kindheit sind Max Horkheimers eigene verstreute Erinnerungen. Als er geboren wurde, lebten die Eltern »noch in einem gewissen strengen, ich würde nicht sagen orthodoxen, aber konservativen jüdischen Sinne« (HGS 7, S. 443). Als er mit etwa sieben Jahren schwer erkrankte, der Arzt als stärkendes Frühstück »ein Butterbrot mit Schinken« empfahl und der zu Rate gezogene Rabbi diesem Bruch mit einer koscheren Küche zu-

Abb. 1: Max Horkheimer 1908

stimmte, wurde fortan »einfach gekocht wie in einem anderen Hause – mit gewissen Hemmungen« (ibid.). Im Übrigen ging es im Elternhaus zu wie bei anderen Familien dieses Milieus. »Als Kind einer bürgerlichen, deutsch-jüdischen Familie hatte ich hingebend mit Zinnsoldaten gespielt, auch Kindergewehre mit Korkpfropfen und eine Pistole mit Zündblättchen gehörten zu meinem Arsenal. Bis ich etwa 10 Jahre zählte, um 1905, bedeutete der Sonntag eine besondere Freude, weil man vom Erker unserer Wohnung (in der Militärstraße) den Platz vor der Stuttgarter Garnisonkirche überblicken konnte. Dort trafen die Detachements der verschiedenen Truppenteile, der Musketiere und Grenadiere, gelben und weißen Dragoner, gelegentlich auch der Ulanen, mit ihren bunten Uniformen ein, und boten ein anregend farbiges Bild, bis sie in gewohnter Ordnung in dem für sie bestimmten Eingang der Kirche verschwanden.« (Nachwort zu Thilo Koch, Hg.: Porträts zur deutsch-jüdischen Geistesgeschichte, Köln 1961, S. 256) Der Vater, stolz darauf, ehemals ›Einjährig-Freiwilliger‹ gewesen zu sein, erklärte dem Sohn die edlen Absichten des Kaisers und des Königs von Württemberg. »Es war ›unser‹ Militär, gehörte zur Sphäre gesicherten Lebens, zum Bewusstsein dauernden Friedens und Fortschritts, in dem ich wie andere Kinder erzogen wurde.« (Ibid.) Von Antisemitismus wurde zwar zu Hause gesprochen, doch wenn ein Junge Horkheimer in der Klasse oder auf dem Schulweg »Jude« nachrief und der Lehrer davon erfuhr, wurde das geahndet und hinterließ keine großen Wunden. »Vom Judentum wusste ich als meinem Religionsbekenntnis, vom Deutschen Reich als meinem Heimatland.«

Vom Vater von Anfang an dazu bestimmt, sein Nachfolger in der Unternehmensleitung zu werden, verließ Max Horkheimer im Herbst 1910 nach Abschluss der Untersekunda das Gymnasium und wurde für ein bis zwei Jahre Lehrling in der väterlichen Fabrik. In dieser Zeit begann seine Freundschaft mit dem ein Jahr älteren Friedrich Pollock. Der war erst kurz vorher mit seinen Eltern von Freiburg nach Stuttgart gekommen. Sein Vater war Teilhaber der Reiseartikel- und Lederwaren-Fabrik Nördlinger & Pollock. Horkheimer lud Pollock zur Teilnahme an einer Tanzstunde für die Jugendlichen der jüdischen Gemeinde ein. Er war erstaunt und irritiert, als der nur einmal kam und eine weitere Teilnahme ablehnte. Er bat ihn um eine Aussprache.

Sie seien, so Pollock später, einander äußerst unsympathisch gewesen, seien ja auch ganz verschieden erzogen worden. Er entstamme einem Elternhaus, das sich rigoros vom Judentum abgewandt hatte, Horkheimer dagegen einer konservativ-jüdischen Familie mit einer ehrgeizigen und Protz liebenden Mutter. Sie habe den Vater gezwungen, Kommerzienrat zu werden, und habe die Medaillen, die der Sohn in jeder Klasse bekam, schön gerahmt auf samtenem Hintergrund aufgehängt. Mit seiner blumigen Sprache habe Horkheimer ihn zur Weißglut gebracht. Dieser Affektiertheit wegen hätten er und die meisten anderen Tanzstundenteilnehmer und -teilnehmerinnen eine eigene Tanzstunde aufmachen wollen. Das habe Horkheimer erfahren und um die Aussprache gebeten. Er sei nicht, was er scheine, sondern ein ganz verzweifelter Mensch, und er werde wahnsinnig werden, wenn ihm niemand helfe. »Und hat also einfach plötzlich wie ein Mensch zu mir gesprochen und nicht wie der einzige Sohn von Herrn und Frau Kommerzienrat Horkheimer. Ich war sehr beeindruckt. Horkheimer erzählte mir aber dann, daß es für ihn wie eine kalte Dusche war, als ich gesagt habe, ›Ja, das will ich mir alles durch den Kopf gehen lassen.‹ Also nicht etwa, nachdem er sich völlig nackt und bloß sozusagen gezeigt hat, ihm die Hand gegeben habe und gesagt habe, ›Komm, also ich helfe dir!‹ Sondern offenbares Misstrauen.« (Horkheimer/Pollock: »Biographische Interviews« 1965/66, MHA: X 132 b) Diese Urszene mit pathetischer Selbstentblößung des einen, bedächtigem Eingehen darauf seitens des anderen lässt ahnen, warum es nach dieser Aussprache zu einer lebenslangen Freundschaft dieser beiden so unterschiedlichen Personen kam. Ihr Zusammenspiel machte es möglich, einen gewissen Überschwang mit Bodenhaftung zu versehen.

Pollock erschloss dem Freund eine neue Welt jenseits religiöser und konservativer Traditionen. Er machte Horkheimer aufmerksam auf Kritiker eines selbstzufriedenen und heuchlerischen Bürgertums wie Ibsen und Strindberg, Zola und Tolstoi. Für Philosophie hatten sie laut Pollock zunächst nur Verachtung. Das hatten sie zu Hause gelernt.

Vor allem für Horkheimer wurde es eine Freundschaft mit konspirativen Zügen, die sich gegen den übermächtigen Vater richtete. Es kam zu einem ersten schriftlichen Freundschaftsvertrag, dem in späteren Jahren weitere schriftliche Abmachungen folgten. Genaue Regeln legten fest, wie Meinungsunterschiede ausgetragen und gemein-

Abb. 2: Villa Azenbergstraße 25 in Stuttgart-Zuffenhausen

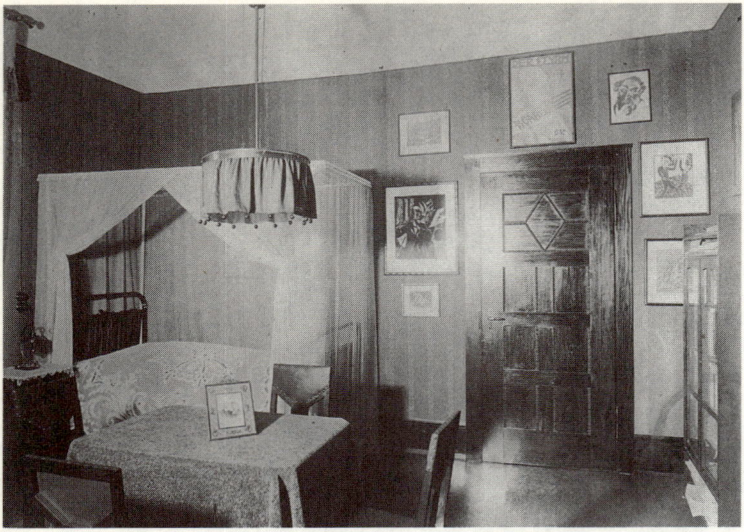

Abb. 3: Max Horkheimers Zimmer in der elterlichen Villa

same Beschlüsse erreicht werden sollten. Sogar die Länge der Debattierzeit und die dafür zu benutzende Tageszeit waren festgelegt. Das Ganze sollte »Ausdruck eines kritisch-humanen Elans« sein und der »Schaffung der Solidarität aller Menschen« (H. Gumnior/R. Ringguth: Horkheimer, Reinbek 1973, S. 16) dienen. Was an dem ersten Freundschaftsvertrag und ebenso an den späteren Neuformulierungen und Programmen so befremdlich anmutet – die Förmlichkeit des Ganzen und die Pedanterie der einzelnen Verhaltensvorschriften – war offenbar die den beiden Freunden angemessene Form eines Kompromisses zwischen Schwärmerei und Nüchternheit, zwischen Sehnsucht nach wesentlichem Leben und einem bürgerlicher Sozialisation entstammenden Sekuritätsbedürfnis.

Ein Fotoalbum der Villa in der Stuttgarter Innenstadt, die der Vater erbauen ließ, zeugt vom beträchtlichen Wohlstand der Familie Horkheimer. Zum Haus gehörten u. a. ein Musikzimmer und ein Bauernzimmer. Im Zimmer des Sohnes hingen expressionistische Grafiken an den Wänden. Besonders auffällig ist ein gerahmtes Plakat für eine neue Nummer der Zeitschrift »Der Sturm«: ein 1911 entstandenes Selbstbildnis von Oskar Kokoschka, der auf eine blutende Wunde auf seiner Brust deutet (cf. A. Heuß, a. a. O., S. 141). Der Vater war ein Mäzen der württembergischen Malerschule und sammelte Bilder arrivierter akademischer Künstler. »Daß eine moderne Abteilung hinzugefügt wurde«, so Horkheimer, »hing nicht zuletzt damit zusammen, daß ich als einziges Kind seit etwa 1910 mich leidenschaftlich für bildende Kunst und Literatur interessierte und meine Eltern meine Neigungen gerne unterstützten.« (Horkheimer-Dieter Koepplin, 10. 5. 1966 / HGS 18, S. 624 f.)

Der Erwerb moderner Bilder gehörte zu den rasch zunehmenden gemeinsamen Unternehmungen der beiden zu Nachfolgern ihrer Väter bestimmten jungen Männer. Die letzten anderthalb Jahre vor dem Ersten Weltkrieg verbrachten sie mit wenigen Unterbrechungen im Ausland: in Brüssel, Paris, Manchester, London, anfänglich mit beruflichen Ambitionen, doch bald schon fremde Sprachen lernend und das Leben genießend, lesend und diskutierend. Aus Brüssel, wohin Horkheimers Vater den kränkelnden Sohn zwecks Absolvierung eines Volontariats gebracht hatte, schrieb Horkheimer im Mai 1913 an Pollock: »Es ist mir, als ob ich in den letzten Tagen sehr gelitten hätte u. einmal sogar gefährlich krank gewesen sei – aber – Du kommst, bald – und das ist die Hauptsache. [...] Du, was meinst Du, wenn wir zusammen gehen, Hand in Hand, – Sonne – und allein, weit weg von Menschen die uns kennen – u. wenn ich dann fühle, daß auch ich leise, langsam – gesund werde. – Verzeihe mir, wenn Du es nicht liebst, daß ich so schreibe, aber ich bin krank u. es tut mir wohl.« (Horkheimer-Pollock, Bruxelles, 14. Mai 1913 / HGS 15, S. 9 f.)

Während der gemeinsamen Zeit in Brüssel entdeckten sie Schopenhauer. Pollock fand Kant unverständlich, Spinoza unverständlich, und geriet dann an Schopenhauer. »Und auf einmal redete da einer auf Deutsch und über Dinge, die einen etwas angingen: von dem, was einer ist, von dem, was einer vorstellt usw.« Er gab das Horkheimer zu lesen. »Und an einem der folgenden Abende gingen wir auf dem Boulevard du Nord in die deutsche Buchhandlung und fragten nach Schopenhauers Gesammelten Werken.« (»Biographische Interviews« 1965 / 66)

In der Zeit der Auslandsaufenthalte traf Horkheimer mehrmals mit einer entfernten Verwandten und Jugendfreundin – »Suze« –

Abb. 4: Tanzstunde Winter 1910/11

zusammen, mal bei ihren Eltern in Paris, mal in einem Ferienort an der bretonischen Küste. Nur einer seiner Briefe an Suze blieb erhalten. »Wenn ich das lese, was Du mir schreibst, u. mich so recht in Deine Lage hineindenke«, schrieb er während der Brüsseler Zeit an die Freundin, »wenn ich empfinde, was Du leidest – dann habe ich manchmal das Verlangen, dich aus all dieser eklen Kleinigkeit zu entfernen u. Dich eine Zeitlang hier bei uns Ruhe u. Verständnis atmen zu lassen. – Wir wohnen jetzt in einem Hause – ich bei Fritz – der Traum, der unsre kühnste Sehnsucht einschloß, hat sich erfüllt – immerwährendes ungestörtes Beisammensein. – Der Welt, in der Du leidest, sind wir entronnen u. unsre Erinnerung an sie ist nur eine stete Freude, von ihr los zu sein.« (Horkheimer-Suzanne Neumeier, 7. 9. 1913/HGS 15, S. 12 f.)

Welche Zuspitzung die Beziehung zwischen den drei jungen Menschen aus gutem Hause erlebte und wie es zum spektakulären Ende ihres großen Pubertätsabenteuers kam, schilderte Horkheimer in einer unverschlüsselt autobiographischen Novelle mit dem Titel »L'île heureuse«, die nur im engsten Bekanntenkreis kursierte und die er selbst nie veröffentlichte. Unmittelbar nach den Ereignissen im August 1914 niedergeschrieben, verband sie detaillierte Rekonstruktion mit der Beschwörung erlebter Ekstase und kombinierte expressionistischen Protest gegen bürgerliche Geschäftigkeit und bürgerlichen Eigennutz mit lebensreformerischen Aus- und Aufbruchsvisionen. »Heraus aus dem Kampf um Geld und Ehre«, um »diese herrliche Welt immer mehr verstehen zu lernen und uns selbst als Menschen höher zu schwingen« – so und ähnlich lauteten die parolenartigen Formulierungen, die den Text durchzogen.

Nach einem Aufenthalt im tristen Manchester hatten die beiden Freunde sich in London niedergelassen. Dort sollte Suze sich mit ihnen vereinen. Auch Fritz – also Pollock –, der bei den mehr als schwärmerischen Schilderungen des Berichtenden – also Horkheimers – »von der neuen Lebenskraft, die gekommen war, uns zu stärken«, zunächst »ruhig und kalt wie das Meer« (HGS 11, S. 303) geblieben war, stimmte dem Vorhaben schließlich zu. »Dadurch, daß Suze ein Weib war, bekam unser Verhältnis etwas in sich Geschlossenes, etwas Unabhängiges, etwas Ganzes«, resümierte der neunzehnjährige Horkheimer. »Alles Menschliche an uns konnten wir unserem Bunde weihen, von Seele, Geist und Körper gehörte nichts

Abb. 5: Friedrich Pollock um 1913

mehr der Außenwelt, alles – selbst gemeine Triebe – fanden in unserer Mitte ihre Beruhigung, denn Suze freute sich ihrer sinnlichen Schönheit, weil sie uns ein Geschenk damit machen konnte. Wenn wir zu dreien waren, waren wir daheim, dort, wo man alles hat, wessen man bedarf, wo man alles gibt, was man besitzt.« (A. a. O., S. 311)

Den Höhepunkt erreichte die Geschichte im Juli 1914. Suze verließ nachts heimlich die Wohnung ihrer Eltern in Paris und hinterließ nur einen Zettel mit der Nachricht, sie verlasse Paris heil und glücklich und werde bald einen ausführlichen Brief schicken. Horkheimer holte sie an der französischen Küste ab und fuhr mit ihr zu einer neu angemieteten kleinen Wohnung in London, in der sie das neue Dreierdasein beginnen und sich mit einem »langen ernsten Brief« an ihre Familien wenden wollten: »Gebt uns die Möglichkeit, aus eurer Wirklichkeit zu fliehen und uns irgendwo auf dieser Erde abseits von euren Städten niederzulassen, wir wollen unserer Sehnsucht leben, doch glaubt nicht, daß wir denken, der Arm soll ruhen, nur der Kopf soll schaffen, nein – schaut her – Arbeit muß sein; wir glauben daß der Mensch das Brot verdienen soll, das er genießt, doch nicht nach eurem Sinn! [...] Laßt uns das tun, was gut ist, schickt uns hinaus in ein anderes Land, dort wollen wir der Erde selbst abringen, was sie uns geben muß. Freie Menschen wollen wir bleiben in freier Natur [...].« (A. a. O., S. 317) In späteren Erinnerungen Pollocks ist von vagen Plänen die Rede, »möglichst weit weg von Europa« Farmer etwa in Südafrika zu werden (»Biographische Interviews« 1965/66) und sich in der Mußezeit der Erkenntnis zu widmen.

Während die drei mit sich und dem Brief an die Familien beschäftigt waren, war eine Pariser Freundin von Suze nach London gekommen, hatte durch einen Brief, den sie in der ihr bekannten dortigen alten Wohnung von Horkheimer und Pollock deponierte und in dem von einer schweren Krankheit von Suzes Mutter die Rede war, für eine erste Kontaktaufnahme gesorgt. In Paris hatten zudem Suzes Eltern einen von ihr nicht ganz vernichteten Brief gefunden, in dem die beiden Freunde noch einmal davon schwärmten, »daß eine ganz kurze île heureuse [...] dem Hinsiechen im Alltag vorzuziehen sei und daß es schöner wäre, nach ein paar Wochen Seligkeit zu sterben als noch länger ein uns widersprechendes Dasein zu fristen« (HGS 11, S. 324). Auf diesen Fund hin hatte Suzes Vater Horkheimers Eltern telegraphiert: »Max in Lebensgefahr, kommet sofort.« Unterstützt von zwei Detektiven konnten die eilends nach London gekommenen Eltern die drei Abtrünnigen zu einer gemeinsamen Aussprache im Hotel zwingen. Nach einem gemeinsamen Dinner, so heißt es in Horkheimers Novelle, gab Suze ihm die Hand und sagte, ohne ihn anzusehen, Adieu. In der Wohnung fanden die beiden Freunde im Ofen die Asche aller von Suze an sie gesandten Briefe. Sie hatte sie vor ihrer Abreise verbrannt. Einen solchen Verrat wollten die beiden nicht begehen. Sie wollten an ihrem Vorhaben festhalten. Doch als sie den Eltern den fertig gewordenen Brief zu lesen gaben, sahen sie »in keinem Auge auch nur einen Funken des Begreifens«, sondern »nur Jammer, Elend und Selbstbedauern«.

Als junge Männer mit besten Berufsaussichten hatten sie es allerdings auch leichter als ein junges Mädchen, nicht zu Verrätern ihres Traums zu werden und lediglich an einen Aufschub zu denken. Zurück in der schwäbischen Heimat logierte Horkheimer sich im Kurhaus Waldhotel Villingen ein und fixierte das Geschehene in Form einer Novelle. Er eröffnete sie mit der selbstbewussten und selbstgefälligen Ankündigung: »Und dies ist der Traum, den ich erzählen will und den keiner aus eurer Gemeinschaft je verstehen wird, dessen Wahrheit eure niedern Worte und Gedanken nicht zu fassen vermögen und dessen Bedeutung entschwindet, wenn ihr ihn mit euren Wünschlein und Absichten vergleicht: drei Menschen erwachten, zersprengten eure Fesseln, wurden frei und schwebten dem blauen Himmel zu. Da schosset ihr mit Pfeilen nach den Vögeln und traft den einen unter ihnen, der die zwei andern mit sich in die Tiefe riß. Doch sie haben noch Flügel, die zwei andern, und sie leben noch, sie flogen wieder der Sonne zu, ließen den Kadaver auf der Erde liegen, wo er hin gehört, und ich wünsche ihnen gute Fahrt!«

II Geschäft, Kunst und Liebe in Zeiten des Krieges und der Revolution

Während Horkheimer sich – teils wohl, weil er erholungsbedürftig war, teils wohl, weil man die Freunde wenigstens eine Zeitlang trennen wollte – in Villingen im Kurhaus Waldhotel aufhielt, wo er sich an die Niederschrift der Novelle *Île heureuse* machte, erfolgte am 28. Juli, einen Monat nach dem Attentat auf das österreichisch-ungarische Thronfolgerpaar in Sarajewo, die Kriegserklärung Österreich-Ungarns an Serbien. Horkheimer fand es empörend, wie er Pollock nach Stuttgart schrieb, »daß der heillose menschliche Wahnsinn glaubt, es sei gut und recht für zwei verlorene Menschenleben hunderttausend andere zu opfern, das ist der Beweis für die Dummheit u. Rohheit der Gesellschaft […]« Von sich selbst meinte er: »Ich arbeite viel im Kopfe u. ich freue mich, daß ich trotz meiner traurigen Umgebung, trotz fortwährenden Regens u. der deprimierenden Aussicht aufs Geschäft meine Sonne bewahre.« (Horkheimer-Pollock, 27.7.1914/HGS 15, S. 14)

Das Geschäft, dem er sich in der Folge widmen musste, war die Tätigkeit als Betriebsleiter und Prokurist im Unternehmen des Vaters – eine Position, die ihn zunächst vor Musterung und Kriegsdienst schützte. Der Vater sah sich auf dem Höhepunkt des Erfolgs, bekam 1916 vom König von Württemberg das Charlottenkreuz und das Ritterkreuz I. Klasse des Friedrichordens verliehen, spendete dem Deutschen Museum in München, in dessen Ausschuss er Mitglied wurde, 50 000 Mark und bekam 1917 vom König von Bayern den Titel eines Kommerzienrats verliehen. 1918 wurde er Ehrenbürger von Zuffenhausen. In dies erfolgreiche Unternehmen eines erfolgreichen Vaters sollte der Sohn Max sich nach seinem Ausbruchsversuch einfügen. Wie das zuging, kann man teilweise aus den zahlreichen in den Kriegsjahren entstandenen Novellen erschließen. Konkret wird von den wenigen erhaltenen Tagebuchnotizen nur eine vom 9. Juli 1915, als Horkheimer in Stuttgart wegen einer unbedeutenden Wunde am Fuß im Bett lag.

Abb. 6: Max Horkheimer als Betriebsleiter 1915

»Gestern war ich in unserer Filiale in Hirsau. Mitten zwischen den Wäldern an einem lustigen Bach haben sie ein paar Häuser hingestellt mit komplizierten Maschinen im Innenraum. In der Gluthitze stehen ein paar arme Menschen und schaffen mit nassen, roten Gesichtern; ein paar andere mühen sich, schwere Ballen mit alten Lumpen aufeinander zu setzen, schleppen sie zuerst auf die Waage und lupfen dann die unförmige Masse, schimpfend und unzufrieden inmitten einer dicken, unerträglichen Luft. Ich betrachte sie halb mitleidig, halb angeekelt und schaudere bei dem Gedanken an den Kontrast der Wälder draußen und dieser Hölle. – Da plötzlich fällt mir ein, daß ich ja dazu gehöre zu dieser Arbeit; daß ich gekommen bin, um hier in irgendeiner Weise zu wirken, mich am Geschäfte der Leute zu interessieren oder gar zu freuen; daß das Ganze noch andere Reaktionen in mir wecken soll als Mitleid oder Ekel. Mich beteiligen soll ich an dem Werke dieser Leute und meines Vaters; mein Lebensbedürfnis soll ich damit stillen, Geld zu machen oder Kunstbaumwolle oder etwas Derartiges – nein, nein, nein, das ist unmöglich, das wäre der Tod meiner lebendigen, sehnsüchtigen Seele [...] Und alle ähnlichen Werte, alle ähnlichen Ziele, wie diese Menschen sie verfolgen, alle Häuser und Teppiche und Möbel und Bücher, alle Titel und Ehren, alle, alle werden mich nie befriedigen.« (Vier Tagebuchblätter, HGS 1, S. 159 f.)

Dass er »die glänzendste Stellung mit einer noch glänzenderen Zukunft« im Geschäft des Vaters hat, dass er sich außer dem Geschäft gleichzeitig jeglicher Liebhaberei widmen und jedem Vergnügen hingeben kann, mindert nicht die Sehnsucht, wegzuwandern, »wohin die tolle Fahrt auch gehe«, notiert der inzwischen Zwanzigjährige. »Nach meinem Wahrheitsdrang will ich leben und erforschen, was ich wissen möchte; dem Gequälten will ich helfen, meinen Haß des Unrechts befriedigen und die Pharisäer besiegen, vor allem aber Liebe suchen [...]; ich möchte ein so großer Künstler sein, wie ich ein Dilettant bin, um in die Welt hinausschreien zu können, daß jedes Weib nur eines Freundes, jeder Mann nur einer wahrhaften Geliebten bedarf, um mehr als ein Engel zu sein. Aufgehen in Liebe, das ist die Erlösung, das ist das Heil [...]«

Auch was ihn hindert, dem heftigen Drang zu folgen, wird in dieser Tagebuchnotiz deutlich ausgesprochen. »Weißt du, daß es Bande gibt, die stärker sind und tiefer ins Fleisch schneiden als

Gewalt [...]? Das sind die Wärter, die sich vor die Türe setzen und heulen, wenn du fliehen willst, die dir sagen, daß sie die Todesstrafe erwartet und grausame Martern, wenn du nicht im Gefängnis bleibst; das sind die Fesseln des Mitleids, von denen dich kein Gott befreit.« (A. a. O., S. 160 f.)

Einer nach den Tagebuchblättern entstandenen Sammlung von zehn Novellen gab Horkheimer den Titel *Wille zur Erkenntnis* – ein Zeichen seiner Schopenhauer-Lektüre und -Bewunderung. In zwei der Novellen, die in den Monaten vor seinem 21. Geburtstag entstanden, wird das Verhältnis zwischen jungen Empörern aus der Unterschicht und Söhnen der Oberschicht thematisiert. In *Herbst* trifft ein vom Drang nach Rache »für Verachtung und Ungerechtigkeit, für Hunger, Elend und harte, verdummende Arbeit« erfüllter »junger Strolch« (a. a. O., S. 171) in einem vornehmen Viertel auf einen endlosen Leichenzug. Er erfährt, dass der Verstorbene der einzige Sohn reicher Eltern war, zu Hause »ein strenger, zeremonieller Ton« ohne jede Mütterlichkeit herrschte und er mit seinem nur an Arbeit und Geschäfte denkenden Vater zerstritten war, dass er sich in wilde Abenteuer gestürzt und dabei nur Geldgier und Verrat erlebt habe und zuletzt krank und verachtet gestorben sei. Als zentrale Einsicht des »jungen Strolchs« formuliert Horkheimer in dieser Novelle:

»Er sah wohl die Ungerechtigkeit der Verteilung der Güter, er begriff, daß vieles Äußerliche gemildert und gebessert werden könne, doch im tiefsten Bewusstsein ahnte er, daß alle Neuordnungen, alle Besserungen, alle Revolutionen, daß die Erfüllung der kühnsten Utopien die große Qual nicht berühren würde, weil der Kern des Lebens selbst Qual und Sterben ist.« (A. a. O., S. 172 f.)

Welche Konsequenz sich aus der Einsicht in die »große Qual« für den Umgang mit der ungerechten Verteilung der äußeren Lebensbedingungen ziehen ließ, die man im Unterschied zur großen als ›kleine Qual‹ bezeichnen könnte – das spielte Horkheimer in der Novelle *Leonhard Steirer* durch. Der Arbeiter Leonhard Steirer überrascht seine untreu gewordene Geliebte in der Villa des Unternehmers in den Armen des Fabrikantensohns, bringt diesen um, nimmt eine große Menge Geld an sich und zwingt das Mädchen, mit ihm zu fliehen. Bitter und verzweifelt meint er zu der Widerstrebenden:

»Wenn Menschen wie er gut sein können, Menschen, deren Vergnügungen und Bildung, deren Tage mit soviel Unglück anderer erkauft sind, dann kann auch meine Tat nicht schlecht sein. Der Unterschied zwischen ihm und mir ist nur der, daß ich handeln musste und Mut und Kraft besaß, während er bequem sein und genießen durfte und nicht erfuhr, was der Genuß kostet und wie blutig er ist. Er war nicht edler als ich, besaß den Tag und alle Freuden und hatte noch das Bewusstsein seiner Unschuld; er nahm das Leben als gutes Recht und durfte froh sein ohne Schatten, ohne Selbstvorwurf, ohne Gedanken an die Sünde. Ich habe dies alles auf mir, ich war beladen und niedrig und werde es sein, für mich ist nicht dasselbe gut, was für ihn gut war. Johanna, wenn Du nicht unmenschlich grausam bist, musst Du mir gehören, wie Du ihm gehört hast! Liebe mich, liebe mich, verlaß mich nicht!« (HGS 1, S. 205 f.)

Wenn man Schopenhauers metaphysischen Pessimismus ernst nahm, konnte es keine Legitimität von Privilegien und Ungleichheit geben. Erschien im Licht dieser Weltsicht jeder erfolgreiche Kampf gegen Privilegien als bloßer Rollentausch in einem amoralischen Spiel, so war andererseits auch jede Rollenbesetzung nur soweit respektabel, wie sie erfolgreich gegen die Ansprüche anderer behauptet werden konnte. »Das sogenannte Präokkupationsrecht, demzufolge man für den bloßen gehabten Genuß einer Sache noch obendrein Belohnung, nämlich ausschließliches Recht auf den ferneren Genuß fordert, ist moralisch ganz grundlos. Dem sich bloß auf dieses Recht Stützenden könnte der neue Ankömmling mit viel besserem Recht entgegnen: ›Eben weil du schon so lange genossen hast, ist es Recht, daß jetzt auch Andere genießen.‹« (Schopenhauer, Die Welt als Wille und Vorstellung, § 62)

In seiner Novelle zieht Horkheimer daraus den Schluss: Wenn schon alles Lebendige auf der Suche nach Lust und Glück in einen Schuldzusammenhang verstrickt ist und es nur die Alternative von Glück des Quälenden und Gequältwerden des Glücklosen gibt, dann ist es das Beste, wenn möglichst viele beide Rollen einmal erleben, und das nicht nur unvermeidlicherweise bei der »großen Qual«, sondern gerade auch bei der ›kleinen‹.

Doch was kann ein Sohn aus reicher Familie tun, der einerseits an »die rohen, vergrämten, gemeinen Gesichter der Arbeiter« denkt, »vor denen er stets ein unerträgliches Gefühl der Abneigung, des Mitleids und der Scham empfunden hatte«, andererseits an die ihm verhassten Wünsche und Sorgen der Eltern – und der das ganze Treiben düster und nutzlos findet. Welchen Ausweg könnte es für ihn geben? Die Novelle *Der Zaun* macht deutlich, welcher der falsche wäre, so verführerisch er dem jungen Autor auch in manchen seiner poetischen Versuche vor Augen steht. Er ist nicht vom »jungen, blendend schönen Mädchen in ländlichen Kleidern mit braunen Augen und braunem Haar, mit roten, lachenden Lippen« zu erwarten, das schelmisch seinen Namen ruft und ihm rät, alle Gewissensbisse hinter sich zu lassen und unbekümmert um Menschen und Götter das Leben zu genießen. Stattdessen kommt die Lösung überraschend jenseits all des von Horkheimer in Novellen probeweise Phantasierten aus dem väterlichen Betrieb, ist acht Jahre älter und nicht blendend schön.

Als der Juniorchef am 14. Februar 1916 seinen 21. Geburtstag feierte, überreichte ihm die Privatsekretärin des Vaters, Rosa Christine Riekher, 21 tiefdunkle rote Rosen. Eine ihr gewidmete Novelle *Arbeit* vom Juli desselben Jahres macht kaum verschlüsselt deutlich, wie der Beschenkte diese Geste und die Schenkende wahrnahm und was sie für ihn bedeutete. Rosa Heim – diesen sprechenden Namen gibt er der Mädchenfigur dieser Novelle. Sie ist in mäßigem Wohlstand erzogen, stammt aus einer kürzlich verarmten Familie, sucht deshalb um Arbeit in einer Fabrik nach und wird »mit unbeschreiblich mildem, blondem Haar, nicht regelmäßig schön, nur zauberhaft innig« zum Ziel einer »jähen, machtvollen Liebe« des Sohnes des Fabrikanten (Wille zur Erkenntnis. 10 Novellen: Die Arbeit/HGS 1, S. 249). »Ich liebte sie, als ich sie sah«, ruft in der Novelle der Sohn dem entrüsteten Vater und den sprachlosen Kommis und Buchhaltern zu, »denn ich fühlte und begriff ihr Wesen, das Hingabe ist. [...] Sie ohne mich, ich ohne sie vermögen nichts; zusammen werden wir Menschen sein.« (Ibid.) Sie ist für ihn »das Versprechen süßester Heimat«, besiegt »nur aus Liebe zu ihm« das Mitleid mit gebrechlichen Eltern und weinenden Schwestern, die ihr mit rührendsten Schilderungen von Armut und Krankheit das Herz zerreißen, und lässt ihn an die Möglichkeit allgemeinen Glücks, an soziale Besserung, an »den Aufstand des Volkes für Daseinsbedingungen, die ihm den Zugang zu wahrer Kultur ermöglichen«, (a. a. O., S. 247) glauben. Der Titel »Arbeit« verweist auf ein merkwürdiges Versprechen, das der Unternehmer-Dichter der gibt, der er seine Novelle gewidmet hat. Sollte er

Abb. 7: Max Horkheimer und Rosa Riekher 1915

als Künstler, dem zuliebe sie ihre Familie verlassen hat, scheitern, dann wird er bereit sein, das zu tun, was sie zuvor aus Mitleid mit ihrer Familie getan hat: an irgendeiner Maschine in der väterlichen Fabrik, dieser »Hölle«, zu arbeiten. »Weil die Menschen, die Geld besitzen, sich zu ›höherer‹ Arbeit berufen fühlen, zwingen sie die Armen zu den niederen, harten Tätigkeiten. Der Nutzen jeder Handlung ist problematisch, die Forderung der Liebe aber ist klar: Nimm das Bittere auf dich selbst. Dies ist die Lehre Rosa Heims.« (A. a. O., S. 255) Alle anderen Wege würden bedeuten, die Frucht härtester Arbeit anderer zu genießen und Schuld auf sich zu laden.

Rosa Riekher war tatsächlich die 1887 in London geborene Tochter eines schwäbischen Hoteliers, der eine Engländerin geheiratet hatte und in London Konkurs machte. Nach ihrer Ausbildung in einer Handelsschule hatte sie eine Stellung angenommen, um die Familie unterstützen zu können. Tatsächlich war Horkheimers Vater entrüstet darüber, dass der einzige Sohn, der seinen wirtschaftlichen und sozialen Erfolg fortsetzen sollte, sich mit der acht Jahre älteren Tochter eines Bankrotteurs verbinden wollte. In den Augen der Mutter war sie auch deshalb eine ungeeignete Wahl, weil sie Christin war. Jahrelang herrschte ein gespanntes, ja vergiftetes Verhältnis zwischen Eltern und Sohn.

Aufs Neue kam ein Dreierbund ähnlich dem in der Île heureuse-Geschichte zustande. Dieses Mal erwies er sich als langfristig, ja lebenslang. Als Rosa Riekher ihre Stellung bei Horkheimers Vater verlor und die Eltern ihren Sohn von ihr zu trennen suchten, war es Pollock, der sich um die Geliebte des Freundes kümmerte und sowohl einen offenen Bruch Horkheimers mit den Eltern wie auch einen Verrat an der in Schwierigkeiten geratenen jungen Frau vermeiden half.

»Maidon« nannte Horkheimer die Geliebte – »Maid, das ist das englische Mädchen, und don, das Geschenk« (HGS 15, S. 17 Anm. 1). Durch die vielen Briefe jener Jahre, die voller Liebesbeteuerungen und Zukunftshoffnungen Horkheimers sind, zieht sich wie ein roter Faden, was in einem Brief aus Hotel und Kurhaus St. Blasien vom Oktober 1916 einmal so klingt: »Maidon, ich liebe Dich, ist mein Gebet, u. ich will es immer, immer wieder beten, bis ich hinzufügen kann: ›Maidon, ich arbeite.‹«

Die Situation Rosa Riekhers war in den Zeiten der Trennung und des Wartens oft verzweifelt. Der Besuch Pollocks, hieß es in einem ihrer Briefe an Horkheimer in den letzten Kriegsjahren, sei der einzige Lichtblick des Tages. »Er ist wirklich ein herzensguter Mensch er will mir Deine Abwesenheit so leicht wie möglich machen, trotzdem er selbst beinahe (ich sage ›beinahe‹ weil ich eben trotz allem ›ein schwaches Weib‹ bin) so viel darunter zu leiden hat, wie ich. Ich habe ihn auch lieb darum. Ich lerne fleissig, so fleissig, als ob ich Dich mir damit erringen müsste, dass ich bis zu einer bestimmten Zeit französisch sprechen kann. Ich habe alles auf die Seite gelegt, ich lese beinahe nichts, denn ich brauche meine ganze geistige Kraft zum lernen, mittags & abends.« Und sie schloss: »Ich will nichts anderes, als bei Dir sein, nicht hier bei diesen ekligen Menschen, die am liebsten den Arbeitern & Angestellten das Blut aussaugen möchten, damit sie ein paar hundert Mark mehr zusammen bringen. Wie ich diese Leute hasse.« (Riekher-Horkheimer, 1917 oder 1918/MHA: XVIII 1. 106)

Nachdem er bei einer ersten Musterung 1916 noch als frontuntauglich zurückgestellt worden war, wurde Horkheimer 1917 doch noch Soldat. Zum Kriegsdienst kam es aber nicht. Briefe zeugen von Klinikaufenthalten, von Theaterbesuchen, vom Umgang mit Künstlerkreisen in München. Wie weit ein Ende 1917 entstandenes Stück *Friede. Ein Zwischenakt* auf eigene Erfahrungen zurückgeht, ist unklar. Es ist erstaunlich hellsichtig im Hinblick auf die ein Jahr später erfolgte Novemberrevolution. Es ist zugleich hellsichtig im Hinblick auf die Manipulierbarkeit Unzufriedener und die prekäre Situation distanziert und unangepasst Wirkender. In der Szene, in der der pazifistisch-sozialistische Agitator Zech die Verwundeten im Lazarett zur Revolution aufruft, kommt es zu einer Sequenz von Vorurteilen:

####### ########### *(deutet auf Claude)*: Der steht dabei und sieht dem Schauspiel zu. Der Herr ist zu fein.
####### ############ Er ist Maler *(Gelächter – verächtlich)*
Malt nachher ein Bild davon.
####### ############ Hat sich den ganzen Krieg gedrückt.
Möchte jetzt *wieder* verschwinden.
####### ############ Pfui über den Juden.
Laßt ihn. Andere Arbeit ist wichtiger. Auf die Straßen jetzt!
####### ############ Warum nicht erst dem Kerl sein Teil? Die

Juden haben uns am schlimmsten ausgezogen. Alle wurden reich durch unser Blut.
Was kümmert uns dieser einzelne! Wider die Gesellschaft, die ganze Ordnung streiten wir. Trefft die Verantwortlichen! Und keinen Aufschub! Auch muß unnötige Grausamkeit vermieden werden, sie würde uns entstellen.« (HGS 1, S. 317)

Doch die verwundeten Soldaten hören nicht auf ihn, sondern auf einen Leutnant mit Eisernem Kreuz, der sie aufhetzt: »Laßt ihr euch prellen, dumme Michel? Ich, der wie ihr den Leib jahrelang feindlichen Kugeln bot, warne vor diesem gekauften Verräter!« Darauf die Verwundeten: »Er hat recht. Auch Offiziere sind gefallen.« Und: »War wenigstens im Schützengraben, der dort verkroch sich.« (A. a. O., S. 317)

Briefe zeigen, dass Horkheimer sich in den letzten Kriegsmonaten als Künstler sah und seine Novellen und Tagebuchblätter gerne vortrug und zu lesen gab – und zwar mit großem Selbstbewusstsein. Dabei sah er sich als Vertreter des Dreierbundes. »Also: ich kann was. Wir wussten das schon ziemlich lang, aber die Eitelkeit läßt sich bekanntlich alles zehnfach bestätigen – dabei empfinde ich hier nicht *meine*, sondern *unsre* Eitelkeit. Diese Leute empfinden sich als Künstler u. wenn wir ihnen nur eine ›äußerliche Äußerung‹, ein ›Versucherl‹ von unserem Reichtum zeigen, staunen sie. Wir sind sehr, sehr reich.« (HGS 15, S. 46)

Von Anfang an agierte Horkheimer ungeachtet der Tatsache, dass er oft krank war oder kränkelte, als treibende Kraft des Dreierbundes, der sich in der Terminologie der beiden Freunde als *intérieur* dem Rest der Welt als dem *extérieur* gegenübersah. Anfängliche Schwächen – »meine Disposition zu verkommen und alles aufzugeben, manche Regungen in Fritz während unserer Brüsseler Zeit, Maidons Hang zu gemütlichem Lebensgenuß« (a. a. O., S. 41) – hielt Horkheimer für überwunden. »Oh es ist so wunderbar, daß wir keinen Menschen, keinen brauchen, daß wir uns haben« (a. a. O., S. 47), meinte er selbstsicher und übermütig. Über seine Beziehung zu den Eltern schrieb er in den Novembertagen 1918 an Maidon und Pollock: »Der Ordnung halber teile ich Euch mit, daß ich an meine Eltern einen längeren Brief geschrieben habe, der ihnen für den bevorstehenden Zusammenbruch ihrer Existenz etwas Rückgrat geben soll. – Die

Zeit – macht uns unabhängig von ihnen. –« (A. a. O., S. 47 f.) Das war hellsichtig im Hinblick auf die Situation des väterlichen Unternehmens. Die 1921 in eine Aktiengesellschaft umgewandelte Firma zahlte seit 1922 keine Dividenden mehr aus und war nach Stilllegung des Werkes und aufgrund hoher Verluste der Tochtergesellschaften seit 1931 in Liquidation (cf. Heuß, Die Sammlung von Moses Moritz Horkheimer, S. 139, 144). Es verdrängte aber Horkheimers eigene noch lange währende Angewiesenheit aufs Elternhaus. Noch in demselben Brief teilte er der Geliebten und dem Freund mit, er habe von seinem Vater die Erlaubnis erwirkt, 400 Mark mehr als er brauche abzuheben. Die werde er für großzügige Schenkungen nutzen, um notfalls bei seinen jungen Münchner Bekannten ein sicheres Asyl zu finden, wenn es im Sanatorium gefährlich werde.

Und was unternahm er überhaupt, um finanziell selbständig zu werden? Sein Künstlertum brachte ihm nichts ein. An- und Verkäufe von Bildern blieben eine Zufallsangelegenheit. Horkheimer erwarb zwar zusammen mit Pollock vor und nach dem Ersten Weltkrieg einige Bilder, vor allem von Klee und Chagall, und sie besaßen auch einmal das Aquarell »Der Blaue Reiter« von Franz Marc, doch nichts deutet darauf hin, dass sie dabei Nennenswertes oder überhaupt etwas verdienten.

In München holten Horkheimer und Pollock im Februar 1919 das Abitur nach. Dort begannen sie auch, sich über die Verachtung von Horkheimers »angebetetem geistigem Vater« Schopenhauer für die Universität hinwegsetzend, Ökonomie und Psychologie zu studieren. Das hielten die Väter für nicht unnütz zur Vorbereitung auf die Kaufmannslaufbahn. Die beiden studierenden Söhne sympathisierten mit der Räterepublik. In Briefen an seine Geliebte versicherte Horkheimer: »Traue den Lügen über München nicht. […] hier herrscht nicht Wahnsinn u. Ungerechtigkeit« (HG 15, S. 55). Von Sympathie zeugt auch Pollocks Rolle. Nach der brutalen Niederschlagung der Räteherrschaft waren am 12. Mai 1919 bei Schwaz in Tirol zwei Flüchtende festgenommen worden, die zu den polizeilich gesuchten Repräsentanten der Zweiten Räterepublik gehörten. Der eine von ihnen gab sich als der Kaufmann Friedrich Pollock aus. In Wirklichkeit war er Towia Axelrod, beglaubigter Vertreter der Sowjetregierung und stellvertretender Volksbeauftragter für Finanzen in der Räteregierung. Er wurde von einem Standgericht wegen

Hochverrats zu 15 Jahren Zuchthaus verurteilt, schon nach kurzer Zeit aber, von der Sowjetregierung als Diplomat reklamiert, ausgetauscht. Eine Freundin von Pollock und Horkheimer aus der Münchner Bohème-Szene, die Kunstfotografin Germaine Krull, hatte dem Flüchtenden Pollocks Pass besorgt. Damit fiel der weniger ängstliche der beiden Freunde der Polizei ein erstes Mal auf. Wegen Pollocks Ärger mit der Polizei und weil Horkheimer nach eigenem Bekunden einmal für Ernst Toller gehalten und festgenommen wurde, vielleicht auch, um Horkheimers Eltern ferner zu sein und endlich das ersehnte Leben zu dritt führen zu können, entschlossen sich die beiden Freunde, ihr Studium im ruhigeren Frankfurt am Main fortzusetzen.

III Ein Talent zur Philosophie

Das Glück eines gemeinsamen und der Erkenntnis gewidmeten Lebens jenseits des Kampfes um Geld und Ehre blieb das Ziel Horkheimers. Seit Rosa Riekher 1916 seine große Liebe geworden war, hatte er es dabei mit dem Widerstand der Eltern zu tun, die ein Jahrzehnt lang die Heirat ihres Sohnes mit der früheren Privatsekretärin des Vaters erfolgreich verhinderten. Der Kontakt zwischen den beiden bestand lange Zeit aus Briefen, Telefongesprächen und zeitweiligem Beisammensein ohne konkrete Aussicht auf ein baldiges glückliches Zusammenleben.

»Wie gern«, schrieb Horkheimer im Oktober 1921 aus Frankfurt am Main an Maidon, »möchte ich alle Gründe und Vorsätze über den Haufen werfen, dieses martervolle Warten abschneiden und endlich das höchste Glück, zu dem mein ganzes Leben als auf seine Erfüllung hinstrebt: die Vereinigung mit Dir unwiderruflich verwirklichen! Du kennst wie ich die Anschauungen, die mich glauben lassen, ich dürfte die Möglichkeit zu studieren jetzt noch nicht fortwerfen und wir müssten deshalb noch eine Weile Konzessionen machen. Doch jede Stunde kann alle Gründe wegblasen und nicht nur bei äußeren Ereignissen, nicht nur bei Zufällen liegt die Entscheidung – auch bei Deiner Kraft und bei Deinem Willen. – An ihrem Ende findest Du immer das ewige Recht Deiner Liebe: die unwiderrufliche Vereinigung.« (Horkheimer-Riekher, 17.10.1921/HGS 15, S. 68)

Unterstützung dafür war von einem Frankfurter Philosophen zu erwarten, bei dem Horkheimer Philosophie studierte und mit dem er sich angefreundet hatte: Hans Cornelius, ein den Frankfurter Gestaltpsychologen nahestehender Neukantianer, der aus einer Künstlerfamilie stammte, selber künstlerisch tätig und verglichen mit anderen Professoren recht unkonventionell war. »C. zeigte sich ziemlich erfreut, als ich ihm sagte, daß Du endgültig zu mir gehörst. Er meint, in Wien könne man eine heimliche Trauung schon durchsetzen; aber es ist ja noch ganz problematisch, ob er hinkommt.«

(Horkheimer-Riekher, 30. 11. 21 / A. a. O., S. 78 f.) Aus der Berufung von Cornelius nach Wien und der Hoffnung auf ein gemeinsames Leben des Paares ohne Abbruch des Studiums wurde nichts. Cornelius blieb in Frankfurt und war einerseits ein Förderer Horkheimers, andererseits verkörperte auch er für Horkheimer die Sterilität akademischer Philosophie. Das Bewusstsein für diese frustrierende Beschränktheit war in den beiden Semestern, die Horkheimer im Sommer und Winter 1920 / 21 in Freiburg studierte, geschärft worden. Er hatte dort auf Empfehlung von Cornelius hin den Phänomenologen Edmund Husserl gehört und auch dessen Schüler Martin Heidegger erlebt. »Täuschen wir uns doch nicht!«, schrieb er Maidon. »Es liegt mir in Wirklichkeit ganz fern, eine Unsumme fremder Gedanken, gleichgültiger Gesetze, toter Daten in meinem Gedächtnis nebeneinanderzureihen, es liegt mir nicht, fortwährend mit meiner eigentlichen Meinung im Hinterhalte zu bleiben, um mir nicht die Unbill irgend eines gelehrten Herrn zuzuziehen, es liegt mir nicht, Arbeiten zu schreiben, deren enge Grenzen durch die Mentalität derer, die sie zu beurteilen haben, im vorhinein feststehen. Ich fühle mich in einem Käfig, dessen Gitterstäbe meine guten Vorsätze sind! [...] Gestern habe ich einem jungen Philosophen eine Rede über die Aufgaben der Philosophie gehalten. Er war sehr begeistert. Leider erfuhr ich erst heute, daß C. im Nebenzimmer war und meine Ausführungen, die völlig ihm entgegengerichtet waren, hatte hören müssen. [...] Je mehr Philosophie mich gefangen nimmt, umso weiter entferne ich mich von dem, was man auf der hiesigen Universität darunter versteht. Nicht formale Erkenntnisgesetze, [...] sondern materiale Aussagen über unser Leben und seinen Sinn haben wir zu suchen. Ich weiß heute, daß Heidegger eine der bedeutendsten Persönlichkeiten war, die zu mir gesprochen haben.« Das bezog sich nicht so sehr auf das, was Heidegger inhaltlich sagte, als vielmehr darauf, »daß für ihn das Motiv zum Philosophieren nicht aus intellektuellem Ehrgeiz und einer vorgefassten Theorie sondern jeden Tag neu aus dem eigenen Erlebnis entspringt.« (Horkheimer-Riekher, 30. 11. 21 / A. a. O., S. 77)

In vorläufiger Form gingen die beiden Wünsche Horkheimers doch schon bald in Erfüllung. Ungeachtet des Streites zwischen Sohn und Eltern muss es die Großzügigkeit des Vaters gewesen sein, die es Horkheimer erlaubte, in dem nahe Frankfurt am Südhang des Taunus gelegenen malerischen Städtchen Cronberg (heute Kronberg) eine

Abb. 8: Das Kronberger Haus von Max und Maidon Horkheimer und Friedrich Pollock

Villa zu kaufen, in der er zusammen mit Pollock fortan wohnte. Dorthin zog dann bald auch Rose Riekher – offenbar ohne Wissen der Eltern Horkheimers und ohne mit ihm verheiratet zu sein.

Außerdem hatte der Vater sich offenbar damit abgefunden, dass zum Schwerpunkt des Studiums seines Sohnes die Philosophie wurde. Dass dieser eigens des Philosophen Husserl wegen für zwei Semester nach Freiburg gegangen war, hatte den Vater veranlasst, den Philosophieprofessor aufzusuchen und mit ihm über die Zukunft seines Sohnes zu sprechen. Nur durch diesen ist das Ergebnis überliefert. Die kurze Antwort des Vaters auf die Frage des Sohns nach dem Ergebnis des langen Gesprächs war demnach: »Du hast Talent zur Philosophie, und außerdem haben wir über Politik gesprochen.« (Gumnior/Ringguth, a. a. O., S. 22) Dieses Talent wurde vom Vater, wenn auch widerwillig, offenbar nahezu ein weiteres Jahrzehnt lang finanziert, denn bevor Horkheimer 1930 Ordinarius und Institutsleiter wurde, hatte er keine Einnahmequelle, die ihn finanziell vom Elternhaus unabhängig gemacht hätte.

Was Horkheimer sich unter Philosophie vorstellte und wovon er etwas bei Heidegger verspürt hatte, gab es weder in Frankfurt noch sonst an deutschen Universitäten. Ungeachtet einer Erklärung, in der 1912 mehr als zwei Drittel aller an deutschen Universitäten lehrenden Philosophen gefordert hatten, nicht länger philosophische Lehrstühle mit Psychologen zu besetzen, wurde die enge Verbindung beider Disziplinen noch lange beibehalten. In Frankfurt manifestierte sich diese Verbindung in den vom einzigen Philosophie-Ordinarius, dem Neukantianer Hans Cornelius, und den Psychologen der Naturwissenschaftlichen Fakultät geteilten gestalttheoretischen Auffassungen. Die dominierende Figur an der Frankfurter Universität war Friedrich Schumann, der in Zürich Philosophie-Professor und Leiter des psychologischen Laboratoriums gewesen war und danach in Frankfurt Psychologie-Ordinarius und Leiter des Instituts für Psychologie wurde. Bei ihm wollte Horkheimer mit einer Spezialuntersuchung aus dem Bereich der Gestaltpsychologie promovieren, nämlich einer Arbeit über »Gestaltveränderungen in der farbenblinden Zone des blinden Flecks im Auge«. Zu Schumanns Mitarbeitern gehörten Max Wertheimer und Adhémar Gelb. Gelb hatte bereits während des Krieges im Frankfurter Lazarett für hirnverletzte Soldaten eng mit Kurt Goldstein zusammengearbeitet, der später das »Neurologische Institut« und das »Institut zur Erforschung der Folgeerscheinungen von Hirnverletzungen« an der Universitätsklinik leitete. Die experimentell fundierte Analyse von Störungen der Sinneswahrnehmungen, der Erkenntnisvorgänge und der Sprache trug zur Präzisierung gestalttheoretischer Vorstellungen bei, die von einem ganzheitlichen Wahrnehmen und Erleben beim Menschen ausgingen. Die optische Wahrnehmung war dabei ein besonders wichtiges Arbeitsgebiet, dem auch Horkheimers erstes Dissertationsthema galt. Dieses erste Promotionsvorhaben scheiterte, weil Horkheimer kurz vor der Fertigstellung von Schumann erfuhr, dass inzwischen eine fast gleiche Untersuchung mit denselben Ergebnissen erschienen war.

Cornelius bot sofort eine Alternative an: Horkheimer solle eine Seminararbeit über die Antinomie der teleologischen Urteilskraft zu einer Dissertation ausarbeiten. Dass Horkheimer leicht von einem naturwissenschaftlich klingenden Spezialthema zu einem philosophiehistorisch klingenden wechseln konnte, war nicht erstaunlich angesichts der Tatsache, dass es bei Kant auf eine zwischen Psychologie und Philosophie oszillierende Weise um die »eigentümliche Beschaffenheit« »unseres Erkenntnisvermögens« geht und der Neukantianer Cornelius schon früh die fundamentale Rolle von Gestaltqualitäten als wesentliches Element des menschlichen Erkenntnisvermögens betont hatte. Gestalten würden nicht etwa durch Vergleichsoperationen oder gezielte Aufmerksamkeit vom Betrachter aktiv gebildet, seien vielmehr im Erleben unmittelbar und ursprünglich gegeben und bestimmten die Erscheinungsweise der Elemente, in die sie zerlegt werden könnten. Normal war danach die Gestalterfassung als typisch menschliche intelligente Organisation des anschaulich und gedanklich Gegebenen, und wenn diese Leistung nicht zustande kam, war die Erklärung in erster Linie in einer bereits in der Wahrnehmung auftretenden Störung der Erfassung der Gestalt bzw. des Ganzen zu suchen.

Seine 1922 vorgelegte Dissertation »Zur Antinomie der teleologischen Urteilskraft« wollte Horkheimer nicht als Kant-Exegese oder als philosophiehistorischen Beitrag verstanden wissen, sondern als Aufweis eines in der Gegenwart neu gestellten erkenntnistheoretischen Problems »an der Hand der Kantischen Philosophie« (HGS 2, S. 20). »Bei Kant tritt das Problem unter dem Titel einer Antinomie der Urteilskraft hervor, eines Widerstreits zwischen mechanischer und nichtmechanischer Erklärungsweise. Allgemeiner gefasst handelt es sich um das Verhältnis von Ganzem und Teilen in der dinglichen Welt, der Natur, aber auch auf dem Gebiete des Bewusstseins.« (A. a. O., S. 23) Den Anstoß zur Aufstellung der Antinomie hatte bei Kant das Vorkommen lebender Körper in der Natur gegeben, die sich nicht mechanisch ableiten ließen. Die Lösung sah Kant darin, den Organismusbegriff als ein regulatives Prinzip auf der Suche nach mechanischen Erklärungen zu betrachten. Dazu aber, so Horkheimers suggestive Formulierung des Zweifels an Kants Lösungsstrategie, die auf die auch von ihm vertretene Position von Cornelius einstimmte, »muß man glauben, daß […] in der Sphäre des Bewusstseins ein rhapsodistisches Gemenge, ein Haufen […] unter Umständen ›dieselben‹ Teile enthalten könne wie ein artikuliertes Ganzes, und daß zwischen einem solchen Haufen und einer sinnvollen Einheit

[...] kein anderer Unterschied zu bestehen brauche als eine, keineswegs sachlich geforderte, Idee [...], eine heuristische Fiktion [...], welche die letztere vor der ersteren voraus habe.« (A. a. O., S. 59) Kants Schranke sah Horkheimer im Dogma eines diskursiven menschlichen Verstandes, dem die Anschauung eines Ganzen als Grund der Möglichkeit der Verknüpfung der Teile verwehrt sei. Dem hielt Horkheimer entgegen, dass es eine Grundeigentümlichkeit unseres Bewusstseins sei, dass überall Gestaltqualitäten das primär Gegebene seien, so dass – und damit zitierte er Cornelius – »das Wissen von diesen Beschaffenheiten der Complexe in unserer Entwicklung überall dem Wissen von der Beschaffenheit der einzelnen Teile vorangeht«. (A. a. O., S. 68) Sich der Forderung nach einer »phänomenologischen« Hinwendung »zu den Sachen selbst« (a. a. O., S. 49), einer »vorurteilslosen Beschreibung des Phänomens« (a. a. O., S. 63) anschließend, formulierte er als Ausblick die Kombination von Philosophie und empirischer Forschung unter Bezugnahme auf die Frankfurter/Berliner Schule der Gestaltpsychologie: »Inwiefern aber eine von der Kantischen verschiedene Auflösung des anscheinenden Widerstreits zweier Maximen der Urteilskraft in der angezeigten Richtung möglich ist, dies vermag den Philosophen einzig die aufmerksame Beobachtung des Wegs zu lehren, den die Naturforschung in Zukunft nehmen wird. Denn mit der bloßen Feststellung, daß eine andere Art von Naturgesetzlichkeit als die mechanische denkbar sei, ist es nicht getan. – Daß die Natur nicht vorzugsweise im Sinne des mechanischen Prinzips verfährt, lehren heute schon zahlreiche Gesetze, die nicht mechanisch zu deuten sind. W. Köhler hat dafür in jüngster Zeit entscheidende Belege erbracht.« (A. a. O., S. 70)

Der siebenundzwanzigjährige Horkheimer wurde mit dieser Arbeit zum ersten mit summa cum laude promovierten Hauptfachphilosophen der Frankfurter Universität. Cornelius machte ihn sogleich zu seinem Assistenten. Über den Eindruck, den Horkheimer auf einen jüngeren Schüler von Cornelius, auf Theodor Wiesengrund-Adorno machte, heißt es in dessen Rückblick auf jene Zeit: »Als ich Dich im psychologischen Seminar von Adhémar Gelb zuerst sah, erschienst Du, der acht Jahre Ältere, mir kaum als Student; eher wie ein junger Herr aus wohlhabendem Haus, der der Wissenschaft ein gewisses distanziertes Interesse zollt. Du warst unversehrt von jener beruflichen Deformation des Akademikers, der gar zu leicht die Beschäftigung mit gelehrten Dingen mit der Realität verwechselt. Nur war, was Du sagtest, so gescheit, scharfsinnig und vor allem: unabhängig, daß ich Dich rasch genug als der Sphäre überlegen fühlte, aus der Du Dich unmerklich draußen hieltest.« (Offener Brief an Max Horkheimer, AGS 20.1, S. 156) Mit der Promotion und der Assistententätigkeit bei Cornelius war für den sich dem Universitätsbetrieb überlegen fühlenden Unternehmersohn mühelos eine akademische Karriere in Gang gekommen, die zunächst glatt zur nächsten Stufe, der Habilitation, führte.

Die Habilitationsarbeit *Über Kants Kritik der Urteilskraft als Bindeglied zwischen theoretischer und praktischer Philosophie* setzte das in der Dissertation verwendete Verfahren fort: anhand einer Problemstellung Kants wird dessen Lösungsversuch kritisiert und eine Gegenkonzeption angeboten. Kant betrachtet theoretische und praktische Vernunft als zwei grundsätzlich getrennte Vermögen. Ästhetische und organische Ganzheiten, die sich in der Wirklichkeit finden, sucht er auf eine Weise zu erklären, die zugleich eine Brücke zwischen theoretischer und praktischer Vernunft schlägt. Ganzheiten sind für Kant nur durch den Bezug auf Zwecke zu verstehen, die aber den Gegenständen der praktischen Vernunft vorbehalten sein sollen. Für die theoretische Vernunft, die auf die Erkenntnis der vom Kausalitätsprinzip bestimmten Natur gerichtet ist, sind Ganzheiten nur Produkte der Anwendung eines heuristischen Prinzips durch eine reflektierende Urteilskraft, die von einer »merkwürdigen und wunderbaren Übereinstimmung zwischen theoretischer und praktischer Vernunft« (HGS 2, S. 144) zeugen. Sowohl der Problemstellung wie der Lösung Kants begegnet Horkheimer mit der Frage, »ob der Ausgang der transzendentalen Deduktion von einer bloß ›gehäuften‹ Einheit, von Natur im Sinne eines Chaos einander fremder, durch die bloße Sukzession in der Zeit verknüpfter, sonst aber total isolierter Gegenstände – ob der Ausgang von dieser theoretischen Abstraktion berechtigt ist, oder ob nicht vielmehr Natur grundsätzlich als systematische Einheit zu fassen sei, so daß die durch das Prinzip der formalen Zweckmäßigkeit geforderte Beschaffenheit als wesentliche mit in den Begriff einer Natur überhaupt aufzunehmen wäre.« (A. a. O., S. 101) Horkheimers unter Berufung auf die Gestaltpsychologie und Cornelius' Erkenntnistheorie entwickelte Position besagte: ästhetische und organische Ganzheiten sind dem menschlichen Erkenntnisvermögen gemäße Gegenstände. Kant hielt dogmatisch an einer philosophischen Tradition fest, die bewirkte, »daß dort, wo er von Naturwissenschaften spricht, er nicht die lebendige Forschung im Auge hat, sondern in erster Linie die ›reine‹ Naturwissenschaft, deren Sätze als Sätze höchster Allgemeinheit ›aus bloßer Vernunft‹ und gar nicht aus der Erfahrung stammen sollen«. (A. a. O., S. 102) Auf dem Weg einer Kant-Kritik umriss Horkheimer eine Philosophie und empirische Forschung kombinierende Erkenntnishaltung, die er zur gleichen Zeit auch Husserl und seinen Schülern gegenüber vertrat. »Gerade der Umstand, daß der Rückgang auf das Tatsächliche, dessen Gemeinsames ein allgemeiner Begriff bezeichnen soll, von Husserl gleichsam als nebensächlich behandelt wird, hat es vielleicht ermöglicht, daß seine Schüler bei ihren Untersuchungen ohne eine genügend breite Erfahrungsgrundlage vorgegangen sind. Es muß bedenklich stimmen, daß mancher bekannte Schüler Husserls eidetische Sätze hat geglaubt aussprechen zu können, ohne daß er sie selbst länger als einige Tage aufrecht erhielt. Sie waren nicht a priori, sie waren eben keine *echten* Schauungen – wird man uns entgegenhalten. Sie waren nicht aus der Fülle des Tatsächlichen geschöpft! werden wir erwidern!« (Habilitations-Probevortrag/HGS 11, S. 99)

Im Frühjahr 1925 war es soweit: Horkheimer konnte den Eltern – »Herrn und Frau Kommerzienrat Moritz Horkheimer« – die gedruckte Einladung zu seiner öffentlichen Antrittsvorlesung als Privatdozent an der Universität Frankfurt schicken. Das Thema hieß knapp: *Kant und Hegel*. Worum es Horkheimer dabei ging, war: vor dem Hintergrund der Bedeutung des einstigen Weges von Kant zu Hegel – eines Weges »von der Reduzierung des Starr-Überzeitlichen auf einige Leerformen der allgemeinen Menschenvernunft bis zum Bewusstsein von der Wandelbarkeit *aller* Formen und dem Versuch, gerade diese Wandlung zu begreifen« (Kant und Hegel/HGS 11, S. 103) – die aktuelle Bedeutung des Schwindens von Kants Autorität und einer Renaissance Hegels zu klären. Kants abnehmende Bedeutung erklärte Horkheimer durch dessen Reduktion auf eine anhand der Naturforschung gewonnene Erkenntnistheorie, die zugleich zum wesentlichen Teil der Philosophie erklärt wurde. Die Hegelsche Philosophie ermöglichte das Aufsprengen dieser Reduktion und der Fixierung darauf. »Nach Hegel wäre es eine Naivität zu glauben, daß man, um den Sinn der transzendentalen Faktoren darzutun, von der geschichtlichen Situation absehen könne, von der aus das Wissen um sie gewonnen wurde. Es bedarf nach ihm zum Verständnis eines Teils als *Teil* des Wissens um das *Ganze*, dessen Teil er *ist*. Die Formen der Erfahrung sind Teile, nur eben die allgemeinsten, abstraktesten Teile der wirklichen Erfahrung selbst.« (A. a. O., S. 115) Während wir, so Horkheimer resümierend gegen Ende seiner Antrittsvorlesung, »in den kritischen Theorien fortwährend bei den fernsten Abstraktionen verweilen, ohne direkten Zugang zu Entscheidungen über konkrete Probleme der Wirklichkeit«, und der Gang der Geschichte und das System der Naturordnung bloßes Faktum sind, gibt es bei Hegel positive Stellungnahmen zu allen Problemen – »freilich nicht in einem einzelnen bündigen Satz, denn jeder Satz ist nur ein Teil des Systems und die Wahrheit ist das Ganze, sondern in der begrifflichen Konstruktion der gesamten Kultur als der überall von der Vernunft durchherrschten Domäne des selbstbewussten Geistes«. (A. a. O., S. 117) Zu dieser Alternative gelte es philosophierend Stellung zu nehmen.

Privatdozent sein – das war ein prekärer Status fast ohne Einkommen und mit nur geringer Aussicht, nach vielen Jahren der Lehrtätigkeit durch den Ruf auf einen Lehrstuhl belohnt zu werden. Doch Horkheimers Position war vergleichsweise komfortabel. Es gab trotz der Spannungen die väterliche Unterstützung. Es gab die Unterstützung durch Cornelius, den wenige Jahre vor der Emeritierung stehenden einzigen philosophischen Ordinarius der Frankfurter Universität, der Horkheimer mit allen Mitteln zu fördern suchte. Und es gab den Dreierbund, der an Bedeutung gewann.

Das galt zum einen für den weiblichen Part und die bürgerliche Schauseite der »Île heureuse«. Maidon, die so lange geduldig ihren unkonventionellen Status unter allerdings komfortablen häuslichen Bedingungen ertragen hatte, wurde im März 1926 Horkheimers Ehefrau und gleichzeitig Eigentümerin des Cronberger Hauses.

Es galt auf andere Art für Pollock, dessen Karriere einen eigenen Verlauf nahm. Ein Jahr nach Horkheimer war auch er promoviert worden, und zwar im Fach Nationalökonomie mit einer Arbeit über die Geldtheorie von Marx. Seine Habilitation erfolgte 1928 mit einer Untersuchung über *Die planwirtschaftlichen Versuche in der Sowjetunion 1917 bis 1927*. Er wurde Privatdozent für Nationalökonomie an der Frankfurter Universität. Von Anfang an war er aber im Unterschied zu Horkheimer auch maßgeblich an der Entstehung und Entwicklung des Instituts für Sozialforschung beteiligt. Das war eine

Stiftung von Felix Weil, einem Studienkollegen von Pollock und Horkheimer, und dessen Vater Hermann Weil. Hermann Weil, der einer jüdischen Kaufmannsfamilie aus der badischen Provinz entstammte, war in Argentinien als Getreidehändler zu großem Reichtum gelangt, war einer schweren Krankheit wegen nach Deutschland zurückgekehrt und hatte sich in Frankfurt am Main in einer schlossähnlichen Villa niedergelassen. Den väterlichen Reichtum und sein mütterliches Erbteil nutzte Felix Weil für vielfältige Engagements als linker Mäzen. Sein Traum war, der marxistischen Theorie jenseits des Parteiengezänks eine wissenschaftliche Heimstatt zu verschaffen. Er stellte sich dabei eine Einrichtung in der Art des Moskauer »Marx-Engels-Instituts« vor – ausgerüstet mit einem Stab von Professoren und Studenten, mit Bibliothek und Archiven. Das hoffte er eines Tages einem deutschen Rätestaat zur Verfügung stellen zu können, in dem er selbst eine führende Stellung einnehmen würde.

Die Gründung eines solchen Instituts wurde Felix Weils größtes Projekt, für das seine Mittel nicht reichten und die Unterstützung des Vaters nötig war. Sie zu gewinnen half Pollock. In den Gesprächen mit Hermann Weil hob er hervor, dass das Institut sich vor allem der Erforschung des Antisemitismus und der Arbeiterbewegung widmen solle, über die man an den Universitäten nichts erfahre. In dieser auf eine wissenschaftliche Ebene gehobenen Kombination von Bekämpfung des Antisemitismus und Philanthropie konnte Hermann Weil seine eigenen Bestrebungen wiedererkennen – er, der eine seiner großzügigen Spenden für verschiedene wohltätige und universitäre Institutionen und bedürftige Bevölkerungsgruppen der Stadt mit der Bemerkung gegenüber dem Oberbürgermeister verband: »Ich übe schon lange hier meine philanthropische Tätigkeit aus und hätte viel mehr noch getan, wenn mich nicht das Treiben der Antisemiten, Rathenau-&-Erzberger-Mörder und speciell die Haltung der Gerichte in den letzteren Fällen angeekelt hätten.«

Die Stiftungsuniversität Frankfurt am Main hatte nach Weltkrieg und Inflation zwar ihre Organe administrativer Selbstverwaltung erhalten können, war aber infolge der katastrophalen Schrumpfung der Stiftungsvermögen von öffentlichen Zuschüssen von Stadt und Land abhängig. Die in den 1920er Jahren in ihrer Großzügigkeit einzigartige Weil'sche Stiftung und die sozialdemokratisch geprägte preußische Bildungs- und Hochschulpolitik bewirkten, dass »die wider-

Abb. 9: Das Institut für Sozialforschung in der Viktoriaallee, Frankfurt / M.

strebende Universität schließlich den ungeliebten Nestling annahm« (Schivelbusch, Intellektuellendämmerung, S. 50). Immerhin musste ja der Leiter des Instituts zugleich Ordinarius der Universität sein, deren Einverständnis für diesen Part also nötig war, obwohl auch er von der Weil'schen Stiftung finanziert wurde. Für die Doppelrolle des der Universität genehmen Ordinarius und ihm selbst genehmen Institutsleiters konnte Felix Weil den über sechzigjährigen Carl Grünberg gewinnen, Wiener Professor für politische Ökonomie, Herausgeber des »Archivs für die Geschichte des Sozialismus und der Arbeiterbewegung« und Lehrer vieler Austromarxisten. Mit der Rede dieses bekennenden Marxisten, der überzeugt war, »mitten im Übergang vom Kapitalismus zum Sozialismus« zu leben, war im Juni 1924 das Institut für Sozialforschung eröffnet worden.

Pollock, neben Felix Weil im Vorstand der Gesellschaft für Sozialforschung, der Trägerin der Weil'schen Stiftung, wurde zugleich Grünbergs Assistent. Zusammen mit Felix Weil gründete er außerdem die Marx-Engels-Verlagsgesellschaft als ein dem Institut angegliedertes Unternehmen, das in Zusammenarbeit mit der SPD und dem Moskauer Marx-Engels-Institut die Herausgabe der MEGA, der Marx-Engels-Gesamtausgabe, betrieb und damit einerseits den Argwohn der Universität und die Aufmerksamkeit der Polizei weckte, andererseits erstmals mit frühen Texten von Marx und Engels, wie vor allem der »Deutschen Ideologie«, bekannt machte. 1925 wurde Pollock auch noch Generalbevollmächtigter von Felix Weil, der sich nur noch selten in Frankfurt aufhielt und öfter in Berlin und in Argentinien war. Beide waren Mitglieder der »Gesellschaft für Handel, Industrie und Wissenschaft«, einem 1919 neu gegründeten Eliteverein, der »für das Frankfurter Wirtschaftsleben maßgebende Kreise« mit »den führenden Herren der Wissenschaft« vereinen sollte (Ralf Roth: Stadt und Bürgertum in Frankfurt am Main, S. 665 f.).

IV »Universitätsbetrieb nimmt mich gefangen. Hüte dich!«

Publiziert hat der Privatdozent Horkheimer in der 2. Hälfte der 20er Jahre bis auf vereinzelte Artikel über zeitgenössische Philosophen in der Frankfurter Zeitung nichts. Doch der schriftliche Nachlass aus dieser Zeit ist umfangreich und vielfältig und erlaubt, ein Panorama dessen zu entwerfen, was ihn bewegte. Umfangreiche Vorlesungsskripte zeugen von intensiver Aneignung der neueren und zeitgenössischen Philosophie. Parallel dazu entstanden teils der Selbstverständigung dienende tagebuchartige Notizen, teils zur Veröffentlichung gedachte Aufzeichnungen aphoristischer Art, die das früher in Novellen praktizierte Durchspielen von Situationen und Perspektiven, Stimmungen und Ansichten nach längerer Pause auf einer mehr theoretischen und erfahrungsbezogenen Ebene fortsetzen.

Besonders aufschlussreich für das Fühlen und Denken Horkheimers während seiner Privatdozentenzeit sind tagebuchartige Aufzeichnungen aus den Jahren 1925 bis 1928. Sie sind persönlicher und ungeschützter als die 1926 einsetzenden Notizen, die mit dem Gedanken an eine Veröffentlichung formuliert und später größtenteils in dem Band *Dämmerung* publiziert wurden. In den tagebuchartigen Aufzeichnungen geht Horkheimer auf seinen neuen Status und sein Verhältnis dazu ein. »Universitätsbetrieb, offizielle Funktion nimmt mich gefangen. Hüte dich, hüte dich, hüte dich! Es gibt nichts Lächerlicheres als eine Wichtigkeit, die der Betrieb einem aufzwingen möchte. Es ist vielleicht die einzige philosophische Aufgabe, die man da erfüllen kann, die Fadenscheinigkeit dieser Art von Gewicht zu enthüllen – jedenfalls aber die Voraussetzung für alle weitere Philosophielehre. Die meisten erklären stolz ihre offizielle Funktion als ›bloße Konzession‹, aber man merkt ihnen dabei mindestens die Selbsttäuschung an. Sorge du dafür, daß deine eigene Funktion *nicht* bloße Konzession bleibe, sondern dadurch, daß sie jederzeit als ein Gegenstand aufmerksamer Ironie sich darbiete, aufhöre es zu sein. Das Mittel ist immer und überall der Übergang [...] vom Schein zum

Sein.« Diese persönliche Situation und den eigenen Vorsatz sogleich zum Gegenstand einer philosophischen Reflexion allgemeinerer Art machend, heißt es einige Sätze weiter: »Nicht das verkleidete Sein aus der Verkleidung lösen, demaskieren, das ist wahrhaftig nicht immer ein Wert [...] sondern mehr *werden*, besser werden, anständiger werden, wahrhaftiger werden, darauf kommt es an [...] Indem man so zur eigenen Funktion steht, kann sie sogar pädagogisch relevant werden [...].« Er beschließt die Notiz mit der Gegenüberstellung zweier Haltungen: »Nicht auf die Begriffe, sondern auf das, was sie meinen, geht die Philosophie. ›Wahrheit um der Wahrheit willen‹: papperlapapp!« (HGS 11, S. 248 f., 31. Oktober [1925]) Damit trat er, was das philosophische Verhalten – unabhängig von den Inhalten – betraf, in die Spuren Heideggers, den er einige Jahre zuvor in Freiburg so bewundert hatte.

Weitere Aufzeichnungen jener Jahre werfen vor allem Licht auf Horkheimers Selbstbild als eine hinsichtlich des eigenen sozialen Status reflektierte, souveräne Person. »Die Umwendung in ein bescheidenes, asketisches Leben ist leichter aus allen Genüssen der Verschwendung als aus einer braven bürgerlichen Menage. Mindestens wenn die Jugend mitsamt der Bildung – vor allem der ersten Regung der Liebe – wirklich auf den Höhen eines ungewöhnlichen Überflusses sich abgespielt hat. Der Überschätzung und der Gefahr des Besitzes entrinnt unendlich viel leichter, wer einmal Gelegenheit hatte, den Wert eines Vermögens in Frage zu ziehen, als wer gelernt hat, ›den Pfennig zu ehren‹.« (A. a. O., S. 238 f., 6. September [1925])

Gerade manche in Ich-Form verfassten Aufzeichnungen klingen hinsichtlich Gehalt und Stil wie Reflexionen Nietzsches. »Ich verstehe, daß man Sozialist sein kann, weil die Existenz einer kleinbürgerlichen und proletarischen Klasse unerträglich ist, weil es unerträglich ist, neben so viel Roheit, Dummheit, Gemeinheit existieren zu müssen und weil die bürgerliche Gesellschaft notwendig die ewig neue Erzeugung dieser Roheit, Dummheit, Gemeinheit als Wesensnotwendigkeit einschließt, weil sie ohne das nicht bestehen kann. Aber wie man alle diese Hässlichkeit – und mag sie zehnmal durch andere Momente bedingt sein als durch ihre Träger – wie man diese Hässlichkeit einer einzigen kultivierten zivilisierten, feinen, geistigen Existenz – etwa einer liebenswerten Frau, liebend vorziehen kann, das ist mir unzugänglich; wahrscheinlich ist es auch in der Mehrzahl aller

Fälle unecht. Wo kein Geist, kein gesteigertes Leben ist – da kann man freilich: verändern wollen! […] Die kleinen Leute sind mit dem Unrat der Verdauungsmaschinerie des bürgerlichen Systems beschmiert, durch die Familien-, Schul-, Presseerziehung erbt sich das ununterbrochen fort. In Beziehung auf den Geist gibt es keine Klassengegensätze, sondern das Volk und im Gegensatz dazu die Person.« (A. a. O., S. 242 f., 16. September [1925]) Das läuft auf die Auszeichnung der eigenen Herkunft, Entwicklung und Position als Königsweg zur wünschenswerten Existenzweise als »Person« hinaus, die es vermag, »sich wirklich der kapitalistischen Geistesordnung zu entziehen«.

Umso erstaunlicher ist dann ein inmitten dieser tagebuchartigen Aufzeichnungen auftauchender Selbstappell, der vom Leiden an einem Problem zeugt, das schon in den Novellen zentral war: Wieweit ist eine Emanzipation von der verachteten Lebensform der Eltern möglich, wenn man die materielle Basis mit ihnen teilt? Eine Aufzeichnung vom 9. Juli 1926 des seit einigen Monaten mit einer von den Eltern abgelehnten Frau verheirateten Privatdozenten beginnt wie eine ideologiekritische philosophische Erörterung: »Soweit die Rede von den ›Banden des Blutes‹ normativen Charakter haben soll und gar einseitig die patriarchalische Idee des ›Gehorsams‹ im Hintergrund hält, gehört sie zu den finstersten ideologischen Götzen.« Auch wenn die materielle Fundierung längst Vergangenheit sei, so Horkheimer, hielten sich Ideologien noch Hunderte von Jahren. Auf diese Feststellung folgt die autobiographische Nutzanwendung. »Auch mir könnte allzu viel ›selbstverständlich‹ scheinen, aber ich darf nicht vergessen, daß der finstere, bösartige Egoismus meiner Mutter und der kleine und feige Egoismus meines Vaters tausend andere als mich zugrunde gerichtet hätten. Ich darf nicht vergessen, daß es keine Dummheit und Gemeinheit gibt, die diese Leute nicht gegen mich mobil gemacht hätten – daß sie meinen Freund und meine Frau ohne jeden Skrupel tausendmal ermordet hätten, aus dem lächerlichsten und ›überholtesten‹ Fanatismus der Welt – wenn nicht die Angst vor der Gesetzgebung sicher sozial fortgeschrittener Gesellschaft ihnen die Hände bände: meine Mutter: aktiv und böse, mein Vater in der feigen duldenden Haltung des kleinen Sünders und Pantoffelhelden. […] Ich darf mir nicht durch die traditionelle Atmosphäre die Stimmung einschmuggeln lassen, als ob zwischen meinen Eltern und mir geistig etwas anderes bestehen könnte als *eine* unüberbrückbare gähnende Kluft, die in der Tat nicht auszufüllen ist!« (A. a. O., S. 254 f., 9. Juli 1926)

Noch auf einer anderen Ebene praktizierte Horkheimer eine Distanzierung von der Lebensform der Eltern, ohne die materielle Abhängigkeit von ihnen aufzukündigen. Er suchte »der Überschätzung und der Gefahr des Besitzes« zu entrinnen, ohne mit einem »ganz bescheidenen Leben« Ernst zu machen. Horkheimers Gesicht sei »leidenschaftlich und asketisch schmal« gewesen, meinte Adorno im Rückblick. »Dem entsprach auch Deine Existenzform. Du hattest bald, zusammen mit Fred Pollock, ein Haus in Kronberg erworben, in dem Ihr zurückgezogen, aber mit spürbarer Abneigung gegen möblierte Zimmer wohntet.« (AGS 20.1, S. 156) So unterschied es sich deutlich von der Villa der Eltern in Stuttgart. Dort, so zeigen es Fotos und schilderte es Pollock, regierte der Protz von Neureichen.

Die unmäßig wirkende Schilderung der elterlichen Charaktere übertönte offenbar unreflektiert das Fortbestehen eines materiellen Fundaments patriarchalischer Ideologie gerade für einen ungewöhnlichen Privatdozenten wie Horkheimer. Er hatte das verdiente, zugleich für Privatdozenten seltene Glück, 1928 einen besoldeten Lehrauftrag für Geschichte der neueren Philosophie zu erhalten. Die Universität hatte sogar um eine Beschleunigung der Bearbeitung gebeten mit der Begründung: »Herr Dr. Horkheimer hat bisher von seinem Vater die für seinen Haushalt erforderlichen Mittel erhalten. Da jedoch sein Vater, ein früher wohlhabender Mann, durch den Krieg und die Inflation große Verluste erlitten hat, ist er nicht in der Lage, diese Unterstützungen in der erforderlichen Höhe weiter zu leisten. Herr Dr. Horkheimer würde sich daher, wenn es ihm nicht gelingt, auf grund seiner wissenschaftlichen Tätigkeit die zum Lebensunterhalt für seine Familie erforderlichen Mittel zu erhalten, zu einer Änderung seines Berufs gezwungen sehen. Wir müssten den Verlust, den unsere Universität und die Wissenschaft durch eine solche Eventualität erleiden würden, aufs schwerste beklagen: Dr. Horkheimer ist einer unserer besten Dozenten und seine wissenschaftliche Begabung ist eine ganz hervorragende.« (Reinhardt, Kuratorium – Minister für Wissenschaft, Kunst und Volksbildung in Berlin, 20. 7. 1927/ Akte Max Horkheimer, 1922–1963, im Archiv der ehemaligen Philosophischen Fakultät der Universität Frankfurt/M.)

Ein Foto aus dem Jahre 1928 zeigt den Vater in traditioneller

Abb. 10: Die Eltern Moritz und Babette Horkheimer, dahinter Max und Maidon Horkheimer, links Verwandte 1928

patriarchalischer Position auf einem Sessel sitzend im Mittelpunkt eines Gruppenfotos, flankiert von Frau und Schwägerin und hinter ihm stehend Max mit Maidon an seiner Seite. Doch wenige Jahre später schreibt der Dreiundsiebzigjährige dem Sohn einen Brief, der wie der Abschiedsbrief eines dem Tode Nahen klingt. »Ich will nicht zu weit ausholen«, heißt es darin, »aber ich habe Dir getan, was nur ein Vater tun konnte, und manchesmal ist es mir recht schwer geworden; das darfst Du mir glauben; und ich hätte mit Freuden für Dich noch viel mehr getan, wenn ich dazu in der Lage gewesen wäre.« Nach einigen Zeilen über wirtschaftliche Probleme der letzten Jahre heißt es zum Verhältnis zwischen den sich im Abstieg sehenden Eltern und dem Sohn, der als Ordinarius und Institutsleiter nahezu den Höhepunkt einer akademischen Karriere erreicht hat: »Ich glaube, daß ich auch das Meinige dazu beigetragen habe, Dir Deinen so schnellen Aufstieg zu ermöglichen, nicht nur in materieller Hinsicht, sondern auch durch unser sonstiges Entgegenkommen. Es ist gewiß nicht zu viel verlangt, wenn ich Dich und Deine Frau bitte, die liebe Mutter hochzuachten, zu ehren und ihr alle Liebe wozu Ihr nur fähig seid, entgegenzubringen. [...] Sie ist eine Lebenskünstlerin, wie es wenige gibt, und sie hat oft mit wenig Mitteln Großes geleistet und heute wahrt sie noch mit dem Wenigen den Nimbus nach außen hin.

Es ist mir so wehmütig ums Herz, daß ich ihr den Dank für alles dies nicht in Taten abstatten kann, und es ist im höchsten Grade zu traurig, daß wir in unserem Alter noch so sehr sparen müssen, und uns gar nichts mehr leisten können.« (Moritz Horkheimer – Max Horkheimer, Stuttgart, 13. 12. 1931 / MHA: XVIII 3A. 151)

In Horkheimers Privatdozentenzeit fiel auch seine persönliche Erfahrung mit der Psychoanalyse. Er hatte Hemmungen, in seinen Vorlesungen frei vorzutragen und musste den gesamten Text erst schriftlich fixieren. Der in Frankfurt praktizierende Karl Landauer, ein Schüler Freuds, befreite ihn während einer sich über ein Jahr erstreckenden Analyse von diesem Symptom. Eine Notiz Horkheimers aus späterer Zeit deutet darauf hin, daß das Problem mit dem Elternhaus und der dadurch erfolgten Prägung zusammengehangen hatte. »Wäre die therapeutische Psychologie, was sie sein sollte, so konzentrierte sie sich auf die Anstrengung, die Momente im individuellen und geschichtlichen Leben aufzudecken, durch welche die Macht (in Gestalt des Vaters oder politischen Herrschers) den Menschen zur Hingabe an die Dinge unfähig machte, um ihn den Dingen desto sicherer auszuliefern. In dieser Funktion würde die Psychologie wieder ein Instrument der Philosophie.« (HGS 12, S. 302, New Yorker Notizen 1945) Das vom Vater im zitierten Brief mit Selbstverständlichkeit angeführte Prinzip, den Nimbus nach außen hin zu wahren, kann dem in einem solchen Elternhaus sozialisierten Sohn die Hingabe an die Dinge, überhaupt das Sicheinlassen auf das Gegenüber, auf Situationen, auf den Augenblick schwer oder unmöglich machen. Es klingt deshalb überzeugend, was Horkheimer später im Rückblick über den für die Befreiung von seiner Hemmung entscheidenden Augenblick berichtete. Wenn, so habe er wieder einmal den Analytiker an das lästige Symptom erinnert, er nicht alles schriftlich vor sich habe, fürchte er, von den Studenten für dumm gehalten zu werden. »Na ja, dann sollen sie Sie eben für dumm halten«, habe da Landauer gesagt. Das war »so klar und natürlich« für den Patienten dieses klugen und klaren Analytikers, dass er jedenfalls von diesem Symptom gründlich geheilt war (cf. HGS 7, S. 454). Tatsächlich entsprach das dem »Wahrhaftig werden«, dem reflektierten Übergang »vom Schein zum Sein«, von dem Horkheimer im Hinblick auf sein berufliches Selbstverständnis als Philosophiedozent gesprochen hatte.

V Auf dem Weg zum eigenen Projekt

Die in den Jahren zwischen Habilitation und Ordinariat entstandenen Texte zeugen von einer philosophiehistorisch solide fundierten und sich vorsichtig in aktuelle Auseinandersetzungen einfädelnden Zentrierung um ein mit großem und lebenslangem Engagement verfolgtes Problem. Es ist besonders einprägsam formuliert in Horkheimers erster Buchpublikation nach den frühen akademischen Qualifikationsarbeiten: in dem schmalen Band »Anfänge der bürgerlichen Geschichtsphilosophie«, der zwar erst 1930 erschien, im Typoskript aber schon 1928 fertig vorlag.

In der Zeit der Novellen hatte Horkheimer das bei Schopenhauer im wahrsten Sinne des Wortes angedachte Problem der fragwürdigen Legitimation von Ungleichheit und Herrschaft am radikalsten mit der Leonhard-Steirer-Geschichte in einem literarischen Gedankenspiel weitergedacht. In den »Anfängen der bürgerlichen Geschichtsphilosophie« gibt es Entsprechungen dazu im 1. Kapitel über »Machiavelli und die psychologische Geschichtsauffassung«. In voller Länge zitierte Horkheimer eine Rede aus den *Istorie fiorentine*. Machiavelli schildert darin unter anderem einen Aufstand des niederen Volkes, das seine Ansprüche von keiner Zunft vertreten sah, seiner Empörung durch Plünderungen und Brandstiftungen Luft machte, deswegen Bestrafung fürchtete und nun unsicher war, wie man sich weiterhin verhalten sollte. In dieser Situation lässt er einen der kühnsten und erfahrensten Rebellen eine Rede halten, in der es unter anderem heißt:

»Wir gehen meines Erachtens einem gewissen Sieg entgegen, weil die, welche uns widerstehen könnten, uneinig und reich sind. Ihre Uneinigkeit wird uns den Sieg geben; ihre Reichtümer in unseren Händen werden ihn uns erhalten. Laßt euch durch das Alter ihres Blutes nicht abschrecken, das sie uns vorhalten. Alle Menschen haben den gleichen Ursprung, ihre Geschlechter sind gleich alt, alle hat die Natur gleich geschaffen. Zieht sie nackt aus, ihr werdet sehen, daß sie uns gleich sind. Kleidet uns in ihre Kleider, sie in die unsrigen und ohne allen Zweifel werden wir Adel, sie Pöbel erscheinen. Nur Armut und Reichtum macht zwischen uns den Unterschied. Es schmerzt mich, viele unter euch zu wissen, die das Geschehene aus Gewissenhaftigkeit bereuen und sich neuer Taten enthalten wollen. Wollt ihr das wirklich, so seid ihr nicht die Männer, für die ich euch hielt. Weder Gewissen noch Schande darf euch abschrecken. Der Sieger, darf er siegen, durch welches Mittel er will, trägt niemals Schande davon, und das Gewissen dürfen wir nicht in Anschlag bringen. Wer, wie wir, Hunger und Kerker zu fürchten hat, kann und darf der Furcht vor der Hölle nicht Raum geben. Betrachtet die Handlungsweise der Menschen. Ihr werdet sehen, daß alle, die zu großem Reichtum und zu großer Macht gelangen, durch Gewalt oder Betrug dazu gelangten. Was sie aber durch Hinterlist oder Gewalttat an sich gerissen, beschönigen sie, um die Verworfenheit des Erwerbs zu verbergen, durch die falschen Titel Eroberung und Gewinn. Wer aus Unklugheit oder Dummheit diese Mittel meidet, schleppt sich in ewiger Armut und Knechtschaft dahin. Treue Knechte bleiben immer Knechte und ehrliche Leute bleiben immer arm.« (Zit. nach HGS 2, S. 193 f.)

Kämpfe wie diese trugen nach Machiavellis Ansicht oft zu besseren und freiheitlicheren Einrichtungen bei, änderten aber nichts an der charakterlichen Beschaffenheit der Menschen. In jedem Gemeinwesen gerieten demnach die Gesinnung des Volkes und die Gesinnung der Großen in Widerstreit. Im Endeffekt würden nur die zuvor Beherrschten Macht und Reichtum erlangen und nun ihrerseits andere in Armut und Knechtschaft stürzen bzw. zu halten suchen. Dem stellte Horkheimer die Erwägung entgegen:

»Die durch materielle Umstände erzwungene Form der Gesellschaft war bisher die Scheidung in Produktionsleitung und Arbeit, in Herrschende und Beherrschte. Darum muß z. B. der Wille zur Gerechtigkeit im Sinne des sozialen Ausgleichs, d. h. zur Überwindung dieser Gegensätze einen die bisherigen Zeiten übergreifenden Inhalt des Bewusstseins ausmachen. Die Forderung der Gerechtigkeit als Abschaffung der Vorrechte und Einrichtung der Gleichheit stammt von den unteren beherrschten Schichten. Ihr treten im Sinne der aufrecht zu erhaltenden Ungleichheit die Begriffe der Herrschenden gegenüber: Tüchtigkeit, Adel, Wert der Persönlichkeit. Solche Begriffe könnten nur mit den sie bedingenden gesellschaftlichen Grundlagen verschwinden. Auf Grund der bisher herrschenden gesellschaftlichen Verhältnisse erscheinen sie aber leicht als ewige Grundzüge der menschlichen Natur.« (A. a. O., S. 201 f.)

Sowohl vom Willen zur Gerechtigkeit wie von Tüchtigkeit, Adel und Wert der Persönlichkeit heißt es, sie erschienen als etwas die Zeiten Übergreifendes. Doch das Auftauchen eines Willens zur Gerechtigkeit »im Sinne des sozialen Ausgleichs« ist überraschend. Wieso wollen die unteren beherrschten Schichten nicht nur, wie in Machiavellis Beispiel, zu Herrschenden werden, also zu großem Reichtum und großer Macht gelangen, um ihre Position dann wie gehabt durch falsche Titel zu beschönigen? Diese Frage drängt sich auf – und lenkt die Aufmerksamkeit auf die Formulierung, dass »die Forderung der Gerechtigkeit als Abschaffung der Vorrechte und Einrichtung der Gleichheit« von den unteren beherrschten Schichten »stammt«. Das unterstreicht: die Forderung der Gerechtigkeit im Sinne sozialen Ausgleichs soll einen anderen Stellenwert haben als die Begriffe »Tüchtigkeit, Adel, Wert der Persönlichkeit«, die von den jeweils Herrschenden zur Legitimation »aufrecht zu erhaltender Ungleichheit« angeführt werden.

Eine Ausweitung des Blickfeldes und eine Änderung der Blickrichtung versprechen in Horkheimers Augen neue Einsichten. »In der gegenwärtigen Tiefenpsychologie wird das individuelle seelische Leben als eine durch Umweltsituationen bedingte Entwicklung begriffen.« (A. a. O., S. 202) Zu den Umweltsituationen gehört außer der außermenschlichen Natur die Gesellschaft, die sich entwickelt und ihre eigenen Gesetze hat. Natur, Gesellschaft, Individuum – alle diese Begriffe hängen hinsichtlich ihrer Bedeutung voneinander ab, sind nicht unwandelbar und haben ihre Geschichte. Für die Gegenwart sah Horkheimer die Chance, über Ansätze zur Erkenntnis spezifisch sozialer Gesetze bei Machiavelli einerseits, streng an den Stand der empirischen Forschung gebundene spezialwissenschaftliche Erkenntnisse über die Abhängigkeit des Charakters von den gesellschaftlichen Verhältnissen andererseits hinausgehend zu neuen Einsichten über gesamtgesellschaftliche Bewegungstendenzen zu gelangen.

Auch die Kapitel über Hobbes, über Utopien der Renaissance und über Vico laufen auf das eher verhalten vorgetragene Resümee hinaus, es sei die Zeit reif für einen Neuanfang beim Versuch »echter

Erkenntnis«. (A. a. O., S. 235) Über sie erfährt man allerdings nur, sie sei »als ein Moment des Gesamtprozesses zu begreifen, das im Fortgang der Geschichte nicht bloß der Analyse, sondern auch der Verifikation und unter Umständen dem Wandel unterworfen ist«. (A. a. O., S. 235) Dass der Vorbehalt der zeitlichen Abhängigkeit sogar noch die Erkenntnis betrifft, die sie feststellt – »dieses Paradoxon hebt die Wahrheit dieser Behauptung selbst nicht auf, sondern es liegt gerade im Wesen der echten Erkenntnis, niemals abgeschlossen zu sein« (ibid.).

Doch worin bestand die sich als historisch und gesellschaftlich bedingt begreifende Erkenntnis? Wer hatte sie? Und aufgrund welcher Bedingungen? Wen meinte Horkheimer mit »wir« und »uns«, wenn er schrieb: »Die Grenze für das, was wir mit Recht Ideologie nennen dürfen, setzt stets der gegenwärtige Stand unseres Wissens« (ibid.)? Meinte er herrschende Schichten oder beherrschte? Oder meinte er, es gebe der Scheidung in Herrschende und Beherrschte Enthobene? Die Selbstverständlichkeit, mit der er von »der Wissenschaft« spricht, deutet darauf hin. Doch damit ist die Frage nur auf eine andere Ebene verschoben.

Auch die Wissenschaftler liegen im Streit. Horkheimer stritt insbesondere mit Karl Mannheim, der durch die 1929 erschienene Aufsatzsammlung »Ideologie und Utopie« rasch berühmt geworden war und Anfang 1930 in Frankfurt Professor der Soziologie in der Wirtschafts- und Sozialwissenschaftlichen Fakultät und Direktor eines noch zu errichtenden soziologischen Seminars wurde. Im letzten Band von Grünbergs »Archiv für die Geschichte des Sozialismus und der Arbeiterbewegung« erschien 1930 Horkheimers Aufsatz »Ein neuer Ideologiebegriff?« Seine Kritik richtete sich zum einen gegen Mannheims Totalisierung und Entpolitisierung des Ideologiebegriffs. Mannheim wollte darin einen Ausdruck für die Seinsbedingtheit alles Denkens und Wissens sehen. Zum anderen kritisierte Horkheimer die philosophische Zielsetzung. Gegen den Vorwurf des Relativismus suchte Mannheim sich durch den Anspruch zu schützen, die soziologische Beschäftigung mit den sich wandelnden geistigen Gestaltungen eröffne einen Ausblick auf die Wirklichkeit, auf das Wesen des Menschen.

Gegen Mannheim, der sich als ein vor allem Hegel, Marx und Max Weber weiterdenkender moderner Soziologe präsentierte, führte

Horkheimer so ausdrücklich wie keinmal sonst Karl Marx ins Feld, dessen zusammen mit Friedrich Engels verfasste »Deutsche Ideologie« 1927 in den Jahren der Kooperation des Frankfurter Instituts für Sozialforschung und des Moskauer Marx-Engels-Instituts erstmals vollständig publiziert worden war. Diese Ausdrücklichkeit hatte einen plausiblen Grund. Es ging auch um eine Verteidigung von Marx und Marx'schen Grundbegriffen gegen deren Eingliederung in die Geisteswissenschaften der Gegenwart, bei der der Sinn jener Grundbegriffe in das Gegenteil verkehrt wurde. Um Ideologie handelt es sich, so Horkheimer, sich in Übereinstimmung mit Marx sehend, wenn »die wirtschaftlich nicht privilegierten Klassen« durch die Behauptung eines einheitlichen Sinnzusammenhangs ohne Rücksicht auf die höchst ungleichen Schicksale der Menschen »über ihr wirkliches Leiden« beruhigt werden sollen (Ein neuer Ideologiebegriff?, HGS 2, S. 282). Nicht-ideologisch ist der Marx'sche Materialismus, zu dem es gehört, »gerade den unbefriedigenden Zustand der Dinge in der irdischen Wirklichkeit als das wahre Sein auszusprechen«. (A. a. O., S. 263) Auch das statt für Wahrheit für Ideologie zu halten, so Horkheimers Argument gegen Mannheims radikale Ausweitung des Ideologiebegriffs auf seinsgebundenes Denken überhaupt, beruht auf einem »überspannten Wahrheitsbegriff«, der unterstellt, es könne vom erkennenden Subjekt unabhängige sachhaltige Einsichten geben, und nur solche Einsichten seien wahr. Warum, so Horkheimer, »sollte die Einsicht nicht gerade so gut seinsgebunden sein wie der Irrtum?« (A. a. O., S. 284) Seine eigene Antwort auf die Frage, was über Richtigkeit oder Falschheit von Ansichten entscheide, war: Sie soll »aufgrund einer ausgesprochenen wissenschaftlichen Theorie der Gesellschaft« erfolgen, aufgrund »der Untersuchung von Bedingungszusammenhängen zwischen den wirklichen Kämpfen der Menschen und ihren Gedanken«. (A. a. O., S. 292)

Horkheimers Auseinandersetzung mit Mannheim war Teil seiner Positionierung in der Frankfurter Universitäts- und Intellektuellenszene. 1928 hatte Carl Grünberg einen Schlaganfall erlitten, von dem er sich nicht mehr erholte. Es war bald klar, dass er das Institut für Sozialforschung nicht mehr würde leiten können. Für das Institut und seinen Stifter war das organisatorisch kein Problem. Pollock übernahm kommissarisch die Leitung. Die Leitung wirklich zu übernehmen kam allerdings für ihn aus mehreren Gründen nicht in

Abb. 11: Max Horkheimer, Direktor des Instituts für Sozialforschung 1931

Frage. Als Geschäftsführer der Marx-Engels-Verlagsgesellschaft, der mit dem Moskauer Marx-Engels-Institut kooperierte, und als Ökonom, der 1928 von Grünberg mit einer von Sympathie bestimmten Arbeit über »Die planwirtschaftlichen Versuche in der Sowjetunion 1917–1927« habilitiert worden war, war er politisch zu exponiert. Hinzu kam, dass er die intellektuelle Überlegenheit Horkheimers vorbehaltlos anerkannte und sein eigener Ehrgeiz nicht besonders ausgeprägt war.

Intellektuell zu brillieren und auf der Höhe der Zeit zu sein war aber nötig, um sich in der damaligen Blütezeit der Frankfurter Universität für die Kombination von Ordinarius und Leiter des am besten ausgestatteten Instituts an der Universität zu qualifizieren. »Frankfurt hatte damals zwei Fächer, [...] die Germanistik und die Soziologie, zum Brennpunkt geistespolitischer Auseinandersetzungen werden sehen«, erinnerte sich Karl Korn, der in jenen Jahren in Frankfurt studierte. »Philosophen und Soziologen auf der einen und Germanisten, die klassischen Philologien eingeschlossen, auf der andern Seite kannten sich, trafen sich, diskutierten miteinander. Das Ganze hatte auf beiden Seiten den Anstrich von Exklusivität.« (Korn, Lange Lehrzeit, S. 115) Den George-Leuten oder Georginen stand eine vielfältig schillernde »geistige Linke« gegenüber, die sich um das Jahr 1930 in der philosophischen Fakultät formierte. Dort wurden, so

Korn, »zum ersten Male systematisch Ideologie und Ideologiekritik zum Thema« und »die Zusammenhänge der Ideen im weitesten Sinne mit der sozialen Basis« untersucht (ibid.).

Horkheimers Profilierung im wissenschaftlichen und intellektuellen Bereich geschah gleichzeitig mit der Weichenstellung und Regelung auf institutioneller Ebene. Die finanzielle Großzügigkeit von Felix Weil und die Unterstützung durch das Berliner Ministerium spielten dabei erneut eine entscheidende Rolle. Felix Weil, der zusammen mit seiner Schwester nach dem Tod des Vaters 1928 auch dessen Erbe geworden war, war bereit, außer der Weiterfinanzierung von Grünberg auch die Finanzierung eines wirtschaftswissenschaftlichen Nachfolgers für die Wirtschafts- und Sozialwissenschaftliche Fakultät und die Finanzierung eines zusätzlichen philosophischen Lehrstuhls für Horkheimer zu übernehmen. Unter der Bedingung, dass es nicht, wie vom Berliner Ministerium beabsichtigt, ein Lehrstuhl für Philosophie und Soziologie würde, worauf andere mehr Anspruch erheben könnten, sondern einer für Sozialphilosophie, wodurch die Außergewöhnlichkeit des Falles dokumentiert würde, akzeptierte die Philosophische Fakultät die Ernennung Horkheimers zum Ordinarius. Die Verbindung des Instituts mit der Universität sei ihr wichtig genug, um Bedenken ausnahmsweise zurückzustellen. Das werde dadurch erleichtert, dass gegen die Person Horkheimer keine grundsätzlichen Einwände bestünden. »Seine große Begabung, sein umfassendes Wissen, seine erkenntnistheoretische Durchbildung, seine ungewöhnlichen pädagogischen Fähigkeiten sind unbestritten. Auch hat er einen großen Lehrerfolg.« (Philosophische Fakultät – Minister für Wissenschaft, Kunst und Volksbildung, 26.6.1930/Personalakte Horkheimer der Philosophischen Fakultät der J. W. Goethe-Universität Frankfurt am M.)

Am 1. August 1930 wurden Horkheimer offiziell der Lehrstuhl für Sozialphilosophie und die Leitung des Instituts für Sozialforschung übertragen. Die endgültige Ernennung als Nachfolger Grünbergs erfolgte aber erst im März 1932, als dessen Amtszeit vertragsgemäß endete. Mit der Übernahme der beiden Positionen ergab sich für den fünfunddreißigjährigen Horkheimer nicht nur statusmäßig und finanziell eine neue Situation. Damit wurde auch die Chance, ja die Herausforderung aktuell, nun Ernst zu machen mit seinen Vorstellungen zum Zusammenhang von Ideen und sozialer Basis, zur »Untersuchung von Bedingungszusammenhängen zwischen den wirklichen Kämpfen der Menschen und ihren Gedanken« (s. o. S. 55) und zur Unterscheidung zwischen seinsgebundener Einsicht und seinsgebundenem Irrtum.

Auch für den Dreierbund ergab sich eine neue Situation. An der Spitze des Instituts für Sozialforschung standen nun die beiden Freunde Pollock und Horkheimer, und beider Beziehung zum Stifter Weil war denkbar eng. Felix Weils problematischer Charakter, sein Hadern mit seinem Reichtum und seine schwierigen Beziehungen zu Frauen ließen ihn immer wieder Rat und Halt bei Pollock und Horkheimer suchen. Ein Licht darauf wirft schon früh eine spitze Bemerkung eines jüngeren Kollegen und engen Bekannten der beiden, nämlich des Privatdozenten für Philosophie Theodor Wiesengrund-Adorno. Der berichtete seinem Freund Siegfried Kracauer, Feuilletonredakteur der Frankfurter Zeitung, als neueste Nachricht über die Beziehung zwischen Felix Weil und dessen erster Frau: »Felix Weil läßt sich von Käte scheiden, um ganz dem Kommunismus zu leben, wodurch die Chancen der Revolution sichtlich leiden. Er hat von ihr verlangt, sie solle mit ihm nach Berlin gehen und dort eine Arbeit übernehmen, sie weigerte sich, darauf beschloß er Scheidung. Er soll ständig Reden gegen das verfluchte Geld führen, das an all seinem Unglück Schuld sei. Aber die finanziellen Verhandlungen mit Käte läßt er durch Pollock führen, der sie mit der gewohnten Zartheit durchzuführen scheint.« (Adorno-Kracauer, 24. 4. 1929 / Adorno / Kracauer: Briefwechsel 1923–1966, S. 184)

Auf märchenhaft wirkende Weise hatte sich für Horkheimer und Pollock eine Situation ergeben, die die finanzielle und institutionelle Basis für die Verwirklichung ihres Traums von der Île heureuse zu bieten schien. Doch gleichzeitig zeichnete sich deren Gefährdung ab. Bei der Reichstagswahl im September 1930 wurde die NSDAP zweitstärkste Partei. Eine der ersten Maßnahmen Horkheimers als neuer Institutsleiter wurde daraufhin die Errichtung einer Zweigstelle in Genf. Sie diente offiziell allein wissenschaftlichen Zwecken, war aber in erster Linie als Vorposten im Falle einer nötig werdenden Flucht gedacht. Von solchen Gedanken war jedoch nichts zu spüren, als Horkheimer im Januar 1931 seine Antrittsrede als Professor für Sozialphilosophie und Leiter des Instituts für Sozialforschung hielt.

VI Unakademische Notizen

Welches Bild der angehende Leiter des Instituts für Sozialforschung von der Gesellschaft hatte, war damals seinen wenigen Veröffentlichungen kaum zu entnehmen. Doch dargelegt hat Horkheimer es in einem erstaunlichen Dokument, das aber durch die Umstände seiner Publikation lange Zeit ohne Einfluss auf die Einschätzung seiner Person und seiner Arbeit blieb. In den Jahren zwischen der Habilitation und dem Beginn der Doppelposition als Ordinarius und Direktor des Instituts für Sozialforschung waren außer »akademischen« Texten auch »unakademische« entstanden. Nach dem Ende der Novellen-Phase und einer längeren Unterbrechung wurden Notizen und Aphorismen für Horkheimer zu der ihm gemäßen Form schriftlicher Fixierung seiner Überlegungen und Beobachtungen, bei der er sich durch akademische Wissenschaftsdisziplinen und Methodologien keine Beschränkungen auferlegen ließ. Der Band »Dämmerung. Notizen in Deutschland«, den er unter dem Pseudonym Heinrich Regius in der Schweiz erst 1934 erscheinen ließ, als er selbst bereits in New York war, enthielt Gedanken, die er »seit etwa 1926 zu nächtlicher Stunde notiert hatte«, ohne damals an eine Publikation zu denken« (Horkheimer – Chefredaktion von ›Kindlers Literatur Lexikon‹, Johanna Zeitler, 8.3.1973 / HGS 18, S. 813).

Im Rückblick erweist sich die »Dämmerung« als das einzige zu seinen Lebzeiten erschienene in Inhalt und Form ganz »eigene« Buch Horkheimers. Aufgrund des Zusammenspiels von Erfahrungsreichtum, literarischer Ausdrucksfähigkeit und philosophischer Reflektiertheit verdient es, den aphoristischen Werken von Autoren wie Pascal, Adolph Freiherr Knigge, Schopenhauer, Nietzsche und Adorno an die Seite gestellt zu werden. Die im Understatement-Ton gehaltene Vorbemerkung deutet an, was den erwartet, der sich durch den Anfangssatz »Dieses Buch ist veraltet« nicht abschrecken lässt und durch den abschließenden Satz »Doch mögen die Einfälle des seiner Lebensart nach individualistischen Verfassers auch späterhin nicht ganz ohne Bedeutung sein« zur Lektüre verlocken lässt. Es gebe zwar keine Ordnung, aber doch eine gewisse Einheitlichkeit der Themen: »Sie beziehen sich immer wieder kritisch auf die Begriffe Metaphysik, Charakter, Moral, Persönlichkeit und Wert des Menschen, wie sie in dieser Periode des Kapitalismus Geltung besaßen.« (Dämmerung, HGS 2, S. 312) Damit ist auf unverfänglich klingende Art umschrieben, worum es im Buch geht: um Beobachtungen und Reflexionen, Gedanken und Hoffnungen, die zum Begreifen von Klassengesellschaften bzw. Gesellschaften mit ausgeprägter Ungleichheit hinsichtlich Macht und Reichtum mit ihren Folgen für Charakter und Wert des Menschen und die Beziehungen zwischen ihnen gehören. Der individualistische Autor zeichnet sich durch einen mikrosoziologischen Blick auf makrosoziologisch Relevantes aus. Als Jugendlicher mit begrenzten Erfahrungen hatte er Leiden, Wünsche und Träume in Novellen zu artikulieren gesucht, nun versuchte er auf erweiterter Erfahrungsbasis und mit neu gewonnenen und stärker politisch-philosophischen Mitteln ein mosaikartiges Bild seiner Zeit und Umwelt und seiner Rolle darin zu entwerfen.

Die Sprache ist schlicht, doch es geht ums Ganze, wie die beiden Aphorismen zeigen, die das Werk eröffnen und beschließen: »Dämmerung« und »Vergessen«. Die »Dämmerung des Kapitalismus braucht nicht die Nacht der Menschheit einzuleiten, die ihr heute freilich zu drohen scheint«, schließt der erste Aphorismus, der konstatiert, dass seine Karriere ruiniert, wer »mit einfachen Worten die Wahrheit sagt«. (A. a. O., S. 313) »Bitter ist es, verkannt und im Dunkel zu sterben«, heißt es im letzten Aphorismus. »Solches Dunkel aufzuhellen ist die Ehre der Geschichtsforschung. Selten haben die Historiker diese so entschieden vergessen wie in dem Bemühen der Gegenwart, den ehemals herrschenden Klassen und ihren Henkersknechten historisches ›Verständnis‹ widerfahren zu lassen«, statt »die Opfer zu befreien« und ihnen »Wahrheit und Gerechtigkeit« widerfahren zu lassen. (A. a. O., S. 452) Das macht deutlich: in den Aphorismen dazwischen geht es darum, mit einfachen Worten die Wahrheit über Beherrschte und Herrschende, die im Dunkel und die im Licht auszusprechen.

Gleichzeitig ging es, bedenkt man die überragende Bedeutung Schopenhauers für Horkheimer, immer auch um eine Auseinandersetzung mit gewissen Ansichten seines »angebeteten geistigen Vaters«. Schopenhauer hatte sowohl der Forderung nach gleichmäßiger Verteilung aller körperlichen Arbeit wie der Aussicht auf eine »gewisse Allgemeinheit der Geisteskultur des Menschengeschlechts« dank der Fortschritte des Maschinenwesens entgegengehalten: »daß die große Herde des Menschengeschlechts, stets und überall, notwendig der Führer, Leiter und Berater, in mannigfaltigen Gestalten, je nach den Angelegenheiten, bedarf«. Dazu zählte er »die Richter, Regierer, Heerführer, Beamte, Priester, Aerzte, Gelehrte, Philosophen u. s. w., als welche sämtlich die Aufgabe haben, dies in der Mehrzahl höchst unfähige und verkehrte Geschlecht durch das Labyrinth des Lebens zu führen«, über das sie einen mehr oder weniger großen Überblick erworben hatten. Zu dieser »examinierten Führerklasse« rechnete er auch die Großhändler, die die Bedürfnisse des Volkes vorhersehen und befriedigen. »Daß nun diese Führer sowohl von körperlicher Arbeit, als von gemeinem Mangel, oder Unbequemlichkeit, befreit bleiben, ja auch, nach Maßgabe ihrer viel größeren Leistungen, mehr besitzen und genießen müssen als der gemeine Mann, ist natürlich und der Billigkeit gemäß.« (Schopenhauer, Parerga und Paralipomena, 3. Teil, Kapitel IX, Zur Rechtslehre und Politik, § 124)

Wo Schopenhauer trotz negativer Diagnose der bestehenden Gesellschaft aufgrund eines sozialanthropologischen Pessimismus Gründe gegen die Erreichbarkeit und Wünschbarkeit einer besseren Gesellschaft häuft, zielt Horkheimer bei seinen negativen Diagnosen auf Konkretisierung und Differenzierung und vermeidet damit eine Schließung des Horizonts menschlicher Entwicklungsperspektiven. Zu den überzeugendsten Beispielen für die Verbindung der eines Romanciers würdigen psychologischen Empathiefähigkeit mit der von Horkheimer an Schopenhauer so geschätzten »kaufmännischen Unbefangenheit« und »gebildeten Nüchternheit« gehört der Aphorismus »Freiheit der moralischen Entscheidung«.

»Bei Richard Wagner sind die Personen, die sich zur Schopenhauer'schen Moral, zur Entsagung durch Mitleid bekehren, vor der Bekehrung stark und mächtig. Wagner wünscht das Missverständnis auszuschließen, als bekehrten sich seine Helden aus Schwäche. Was ist das Mitleid eines Menschen schon wert, wenn er überhaupt nicht imstande ist, dreinzuschlagen. Auch der christliche Gott freut sich bekanntlich mehr über einen reuigen Sünder als über tausend Gerechte. Buddha war ein Königssohn – was wäre es für einen Paria

Besonderes gewesen, ein asketisches Leben zu führen: er hat ja sowieso nichts zu essen! Buddha hielt ganz konsequent die niederen Kasten zunächst von der Mönchsgemeinde fern. Ins Bürgerliche übersetzt bedeutet dies alles, daß die Möglichkeit, moralisch zu sein, eine von der sozialen Geltung abhängige Variable darstellt. Wer selbst zu den Elenden gehört, ist in doppelter Weise vom Problem der Moralität ausgeschlossen. Erstens ist es für ihn keine ›Frage‹, sich mit dem Leid zu identifizieren, das ›tat twam asi‹ [das bist du, R. W.] angesichts der leidenden Kreatur ist für ihn keine ›Erkenntnis‹, sondern ein Faktum. Angesichts des Reichen dagegen gilt für den Armen der umgekehrte Satz: ›Das bist du nicht.‹ Zweitens hat er nichts, auf das er verzichten könnte. Also: Moral und Charakter sind weitgehende Monopole der herrschenden Klasse. Ihren Mitgliedern steht die moralische Entscheidung in ganz anderer Weise als den Elenden frei.«

Das Mitleid wird durch den geschärften Blick für Klassenverhältnisse nicht entlarvt bzw. entwertet. Es wird vielmehr deutlich, dass selbst bei diesem so elementar und allgemein menschlich scheinenden Thema Klassenunterschiede hineinspielen und von existentieller Relevanz sind. Die besten Aphorismen des Bandes zeichnen sich eben dadurch aus, dass sie Nüchternheit und Schärfe des Blicks an der Möglichkeit gesteigerter Kräfteentfaltung und gerechterer Verhältnisse für alle messen. Das relativiert einerseits den Nimbus der Herrschenden und Erfolgreichen und andererseits die Verächtlichkeit der Beherrschten und Erfolglosen.

»In der gegenwärtigen Gesellschaft«, so Horkheimer in einer Anmerkung zum Aphorismus »Gesellschaftsbau und Charakter«, »gilt in Beziehung auf die individuelle Entwicklung folgendes Gesetz: je gehobener die Lebenssituation, um so leichter entfalten sich Intelligenz und jede andere Art von Tüchtigkeit. Die objektiven Bedingungen für die Entfaltung der gesellschaftlich wichtigen Eigenschaften sind auf den höheren sozialen Stufen günstiger als auf den niederen.« Solche Begünstigung setzt sich nach der Sozialisation in Familie und Schule im Beruf fort. »So wird z. B. das Tagespensum eines größeren Kapitalisten schon durch den technischen und menschlichen Apparat, der ihm für alle seine Angelegenheiten, von der umfassendsten geschäftlichen Disposition bis zum Diktat eines belanglosen Briefes, zur Verfügung steht, vervielfacht. Der durch die so entstehende Überlegenheit bedingte Erfolg wirkt auf seine persönlichen Fertigkeiten, seine Routine, wieder zurück. [...] Seine Geübtheit wächst gerade für die wichtigeren Funktionen, denn das Gleichgültige hat er an untergeordnete Kräfte abgegeben. So kann er im entscheidenden Meister werden.«

Dem entmythologisierenden Blick auf den Großbürger steht der entideologisierende Blick auf den Kleinbürger gegenüber. »Der kleine Mann plagt sich dagegen mit Kleinigkeiten ab, der Tag ist eine Reihe von unerquicklichen Besorgungen, und im Hintergrund droht das Elend. Dies gilt nicht bloß für die gesellschaftliche Leistung, sondern auch für die übrigen Eigenschaften der Person. Die Lust an billigen Vergnügungen, der bornierte Hang an kleinlichem Besitz, das hohle Gespräch über eigene Angelegenheiten, die komische Eitelkeit und Empfindsamkeit, kurz die ganze Armseligkeit der gedrückten Existenz brauchen sich dort nicht vorzufinden, wo die Macht dem Menschen einen Inhalt gibt und ihn entwickelt.«

Der nüchterne Blick auf den Zusammenhang zwischen ökonomisch-sozialer Situation einerseits, Qualität und Selbstbild der Person andererseits wirkt auch erhellend bei weiteren Differenzierungen wie beispielsweise im Aphorismus »Charakter und Avancement«. Der Annahme, mit abnehmender Quantität der Vermögen nehme die moralische Qualität der Person zu oder werde zumindest die Gemeinheit geringer, hält Horkheimer entgegen:

»Während oben das Verhältnis zwischen der ausbeutenden Person und der ausbeuterischen Tätigkeit höchst vermittelt sein kann, drükken sich auf den niederen Stufen die unmenschlichen Qualitäten notwendig unmittelbar in den Personen aus. Ein Millionär oder gar seine Frau können sich selbst einen sehr geraden und noblen Charakter leisten, sie können alle möglichen bewundernswerten Eigenschaften ausbilden. Je größer die Unternehmung, um so mehr läßt sie sogar einen gewissen Spielraum für ›arbeiterfreundliche‹ und am Verhalten der Fachgenossen gemessen humane Maßnahmen zu, ohne daß sie unrentabel wird. Der kleine Fabrikant ist auch hier im Nachteil. Bei ihm sind schon persönlich ausbeuterische Züge vonnöten, um bestehen zu können. Diese ›moralische‹ Benachteiligung wächst mit der Abnahme der Charge im Produktionsprozeß.«

Der nüchterne Blick auf die Zusammenhänge zwischen »Gesellschaftsbau und Charakter« und »Charakter und Avancement« kann dazu beitragen, erste Voraussetzungen für den Erwerb von Selbstvertrauen auf seiten der Beherrschten und Erfolglosen zu schaffen. Die meisten Menschen, so Horkheimer im Aphorismus »Aller Anfang ist schwer«, haben bestenfalls einmal die Chance zur echten Verbesserung ihrer Lebenslage. Doch sie versagen dann leicht. »Wenn man dem Lehrling ein Geschäft gibt, das er beim Gehilfen hundertmal gesehen hat, so macht er es trotzdem verkehrt, es sei denn, daß ihm die Identifikation mit dem Erwachsenen im Blute liegt wie dem begabten Hochstapler die Identifikation mit der guten Gesellschaft.« So verfestigt sich nur der Eindruck: »Der Abhängige ist unbegabt«. Diese Wahrscheinlichkeit wird noch dadurch gesteigert, »daß der Anfang für jeden mit dem Alter immer schwerer wird und die, welche nicht schon in eine glückliche Situation hineingeboren oder jung hineingerutscht sind, fürs Leben dazu verdorben bleiben«. Auch allgemein gilt: die Selfmade-Männer, die die Regel bestätigen, werden immer seltener, »weil der Anfang immer noch schwerer wird, als er schon früher war«. Für die Hineingeborenen oder jung Hineingerutschten gilt entsprechend, dass sie keine Chance brauchten. »Die Freiheit, Selbstverständlichkeit, ›Natürlichkeit‹, die einen Menschen in gehobenem Kreis sympathisch machen, sind eine Wirkung des Selbstbewusstseins; gewöhnlich hat sie nur der, welcher immer schon dabei war und gewiß sein kann, dabeizubleiben.«

Zu den vielen unauffälligen und alltäglichen Phänomenen, an denen Horkheimer deutlich macht, wie dadurch bestehende Rangordnungen stets aufs Neue bestätigt werden, gehört auch die Dankbarkeit. Es gilt zu bedenken, so heißt es im Aphorismus »Dankbarkeit«, »daß Förderung, Hilfe, Wohlwollen in den weitaus zahlreichsten Fällen von den Reichen selbst oder von ihren mit der Aufrechterhaltung des Systems betrauten Funktionären erwiesen werden«. Wer sich darauf nicht einlässt, weil es sich mit seinem ernstlichen Streben nach grundsätzlicher Verbesserung der menschlichen Verhältnisse nicht verträgt, gerät immer wieder in Situationen, in denen er andere vor den Kopf stößt und undankbar wirkt. Dass solche Konsequenz viel verlangt war, war dem Philosophiedozenten durchaus bewusst, der als Juniorchef einst Erfahrungen mit Untergebenen machen konnte und inzwischen mit Wissenschaftlern und Intellektuellen verkehrte, von denen der eine oder andere auf sein Wohlwollen Wert legen musste – etwa wenn es darum ging, ein gutes Wort bei Professor

Cornelius einzulegen. Der Verkehr mit einer besser gestellten Person ist für den schlechter Gestellten meist von einem gewissen Nutzen oder doch mit der Hoffnung darauf verbunden. »Kleinere Leute, die dauernd solchen Verkehr pflegen«, so Horkheimer im Aphorismus »Spielregel«, »vor allem Intellektuelle, haben in der Tat meist ein übergewöhnlich ideologisch verschlamptes Bewusstsein, sie leiden außer an den gängigen Harmonie-Illusionen ihrer Schicht noch an einer privaten Borniertheit – mögen sie im übrigen auch besonders begabt sein. Die Folgen der Verdrängung machen sich am Ende auch in ihrem übrigen Denken geltend, zuerst in der Vergrößerung der guten Eigenschaften ihrer großbourgeoisen Freunde. Hast du schon einmal einen solchen Mann mit guten Beziehungen getroffen, der die Damen und Herren nicht wenigstens ›so nett‹ oder ›so gescheit‹ gefunden hätte? Als ›so ausbeuterisch‹ kann er sie nicht mehr erkennen. Der Verkehr hat seine Folgen für das Bewusstsein – um so größere, je intimer und aufrichtiger er ist.«

Wie Horkheimer einst bei seinem Besuch als Juniorchef in der Hirsauer Filiale plötzlich einfiel, er solle sich ja an diesem ganzen Unternehmen beteiligen und dabei aktiv mitwirken, so kommt auch in den gesellschafts- und ideologiekritischen Aphorismen des Dozenten der Gedanke daran auf, dass er inmitten des Gesellschaftsgetriebes und Wissenschaftsbetriebes agiert und sich über sein Verhalten und seine Verhaltensmöglichkeiten klar werden muss. Das Aphorismen-Mosaik enthält auch die Elemente eines differenzierten Selbstbildes. »Schlechte Vorgesetzte« ist ein Aphorismus betitelt. Wer *contre cœur* an der schlechten Ordnung mitwirkt, wer »als Vorgesetzter der Unvernünftigkeit des Abhängigkeitsverhältnisses in der Gegenwart, seines Ursprungs aus der veralteten Klassengesellschaft bewusst ist, wer seine eigene Rolle als Kompagnon der Ausbeutung durchschaut« und wem »das Aggressive seiner Existenz« gegenwärtig ist, der wird als unsicher und gezwungen empfunden. Wozu also kann ein in diesem Sinne »schlechter Vorgesetzter« gut sein?

Von der komplizierten Rolle eines Contre-cœur-Vorgesetzten handelt der Aphorismus »Zur Lehre vom Ressentiment«. »Ein feiner Trick«, konstatiert Horkheimer: »das System zu kritisieren soll denen vorbehalten bleiben, die an ihm interessiert sind. Die anderen, die Gelegenheit haben, es von unten kennenzulernen, werden entwaffnet durch die verächtliche Bemerkung, daß sie verärgert, rachsüchtig, neidisch sind. Sie haben ›Ressentiment‹.« Doch, so Horkheimer, damit seinen Sinn für Realitäten unter Beweis stellend, es sollte niemals vergessen werden, »daß man ein Zuchthaus in keinem Fall und unter keinen Umständen kennenlernen kann, wenn man nicht wirklich und ohne Verkleidung als Verbrecher fünf Jahre dort eingesperrt war mit der Gewissheit, daß die goldene Freiheit, nach der man sich in diesen fünf Jahren sehnt, in einem nachträglichen Hungerleben besteht.« Als Herausforderung ergibt sich: Wie kommt man an bzw. wer kommt an gegen das »stillschweigende Abkommen der Glücklichen«, dass man über dieses Gesellschaftssystem nur diejenigen als Zeugen gelten lassen will, die es nicht von unten kennenlernen?

Eine Antwort darauf geben Aphorismen wie »Von innen nach außen«. Es bedarf eines »Herausfliegens aus allen Sicherungen sozialer und menschlicher Art, um ein relatives Außerhalb gegenüber den grundlegenden gesellschaftlich-ökonomischen Beziehungen ins Bewußtsein zu bringen. Erst dann kann das Dasein wirklich den Glauben an die Natürlichkeit seiner Bedingungen verlieren und entdekken, wie viel gesellschaftlich bedingte Elemente noch in der Liebe, der Freundschaft, der Achtung, der Solidarität, die es genossen hat, enthalten waren.« Frei sein vom Glauben an die Natürlichkeit der Bedingungen seines Daseins konnte Horkheimer angesichts des Auf und Ab seiner eigenen Familien- und Herkunftsgeschichte. Es dürfte ein Beispiel für eine gewisse Ordnung in der laut Vorbemerkung belassenen Unordnung der Aphorismen sein, dass auf »Aller Anfang ist schwer« der Aphorismus »Von innen nach außen« folgt. Das Selbstbewusstsein, das der hat, »welcher immer schon dabei war und gewiß sein kann, dabeizubleiben«, konnte Horkheimer nicht haben. Damit näherte sich seine Lebenslage der Verkörperung des Paradoxons einer Kritik des Systems, die nicht dem vorgeblichen Ressentiment rachsüchtiger Neider entspringt, die es von unten kennenlernen, und doch auf dem Verspüren von dessen dunkler Seite im eigenen Leben beruht.

Zum einzigartig »eigenen« Buch Horkheimers wird »Dämmerung« schließlich auch durch die darin knapp umrissene Utopie. »Nur innerhalb der gesunden Familie«, heißt es im Aphorismus »Menschliche Beziehungen«, »betrifft Freud und Leid des einen tatsächlich den andern. Ohne identische materielle Interessen der Individuen haben sie Eifersucht, Neid und Schadenfreude mindestens zu verdrängen. Die gesellschaftliche Entwicklung zerstört daher mit der gesunden Familie innerhalb weiter Schichten, vor allem des Kleinbürgertums und der Angestellten, den einzigen Ort unmittelbarer Beziehungen zwischen den Menschen. Sie setzt dagegen innerhalb bestimmter Gruppen des Proletariats anstelle der naturwüchsigen und ihrer selbst weitgehend unbewussten Gruppen, als deren spätestes Zersetzungsprodukt die Kleinfamilie jetzt zugrunde geht, neue, bewusste, auf erkannte gemeinsame Interessen begründete Gemeinschaften.« Doch das war eine proletarische Utopie. Welche Konsequenzen zog Horkheimer selber? »Echte, unmittelbare Beziehungen können dort nicht bestehen, wo die fundamentalsten Interessen der einen Seite denen der anderen entgegenstehen, und dies ist überall der Fall, wo bei ungleicher Lebenshaltung die Gemeinsamkeit des Vermögens und der Einkünfte verweigert wird.« Gemäß dieser Einsicht und Überzeugung verfuhr Horkheimer offenbar, als er seine nicht-begüterte Geliebte zur Eigentümerin des Cronberger Hauses machte. So gewann die Utopie einer Île heureuse ein weiteres Stück Realität.

Gleichzeitig blieb bei Horkheimer hinsichtlich des Proletariats bei aller Selbstverständlichkeit, mit der er von proletarischer Praxis und Sozialismus als Lösung aller Probleme sprach, eine zentrale Frage offen: »Wissen möchte ich, ob es Menschen unter den Armen gibt, die sich wirklich der kapitalistischen Geistesordnung entziehen. Ich verstehe darunter Menschen, die auch – falls sie Erfolg hätten – in ihren Handlungen und Wertungen so blieben, wie es mit einer ehrlich revolutionären Gesinnung der Deklassierten verträglich ist. – Ich möchte also wissen, ob der Erfolg bis ins allerletzte – allmächtig ist.« (HGS 11, S. 261) Doch diese Gedanken vertraute er nur tagebuchartigen Aufzeichnungen im November 1928 an. Sie wurden zum Leitfaden seines künftigen Forschens.

VII Aufbruch in der Dämmerung

Der 24. Januar 1931 wurde zur Demonstration eines erstaunlichen Erfolgs. Der fünfunddreißigjährige Max Horkheimer hielt seine öffentliche Antrittsvorlesung über »Die gegenwärtige Lage der Sozialphilosophie und die Aufgaben eines Instituts für Sozialforschung«. Die Eltern waren eigens angereist, um diesen Augenblick mitzuerleben. Inzwischen waren sie angesichts des beständigen Erfolgs ihres Sohnes mit ihm und seiner Frau versöhnt. »Der Philosoph lebt in der wirklichen Welt«, hatte Horkheimer in seiner Vorlesung zur »Einführung in die Philosophie der Gegenwart« im Sommersemester 1926 betont. Dass er »ideengeschichtlich« verfuhr, wollte er damals als Notlösung verstanden wissen. Was damals Forderung und Wunsch blieb, konnte er nun in Gestalt einer Kombination von Philosophie und institutionalisierter Sozialforschung endlich praktizieren. Genau darauf zielte seine Rede, die ein Glanzstück diplomatischer und selbstbewusster Profilierung seines Unternehmens war.

Er begann mit der »gegenwärtigen Lage der Sozialphilosophie«, deren Vertreter in den Spuren Hegels den Blick in eine überpersonale Sphäre öffnen wollten und auf diese Weise in ihrem Glücksstreben gehemmte und enttäuschte Individuen mit der Wirklichkeit als sinnvoller Totalität zu versöhnen suchten. Damit ignorierten sie, was sich in der Zwischenzeit abgespielt hatte und in Schopenhauers Philosophie offen ausgesprochen worden war. »Der nüchterne, auf das Einzelne und Nächste gerichtete Blick vermochte hinter der Oberfläche der sich bekämpfenden Einzelwillen, in dem stets wiederkehrenden Mangel, in der Schmach des Alltags und dem Schrecken der Geschichte keine List mehr zu entdecken, deren die Vernunft sich bediente, und der größte Gegner Hegels, Schopenhauer, erlebte die Morgenröte seiner geschichtsfeindlichen, pessimistischen und gütigen Philosophie.« (HGS 3, S. 25) Nur einen nahm Horkheimer von seiner aktuellen Lagebeschreibung aus. Das war der andere Philosoph, der ihn in seinen frühen Jahren besonders beeindruckt hatte. »Im einzigen modernen philosophischen Werk, das es radikal ablehnt, Sozialphilosophie zu sein, und echtes Sein nur im Innern des einzelnen existierenden Menschen entdeckt, in Heideggers *Sein und Zeit* steht daher die Sorge im Mittelpunkt. Diese Philosophie der einzelmenschlichen Existenz ist nach ihrem einfachen Gehalt im Hegelschen Sinne nicht verklärend. Das menschliche Sein ist ihr nur das Sein zum Tode, die bloße Endlichkeit; sie ist eine schwermütige Philosophie.« (A. a. O., S. 26)

Doch Horkheimer wollte mehr, wollte über eine schwermütige Philosophie der bloßen Endlichkeit hinausgehen, die es bei einem polemischen Verhältnis zu den »Erfahrungswissenschaften« beließ. Damit war für ihn die herrschende und zu überwindende Lage auf den Punkt gebracht: »Das Verhältnis zwischen philosophischen und entsprechenden einzelwissenschaftlichen Disziplinen darf nicht in dem Sinne gefaßt werden, als ob die Philosophie die entscheidenden Probleme behandle und dabei von Erfahrungswissenschaft unangreifbare Theorie, eigene Wirklichkeitsbegriffe, die Totalität umspannende Systeme konstruiere, während im Gegensatz dazu die Tatsachenforschung ihre langen, langweiligen, sich in tausend Teilfragen aufsplitternden Einzelerhebungen aufteile, um schließlich im Chaos des Spezialistentums zu enden.« (A. a. O., S. 28 f.) Die Alternative, für die er die Zeit gekommen sah und für die er selbst stand, bestand in einer »fortwährenden dialektischen Durchdringung und Entwicklung von philosophischer Theorie und einzelwissenschaftlicher Praxis«. Das genauer ausführend formulierte er als Programm: »Nicht dadurch wird die chaotische Spezialisierung überwunden, daß man schlechte Synthesen spezialistischer Forschungsergebnisse unternimmt, und nicht dadurch kommt andererseits unbefangene Empirie zustande, daß versucht wird, das theoretische Element darin auf nichts zu reduzieren: sondern indem die Philosophie als aufs Allgemeine, ›Wesentliche‹ gerichtete theoretische Intention den besonderen Forschungen beseelende Impulse zu geben vermag und zugleich weltoffen genug ist, um sich selbst von dem Fortgang der konkreten Studien beeindrucken und verändern zu lassen.« Worauf es heute ankomme, sei, »auf Grund aktueller philosophischer Fragestellungen Untersuchungen zu organisieren, zu denen Philosophen, Soziologen, Nationalökonomen, Historiker, Psychologen in dauernder Arbeitsgemeinschaft sich vereinigen und das gemeinsam tun, was […] alle echten Forscher immer getan haben: nämlich ihre aufs Große zielenden philosophischen Fragen an Hand der feinsten wissenschaftlichen Methoden zu verfolgen, die Fragen im Verlauf der Arbeit am Gegenstand umzuformen, zu präzisieren, neue Methoden zu ersinnen und doch das Allgemeine nicht aus den Augen zu verlieren.« (A. a. O., S. 29 f.)

Was als Kränkung hätte gedeutet werden können, nämlich dass sein Ordinariat auf Sozialphilosophie beschränkt worden war, machte Horkheimer – ein schönes Beispiel seiner Gewitztheit – zu einer Fügung, die gerade zur rechten Zeit kam. Er konstatierte knapp, selbst ein Max Scheler habe bei aller gigantischen Anstrengung hinsichtlich der aktuellen Anforderungen an eine Lehre von der Gesellschaft versagt. Dann fuhr er fort: »In dieser Lage darf es als fachlich begründet angesehen werden, daß der Lehrstuhl an unserer Universität, der mit der Leitung des Instituts für Sozialforschung verbunden ist, in einen Lehrstuhl für Sozialphilosophie umgewandelt und in die philosophische Fakultät verlegt worden ist.« Dem »großen Gelehrten« Carl Grünberg zollte Horkheimer Respekt als einem berühmten Fachwissenschaftler. Als Nachfolger in der Institutsleitung war nun ein »junger und unbekannter Mann«, der Sozialphilosoph war, gerade richtig angesichts »der neuartigen schwierigen und bedeutsamen Aufgabe, einen großen empirischen Forschungsapparat in den Dienst sozialphilosophischer Probleme zu stellen«. (A. a. O., S. 30)

Übernehmen wollte Horkheimer bei der Neuausrichtung der Institutsarbeiten vor allem die seinerzeit auf Wunsch Grünbergs in der Institutsverfassung garantierte Unabhängigkeit des Leiters nach allen Seiten, der Unterrichtsverwaltung ebenso wie den Stiftern gegenüber, und institutsintern die von seinem Vorgänger so genannte »Diktatur des Direktors«, »um wenigstens im engsten Rahmen gemeinsam mit meinen Mitarbeitern eine Diktatur der planvollen Arbeit über das Nebeneinander von philosophischer Konstruktion und Empirie in der Gesellschaftslehre zu errichten« (HGS 3, S. 31).

Horkheimer beschloss seine Antrittsvorlesung, die zugleich die Antrittsrede eines Institutsleiters war, mit der philosophisch-empirischen Skizzierung des Problems, das zunächst den Leitfaden der kollektiven Arbeit des Instituts bilden sollte. In Philosophie wie

Soziologie hätten sich die Diskussionen über die Gesellschaft immer deutlicher um eine Frage kristallisiert, die die aktuelle Fassung der alten Frage nach dem Zusammenhang von Realität und Idee, Leben und Geist sei, nämlich die Frage »nach dem Zusammenhang zwischen dem wirtschaftlichen Leben der Gesellschaft, der psychischen Entwicklung der Individuen und den Veränderungen auf den Kulturgebieten«. (A. a. O., S. 32) Dabei sollten weltanschauliche Überzeugungen wie: die Ideen seien das Primäre, das materielle Leben das Sekundäre, oder umgekehrt: menschliche Psyche, Recht, Kunst, Philosophie seien bloß ein Überbau der Wirtschaft, vermieden werden. Solche allgemeinen Aussagen entzögen sich der empirischen Überprüfung. »Anders verhält es sich, wenn man die Frage in folgender Weise genauer stellt: welche Zusammenhänge lassen sich bei einer bestimmten gesellschaftlichen Gruppe, in einer bestimmten Zeitspanne, in bestimmten Ländern nachweisen zwischen der Rolle dieser Gruppe im Wirtschaftsprozeß, der Veränderung in der psychischen Struktur ihrer einzelnen Mitglieder und den auf sie als Gesamtheit im Ganzen der Gesellschaft wirkenden und von ihr hervorgebrachten Gedanken und Einrichtungen.« (A. a. O., S. 32 f.) In diesem Sinne werde das Institut beginnen mit der Erforschung einer besonders wichtigen und kennzeichnenden gesellschaftlichen Gruppe: den qualifizierten Arbeitern und den Angestellten zunächst in Deutschland.

Das organisatorische, methodologische und inhaltliche Bild künftiger Arbeit, das Horkheimer in seiner Antrittsvorlesung entwarf, zeigte, dass er bei seinem Unternehmen, die Arbeiten des Instituts nach der jahrelangen Krankheit Grünbergs auf neue Aufgaben zu richten, unbedingt berücksichtigen wollte, was er in einem Aphorismen der »Dämmerung« über »Gefahren der Terminologie« notiert hatte. Manche Menschen beruhigten sich bei der Erkenntnis eines Übels mit dem Besitz einer Theorie, die es ihrer Überzeugung nach erklärt. »Ich denke dabei auch an manche Marxisten, welche angesichts des Elends rasch dazu übergehen, es zu deduzieren. Man kann auch mit dem Begreifen zu rasch sein.« (HGS 2, S. 327)

Horkheimers Genialität bestand darin, dass er zu nutzen verstand, was sich in den Jahren von Grünbergs Krankheit wohl unter dem Einfluss bereits des Freundespaares Pollock-Horkheimer und ihres Bekanntenkreises angebahnt hatte: die Einbeziehung von Psychoanalyse und Kultursoziologie durch Mitarbeiter des Instituts wie

Erich Fromm, Soziologe und Psychoanalytiker, und Leo Löwenthal, Pädagoge und Literaturwissenschaftler, oder dem Institut Nahestehende wie Theodor Wiesengrund-Adorno, Philosoph und Musikwissenschaftler. Einen nach außen hin zunächst kaum sichtbaren Niederschlag fand der von Horkheimer in seiner Antrittsvorlesung hervorgehobene empirische Teil der Institutsarbeit in von Fromm entworfenen und geleiteten empirischen Untersuchungen über Arbeiter und Angestellte. Dabei kam es zur Zusammenarbeit mit einer anderen innovativen Sozialforschungseinrichtung, nämlich Paul Lazarsfeld Wiener »Wirtschaftspsychologischen Forschungsstelle«, die sich durch Marktforschung finanzierte und gleichzeitig im Rahmen des Möglichen nichtkommerzielle sozialpsychologische Forschung betrieb. Sichtbar wurde die Neuausrichtung des Frankfurter Instituts für Sozialforschung in erster Linie dadurch, dass an die Stelle von »Grünbergs Archiv« die seit 1932 von Horkheimer herausgegebene »Zeitschrift für Sozialforschung« als Organ des Instituts trat. Sie wurde für ein Jahrzehnt Horkheimers wichtigstes Publikationsmedium und machte seine Rolle als Haupt einer multidisziplinären Arbeitsgemeinschaft sinnfällig.

Das erste Heft – ein Doppelheft – enthielt Aufsätze, die der Situation eines Neubeginns, aber ebenso einer allgemeinen Krisenstimmung entsprechend allesamt Bestandsaufnahmen enthielten, die auf ein Plädoyer für die Anwendung der materialistischen Geschichtsauffassung hinausliefen. Horkheimers Eröffnungsbeitrag über »Wissenschaft und Krise« handelte von der Lage der Wissenschaft, Pollocks darauf folgender Aufsatz von der Lage des Kapitalismus, der Fromms von der Lage der Sozialpsychologie, der Löwenthals von der Lage der Literaturwissenschaft, der Wiesengrund-Adornos von der Lage der Musik. Zwischen Fromms und Löwenthals Beiträgen war der etwas aus dem Rahmen fallende von Henryk Grossmann platziert, einem Institutsmitarbeiter der ersten Stunde und der Grünberg-Tradition, der über »Die Wert-Preis-Transformation bei Marx und das Krisenproblem« schrieb. Bei Horkheimer ging es um die Freisetzung der Produktivkraft Wissenschaft, bei Pollock um die der ökonomischen Produktivkräfte, bei Fromm um die von Ich-Organisation und Sublimierungsfähigkeit bzw. genitalen Charakterzügen, bei Adorno um die der musikalischen Produktivkraft. Dem interdisziplinären Programm entsprechend diente der umfangreiche Besprechungsteil mit einer immensen Zahl kurzer Rezensionen dazu, »wichtige Erkenntnisse aus verschiedenen Wissensgebieten für die Erfassung gesellschaftlicher Vorgänge zu verwerten« (ZfS 1932, S. 145). Im Vorwort der neuen Zeitschrift formulierte Horkheimer mehr als zwei Jahre nach seiner Antrittsvorlesung noch einmal für einen weiter gestreuten Rezipientenkreis, worum es ging: »eine Theorie der gegenwärtigen Gesellschaft als ganzer«. Der Zusammenhang mit dieser gleichzeitig aktuellen und umfassenden Problematik sollte stets gewahrt sein. Eingedenk der Unabschließbarkeit der Erkenntnis war an die vorläufigen Ergebnisse der Einzeldisziplinen anzuknüpfen. »Die Sozialforschung unterscheidet sich von allen auf möglichst große Allgemeinheit und übergreifende Schau gerichteten geistigen Unternehmungen dadurch, daß sie auf die gegenwärtige menschliche Wirklichkeit abzielt« und dass dabei ihre Kategorien »die weitere Aufhellung und berechtigten Widerspruch durch die empirische Forschung« nicht ausschließen.

Horkheimers den Aufsatzteil des ersten Heftes beschließender Beitrag über »Geschichte und Psychologie« war ein Beispiel dafür, wie Erfahrungen und Überlegungen, die er in Notizen und Aphorismen festgehalten hatte, ihn zu einer reflektierten und selbständigen Aneignung und Weiterentwicklung der ökonomischen Geschichtstheorie befähigten und ihn dabei leiteten. Was er in teilweise bitter oder sarkastisch klingenden Aphorismen der »Dämmerung« beispielsweise über Millionäre einerseits, den kleinen Mann andererseits konstatiert hatte, fand nun in einer wissenschaftstheoretischen Erörterung als Anstoß zu weiteren Forschungen Platz. »Es wäre zu erforschen, wie die psychischen Mechanismen zustande kommen, durch die es möglich ist, daß Spannungen zwischen den gesellschaftlichen Klassen, die auf Grund der ökonomischen Lage zu Konflikten drängen, latent bleiben können. Wenn in manchen Darstellungen der Psychologie bei ähnlichen Gegenständen viel von Führer und Masse gesprochen wird, so ist zu bedenken, daß das bedeutsame Verhältnis in der Geschichte weniger die Gefolgschaft einer unorganisierten Masse zu einem einzelnen Führer als das Vertrauen der gesellschaftlichen Gruppen in die Stabilität und Notwendigkeit der gegebenen Hierarchie und der herrschenden gesellschaftlichen Verhältnisse darstellt.« (ZfS 1932, S. 136/HGS 3, S. 60) Das Zustandekommen dieses Vertrauens wurde im Zusammenhang mit der Rolle sozialer Gruppen im ökonomischen Prozess fortwährend erneuert. Wie das ablief, mittels welcher tiefliegenden psychischen Faktoren die Ökonomie die Menschen bestimmt – das zu erklären war, so Horkheimer, eine Psychologie nötig, die »weitgehend Psychologie des Unbewussten« (a. a. O., S. 135/HGS 3, S. 59) sein musste.

Einen besonderen Stellenwert hatte die psychologische Dimension für Horkheimer noch aus einem anderen Grund. Sie bildete einen wichtigen Faktor für die Vermeidung einer abschließenden Sicht gesellschaftlicher Totalität. »Die Aufdeckung der psychischen Vermittlungen zwischen der ökonomischen und der sonstigen kulturellen Entwicklung wird zwar die Aussage bestehen lassen, daß auf radikale ökonomische Veränderungen radikale kulturelle gefolgt sind, aber sie kann unter Umständen nicht bloß zu einer Kritik der Auffassung von den funktionalen Verhältnissen zwischen beiden Reihen, sondern auch zur Bestärkung der Vermutung führen, daß sich die Folgeordnung in der Zukunft einmal ändern oder umkehren wird.« Und das zeige, »daß die Auffassung, von der hier die Rede ist, ebenso sehr die Ordnung der Wissenschaften und damit ihre eignen Thesen in die Geschichte einbezieht wie die menschlichen Triebe selbst«. (A. a. O., S. 134/HGS 3, S. 58 f.)

Zum wichtigsten Mitarbeiter wurde daher für Horkheimer – abgesehen von der singulären Rolle Pollocks – Erich Fromm. Ihm wurde die Ehre zuteil, das nächste Heft mit einem Beitrag zu eröffnen, der seine im ersten Heft vorgestellte allgemeine Konzeption einer analytischen Sozialpsychologie durch die Darlegung einer analytischen Charakterologie ergänzte. Die Zusammenarbeit mit Fromm war aufgrund einer Empfehlung Landauers zustande gekommen, bei dem Horkheimer einst eine Analyse gemacht hatte. Für Horkheimer war Fromm, Leiter der sozialpsychologischen Abteilung des Instituts, doch darüber hinaus vielseitig tätiger und praktizierender Psychoanalytiker, jahrelang der wichtigste intellektuelle Institutsmitarbeiter.

Ein anderer wichtiger intellektueller Mitarbeiter war Wiesengrund-Adorno. Er war nicht offizieller Mitarbeiter des Instituts, war auch von Hause aus, anders als beispielsweise Leo Löwenthal, finanziell nicht darauf angewiesen. Mit ihm verkehrte Horkheimer ebenso wie mit Fromm mehr oder weniger auf Augenhöhe. »Am Ende dieses Semesters«, schrieb er im Februar 1932 aus Monte Carlo an Adorno,

»möchte ich Ihnen für alle Ihre Hilfe danken. Vorerst geht es mir zwar noch nicht besonders, aber ich hoffe, daß ich im Sommer wieder arbeitsfähig bin und wir manches zusammen tun können.« Bei der Hilfe, von der er sprach, handelte es sich um eine für ihn charakteristische Angelegenheit, nämlich ein internes Seminar, an dem außer ihm und Pollock Mitarbeiter und Assistenten des Instituts oder ihm Nahestehende wie Wiesengrund-Adorno und fortgeschrittene Studenten teilnahmen. Dabei ging es um Diskussionen zu Themen, die Horkheimer in seiner laufenden Vorlesung behandelte und die in weiter ausgearbeiteter Form Eingang in seine Aufsätze fanden. Er selber, fuhr Horkheimer in seinem Brief fort, werde sich nach seiner Genesung zur Arbeit ins Genfer Büro des Instituts begeben. Er beschloss den Brief mit der Feststellung: »Die politische Weltlage sieht ja recht ermutigend aus, die conférence du désarmement ist die idealistische Philosophie der Rüstungsindustrie, nur mit dem Unterschied, daß die Teilnehmer sich selbst viel klarer darüber sind als viele unserer Freunde.« (Horkheimer-Adorno, 24.2.1932/AHB, I, S. 11 f.)

Dass die Genfer Zweigstelle nicht nur für die Kollektivuntersuchung des Instituts von Bedeutung war, sondern auch als Standbein und Rückzugsort in einer zugespitzten Krisensituation und angesichts unkontrollierbar gewordener Gruppierungen der nationalsozialistischen Bewegung, machten unter anderem einige die Frankfurter Universität betreffende Ereignisse deutlich. Nach den Erinnerungen des Redakteurs und Journalisten Karl Korn, der damals in Frankfurt Germanistik studierte, war eines Abends im Frühjahr 1931 der Haupteingang der Universität von Hunderten pfeifender und rufender »braununiformierter Kerle« umlagert. Studenten trauten sich nicht, das Gebäude zu verlassen. Erst als Paul Tillich, Nachfolger von Cornelius auf dem philosophischen Lehrstuhl, dazu kam und unerschrocken voranging, »zog die Schar der Studierenden schweigend, die Gesichter der SA-Männer vermeidend, durch eine enge Gasse spalierbildender Uniformierter« (Korn, Lange Lehrzeit, S. 133). Es spricht viel für Korns Vermutung, dass der Aufmarsch den als links verrufenen Philosophen und Soziologen galt und eigentlich das »graue, einem freimaurerischen Bau nicht unähnliche« Institut für Sozialforschung gemeint war, das mal »Marxistentempel« oder »Marxburg«, mal »Café Marx« genannt wurde. Nach einem Sturm uniformierter Nationalsozialisten auf das Hauptgebäude der Universität im Sommer 1932 frohlockte der einstige Lieblingsjünger Stefan Georges und seit dem Wintersemester 1930/31 in Frankfurt lehrende Germanistik-Professor Max Kommerell: »Vielleicht hat sie geärgert, daß die Goethe-Universität wenigstens in ihrem philosophischen und soziologischen Bestand eine Brutstätte marxistischer Ideenmikroben ist.« (Kommerell-Heussler, 10.7.1932, in: Kommerell, Briefe und Aufzeichnungen 1919–1944, S. 26)

Solche Vorzeichen waren deutlich genug. Trotz seiner Zugehörigkeit zu den führenden Kreisen des kulturellen und akademischen Lebens in Frankfurt war Horkheimer sich darüber klar, wie prekär die Situation vor dem Hintergrund der allgemeinen Entwicklung in Deutschland war. In der »Dämmerung« gab es einen Aphorismus »Praktische Lebensregel«, der von einer nüchternen Sicht der eigenen Situation zeugte. »Für den friedlichen Bürger gibt es eine gute politische Lebensregel, die ihm durch die Fährnisse des Klassenkampfes helfen kann. Sie lautet: verdirb es nicht mit der Reaktion! Sollte je einmal der Fall eintreten, daß die Arbeiter die Macht gewinnen, so wird es immer noch Zeit sein, ihnen gegenüber loyal zu erscheinen. Wenn du nicht gerade als politischer Führer der Reaktion groß hervorgetreten bist, sondern dich nur gut mit ihr gehalten hast, dann brauchst du in der Revolution nichts zu befürchten. Hast du dagegen während des inneren Friedens mit dem Proletariat sympathisiert oder auch nur verabsäumt, bei deinen Bekannten das Gegenteil kundzutun, dann könnte es im Fall eines offenen Bürgerkrieges leicht geschehen, daß man dich umbringt. Für den klugen, auf der Seinigen und sein eigenes Leben bedachten Bürger, besonders aber für den Intellektuellen, ist diese Regel eine zuverlässige Richtschnur in aufgeregten Zeiten. Wer Geld hat, braucht sich freilich auch hierum nicht zu kümmern. Er kann sich ruhig eine linke Gesinnung erlauben, wenn er nur rechtzeitig ins Ausland fährt.« Das war ohne Beschönigung und ehrlich sich selbst gegenüber, machte aber auch deutlich, wie schwierig es war, eine überzeugende Alternative zu benennen. Wäre es besser, sich gar nicht erst eine linke Gesinnung zu leisten oder nicht rechtzeitig ins Ausland zu fahren?

VIII Flucht und Zuflucht

Im Falle Horkheimers erübrigten sich angesichts der Ereignisse solche Fragen. Kaum war mit Hitlers Ernennung zum Reichskanzler am 30. Januar 1933 die Machtübergabe offiziell vollzogen, wurde das Kronberger Haus der Horkheimers von der SA besetzt und zum Wachlokal umfunktioniert. Die beiden waren gewarnt worden und wohnten um diese Zeit bereits in einem Hotel in der Nähe des Frankfurter Hauptbahnhofs. In den letzten Semesterwochen kam Horkheimer, immer noch einen Schein von Normalität wahrend, von Genf aus zu seinen Universitätsveranstaltungen nach Frankfurt. Eine Woche nach den Reichstagswahlen am 5. März wurde das Institut von Polizei durchsucht und geschlossen. Anfang April beschloss der Senat der Universität in vorauseilendem Gehorsam, beim preußischen Kultusminister die Auflösung der Verbindung des Instituts mit der Universität zu beantragen, denn, so der Rektor Wilhelm Gerloff: »Die tatsächliche Entwicklung des Instituts in seinem Besucherkreis hat sich in Bahnen bewegt, die nicht im Sinne der Universität waren, ohne daß diese irgend einen Einfluß hätte ausüben können.« (Zitiert nach Schivelbusch, Intellektuellendämmerung, S. 94) Mitte April berichteten Zeitungen nach der Verabschiedung des Gesetzes »zur Wiederherstellung des Berufsbeamtentums« von einem »ersten Beurlaubungsschub«, von dem unter anderem die Frankfurter Professoren Horkheimer, Mannheim und Tillich betroffen waren.

Von den engeren und damit besonders gefährdeten Mitarbeitern des Instituts geriet nur einer – Karl August Wittfogel, der zugleich China-Experte der KPD war – vorübergehend in die Fänge der Nationalsozialisten, als er zu Agitationszwecken aus der Schweiz zurück nach Deutschland reisen wollte. Horkheimer, einen Kurs »strikter Normalisierung« (Löwenthal) verfolgend, wandte sich von Genf aus mit formell gehaltenen und höflich protestierenden Schreiben an die Universitätsleitung und ans Berliner Ministerium und beauftragte einen Anwalt mit der Vertretung seiner Rechte und der

Rechte des Instituts – mit, wie sich bald zeigte, erstaunlichem Erfolg. Sowohl die von Felix Weil seinerzeit durchgesetzte weitgehende Selbständigkeit des Instituts wie die von Horkheimers und Pollocks enger Freundschaft getragene Verbindung von wissenschaftlicher und administrativer Leitung bewährten sich in der Krise. Hinzu kamen Solidaritätsbeweise ausländischer Universitätsprofessoren in Paris und London. Dort wurden dem Institut Büros zur Verfügung gestellt. Der Pariser Verlag Alcan sorgte für das Weitererscheinen der im Prinzip deutschsprachigen Zeitschrift. So konnte Horkheimer Anfang April dem nach Paris geflohenen Walter Benjamin, der dem Institut abgesehen von Beziehungen persönlicher Art als Mitarbeiter der Zeitschrift verbunden war, mitteilen: »Jedenfalls werden wir versuchen, Forschungsarbeiten und Zeitschrift, wie bisher, weiterzuführen, ja, sie noch intensiver zu betreiben, weil die Lehrtätigkeit an der Universität, welche viel Zeit in Anspruch genommen hat, vorerst wegfallen dürfte.« (Horkheimer-Benjamin, 3. 4. 1933 / HGS 15, S. 100)

Als dann einige Monate später die Zeitschrift in unveränderter Aufmachung erstmals bei Alcan erschien, hütete Horkheimer sich, von Exil oder von irgendwelchen Schwierigkeiten zu sprechen, und spielte auf die Zäsur nur durch die ausdrückliche Hervorhebung der Kontinuitäten an: die Zeitschrift erscheine weiterhin als »wissenschaftliches Organ in deutscher Sprache«, die Redaktion sei in die Genfer Zweigstelle des Instituts für Sozialforschung verlegt worden. Das existiere als »unabhängige Forschungsanstalt« weiter und werde sich weiterhin bemühen, »die Theorie der Gesamtgesellschaft und ihre Hilfswissenschaften zu fördern«, in der der »aus jungen Gelehrten verschiedener Fächer« bestehende Mitarbeiterkreis »einen Faktor zur Verbesserung der Wirklichkeit« sehe (ZfS 1933, S. 161).

Zu einer neuen Normalität konnte allerdings das Schweizer Exil nicht werden. Horkheimer erhielt von den Behörden nicht die von ihm beantragte unbegrenzte Aufenthaltsgenehmigung, konnte sich aber nach Löwenthals Erinnerung eine Wohnung halten und seine Möbel transferieren. »Weder Pollock noch Marcuse [der in Genf zum Institut gestoßene linke Heidegger-Schüler Herbert Marcuse, R. W.] noch ich durften dies, wir hatten nur eine Art Touristenvisum und mussten alle paar Wochen über die Grenze nach Bellegarde fahren, um dann mit einem neuen Visum wieder hereinzukommen. Da waren auch noch andere Dinge. Wir haben es oft erlebt, daß gerade jüdische Emigranten ganz besonders schikaniert worden sind, und zwar in der Form, daß die Ausländergesetzgebung ihnen gegenüber ganz besonders restriktiv gehandhabt wurde. Für uns waren das Indikatoren dafür, daß der Faschismus schließlich ganz Europa ergreifen würde.« (Löwenthal, Mitmachen wollte ich nie, S. 71) Als solch ein Indikator hatten sich auch die ersten Eindrücke aus den eingegangenen Antworten auf die Fragebögen der Arbeiter- und Angestelltenuntersuchung des Instituts erwiesen. Sie deuteten auf eine deutliche Diskrepanz zwischen der Häufigkeit sozialistischer Ansichten und der Seltenheit von Persönlichkeitsstrukturen hin, die als verlässliche Fundierung solcher Ansichten betrachtet werden konnten. Das trug zur Erklärung der ausgebliebenen Revolution bei und schwächte Hoffnungen auf eine entschlossene Verteidigung demokratischer Errungenschaften oder gar sozialistischer Ziele. Dass dieser Eindruck auf Faschisten hätte ermutigend wirken können, trug vermutlich zur zögernden und verzögerten Auswertung und Publikation der Ergebnisse bei.

Das Zurückweichen vor dem Faschismus in Europa ging weiter – als ein geordneter Rückzug, der den Institutsdirektor zum rettenden Leiter einer Arche Noah für linke Intellektuelle und das Projekt einer unabhängigen Weiterentwicklung marxistischer Theorie machte. Zunächst wurde Pollocks Mitarbeiter Julian Gumperz, ein gebürtiger US-Amerikaner, zur Sondierung in die Vereinigten Staaten geschickt. Diese waren zwar selber im Gefolge der Weltwirtschaftskrise in einer schwierigen Situation. Aber dort sorgte Roosevelts New Deal für Selbstvertrauen und Aufbruchsstimmung. Nachdem er noch einmal die Zweigstellen des Instituts in Paris und London besucht hatte, fuhr Horkheimer im Frühjahr 1934 mit seiner Frau selber nach Amerika, um vor Ort zu entscheiden, ob und wo er und Pollock und das Institut dort den nächsten Standort beziehen könnten. Nach einer einwöchigen Schiffsreise kamen die beiden am 3. Mai in New York an, wo Gumperz sie am Hafen abholte.

»Oh Fred«, begann der kurze Brief, den Horkheimer gleich nach der Ankunft an Pollock schickte, dem er sich ehrlich und ungeschützt anvertrauen konnte. »Physisch bin ich sehr down, aber wenn ich das hier überhaupt aushalte, ist es bestimmt richtiger als Europa, denn dort scheint es ja immer dunkler zu werden.« Er schloss: »Ich habe sehr viel Sehnsucht nach dem Guten drüben. Oh Fred. M.«

Abb. 12: Max und Maidon Horkheimer, Emigranten auf der Reise nach New York Mai 1934

(Horkheimer-Pollock, Anfang Mai 1934/MHA: VI 31.95) Auch Maidon Horkheimer schrieb gleich nach der Ankunft in New York an Pollock, informierte ihn über ihre Reiseerfahrungen – »Das Schiff ist ziemlich elegant + gut gebaut, es vibriert nur etwas stark. Die Tourist Class ist gut + bequem, Max hat sie besichtigt« – und ihre ersten Eindrücke in der Neuen Welt: »New York ist eine Riesenstadt, man macht sich ungesehen überhaupt keinen Begriff davon, es ist einfach unglaublich, phantastisch, Paris, London ganz Europa ist ein Negerdorf.« (Maidon Horkheimer-Pollock, 4.5.1934/MHA: VI 30.110)

Eine Woche später schwärmte sie: »Alle Strassen führen durch die ganze Stadt, die Avenues in der einen Richtung, die Streets in der andern. Aber alle sind endlos lang. [...] Ich kann zu jeder Tageszeit und auch teilweise bei Nacht ungeniert und ruhig allein auf der Strasse gehen, so gut wie in Genf, oder Frankfurt oder Paris.« Doch manches fand sie befremdlich. »Schuhe werden nie und nimmer im Hotel geputzt. Man läßt sie auf der Strasse bei einem Schuhputzer putzen, was meistens Nigger sind. Es ist unter der Würde eines amerik. Bürgers, jemandes Schuhe umsonst zu putzen.« (Maidon Horkheimer-Pollock, Allgemeine Notizen, 12.5.1934/MHA: VI 30.108) Dabei handelte es sich um ein teures Hotel am Central Parc, in das der sich noch immer krank fühlende Horkheimer umgezogen war, weil es dort kühler und ruhiger war.

Einen offiziellen Besuch machte Horkheimer zunächst nur in Princeton. »In Verbindung mit der dortigen sehr vornehmen Universität«, berichtete er Pollock, »gibt es nämlich eine wissenschaftliche Institution, welche von einer Reihe reicher Leute gegründet wurde, um bedeutenden Forschern auf Lebenszeit eine unbekümmerte wissenschaftliche Existenz ohne jede Verpflichtung zu Vorlesungen oder Veröffentlichungen zu ermöglichen.« (Horkheimer-Pollock, 12.5.1934/MHA: VI 31.102) Zwei Wochen später, als er allmählich eine Besserung verspürte, hatte er sich trotz mündlicher Angebote der Columbia University noch nicht endgültig für eine Niederlassung des Instituts in New York entschieden, vielmehr dachte er noch über weitere Möglichkeiten einer sicheren Zuflucht nach. »Die Zeitungsnachrichten von drüben erschrecken mich jeden Tag. Die ökonomische und politische Lage in den Vereinigten Staaten ist freilich auch keineswegs rosig. [...] Man muß mit rapiden Entwicklungen in der Verschärfung der gesellschaftlichen Schwierigkeiten und in der Verschlechterung der wirtschaftlichen Lage rechnen. Gerade deshalb möchte ich auch Canada kennen lernen.« Doch zunächst kam auch für ihn erst einmal New York in Frage, denn: »Andererseits muß man, glaube ich, die Möglichkeit zurückgezogener wissenschaftlicher Arbeit hier doch noch zulassen, während in Europa davon bald kaum mehr die Rede sein kann. Ob wir freilich einfach als isolierte Privatgelehrte hier arbeiten werden, oder doch irgend eine Society of Social Research gründen müssen, ist fraglich. G. [Julian Gumperz, R. W.] versichert, daß ihm alle Leute das letztere raten und es scheint wirklich so, daß irgend eine Firmierung hier unumgänglich ist.« (Horkheimer-Pollock, 27.5.1934/HGS 15, S. 125 f.) Die ursprünglich in Aussicht genommene »splendid isolation« gab Horkheimer angesichts der Ratschläge, die er von mehreren Seiten erhielt, tatsächlich bald auf.

Während der höchst aktive Gumperz rasche Fortschritte bei der Herstellung günstiger Bedingungen für eine Verbindung des Instituts mit der Columbia University erreichte und führende Sozialwissenschaftler dieser zur Ivy League gehörenden Universität – der Soziologe Robert S. Lynd und der Politikwissenschaftler Robert MacIver – sich für die Wissenschaftler aus Frankfurt einsetzten, war Horkheimer, nach wie vor krankheitsgeplagt, von wechselnden Stimmungen hin- und hergerissen. Am 4. Juni 1934 schrieb Lynd an Nicholas Murray Butler, der seit 1902 Präsident der Columbia University war, ein wissenschaftliches Institut aus Frankfurt wolle sich in den USA niederlassen. Diese Leute gäben eine anerkannte und bedeutende sozialwissenschaftliche Zeitschrift heraus, hätten ihre finanziellen Mittel aus Deutschland gerettet, hätten offenbar Angebote der Universitäten in Chicago und Princeton, wünschten aber am meisten eine Verbindung mit Columbia. Auch ohne schon genauere Abmachungen zu treffen könne man ihnen doch schon einmal Räumlichkeiten zur Verfügung stellen. (Cf. Feuer, The Frankfurt Marxists and the Columbia Liberals, in: Survey, Summer 1980, S. 157) Später ergänzte er auf Nachfrage des Universitäts-Sekretärs hin, das Institut sei »on the liberal-radical side«, aber aus dem, was er von dessen Publikationen gesehen und was Gumperz ihm mitgeteilt habe, müsse man fairerweise schließen, »that they are a research agency with high standards and not interested in propaganda«. (Lynd-Fackenthal, 25. 6. 1934, zitiert nach Feuer, a. a. O., S. 163)

Ebenfalls am 4. Juni 1934 schrieb Horkheimer einen weiteren Brief an Pollock. Maidon sei nun ebenfalls erkrankt und liege seit Tagen im Bett. Diese Handlungsunfähigkeit ließ bei ihm grundsätzliche Zweifel aufkommen. »Auch sonst bin ich ein wenig traurig, denn ich sehe nicht ab, wie unser Leben einigermassen wieder in seinen Gang kommen soll, der unserer alten Grundhaltung entspricht. Wir haben zwar nach reiflicher Erwägung gehandelt, als ich die Aufgabe Amerika übernahm, aber diese Erwägung scheint mir heute zu rationalistisch gewesen zu sein. Wir haben mehr im Sinne von geschäftlichen Unternehmern als im Sinne von Menschen gehandelt, die zusammen existieren wollen. Wir haben auch meine Kräfte für solche äusseren Dinge vielleicht zu positiv eingeschätzt, aber da ist jetzt nichts mehr zu machen.« Sich damit zur Ordnung rufend fuhr er, wieder unternehmerischer klingend, fort: »Wir dürfen jetzt die alten Fehler nicht durch neue vermehren, sondern müssen möglichst kaltblütig und konsequent handeln. Ich werde versuchen, wieder auf den Damm zu kommen und dann eben Marcuse und Loewenthal kommen lassen. Sie werden schon irgendwo unterkommen. Fromm ist vor einigen Tagen hier angekommen. Er gefällt mir nicht sehr. Zwar hat er produktive Ideen, aber er will mir mit all zu vielen Leuten auf gutem Fuss stehen und sich nichts entgehen lassen. Es ist zwar ganz angenehm, sich mit ihm zu unterhalten, aber ich habe den Eindruck, dass das für so viele Leute angenehm ist. G. [Gumperz, R. W.] ist selbst viel gefährdeter, und es ist äusserst schwer mit ihm zu rechnen, aber er ist mir in meiner gegenwärtigen Situation doch erträglicher. Wie lange das geht, weiss man freilich nicht.« In Reaktion auf ein Telegramm Pollocks, er wolle schnell zu den beiden Leidenden nach New York kommen, hängte Horkheimer an seinen Brief einen weiteren an. Ein Besuch Pollocks würde nichts besser machen. »Wichtig ist, dass wir, wenn die europäischen Angelegenheiten einigermassen von selbst weiterlaufen, hier wieder in eine vernünftige, gemeinschaftliche Arbeit hineinkommen. Gewiss mag meine und auch Maidon's Krankheit durch psychische Momente etwas vertieft sein. Diese liegen daran, dass wir aus allen unseren Gewohnheiten und auch aus unserem gemeinsamen Leben herausgerissen sind. Es ist eine Frage, wie weit sich das hier wieder aufbauen lässt; jedenfalls werden wir alles daran setzen, es zu tun. Ein Besuch Deinerseits, nach dem Du dann wieder zurückkehren müsstest, würde jedoch alles nur noch weiter erschweren. Der Gedanke, dass unser Lebensweg und unser Lebensstil divergieren, darf nicht weiter Platz greifen.« Und abermals unternehmerischer denkend fuhr er, als wissenschaftlicher Leiter zum administrativen sprechend, fort: »Die Columbia-University scheint das Angebot von Räumen sehr ernsthaft zu meinen. Um es anzunehmen, ist die Gründung einer Gesellschaft hier unerlässlich. Ich bitte Dich daher, den Entwurf, der Dir in den nächsten Tagen von G. zugehen wird, ernsthaft zu prüfen und wenn möglich zuzustimmen.« Sein Brief schloss auf eine Weise, die bezeichnend für das schwierige Verhältnis zu den Eltern war. »Dass meine Eltern von meiner Krankheit erfahren haben, hat mich sehr aufgeregt. [...] Ich bitte Dich dringend, die Sache wieder einzurenken, mein Telegramm nach Stuttgart lautet: TELEGRAMM VOELLIG UNVERSTAENDLICH BEFINDEN AUSGEZEICHNET UNTERLASST FORTWAEHRENDE GEDANKEN UEBER KRANKHEIT ZWEI BRIEFE UNTERWEGS GRUESST BESTENS ALLE VERWANDTEN.« (Horkheimer-Pollock, 4. und 5. 6. 1934 / MHA: VI 31.91)

Einige Zeit später kam es erneut zu einer aufschlussreichen Parallelität von Briefen. Maidon Horkheimer schrieb an Pollock einen Brief, in dem sie ihren Gefühlen Luft machte. »Max und ich haben in den letzten 5 Wochen allerhand durchgemacht und ich weiss nicht, ob Du Dir darüber im Klaren warst, wie schwer diese Zeit für uns gewesen ist. [...] Du kannst Dir denken, dass es mich eigentümlich berührte, während dieser Zeit in Deinen Briefen und Telegrammen, teils von Paris, teils von Italien vor allem die Versicherung zu hören, dass es Dir so gut gehe und dass Deine Ferien von so schönem Wetter begünstigt seien u. s. w.« Sie denke, es sei besser, das alles so offen zu schreiben, als es »immer in mir herum- und Dir nachzutragen«. Ergänzend fügte sie hinzu: »Das Einzige und natürlich sehr wichtige, was uns unsere Lage erleichterte, war, dass wir über Geld verfügen konnten. Ich kann mir gut denken, dass im andern Falle, d. h. wenn man arm ist, das Leben wenig Zweck hat und man lieber darauf verzichtet. Ich versichere Dir, dass wir Beide [sic!] solche Momente hatten, wir waren so deprimiert und traurig, dass wir dachten, es wäre besser, nichts mehr von allem wissen zu müssen.« (Maidon Horkheimer-Pollock, 21. 6. 1934 / MHA: VI 31.68 f.)

An demselben Tag schrieb auch Horkheimer an Pollock. »Heute morgen war ich mit G. bei der Columbia. Ich hatte mir vorgenommen, dort klar und bestimmt zum Ausdruck zu bringen, dass wir keineswegs die Drängenden oder auch nur die Werbenden sind. Dies war deshalb von vornherein nicht in vollem Umfange zu verwirklichen, weil die Vorverhandlungen bereits von G. geführt waren und ich ihn jedenfalls ohne schwere Schädigung seines und unsres Ansehens nicht desavouieren durfte. Ich habe Professor Lind [sic!], der äusserst freundlich zu uns steht, gefragt, ob der Fakultätsbeschluss wegen des Angebotes wirklich einstimmig sei; dies hat er mir bestätigt. Ferner fragte ich, ob die entscheidenden Persönlichkeiten und vor allem der Präsident unsre Publikationen kennten. Auch dies bejahte L., und G. hat mir nachher noch versichert, dass L. vor der entscheidenden Beschlussfassung unsre Publikationen zirkulieren liess. Ferner lagen den entscheidenden Persönlichkeiten die Statuten der Sires [Société Internationale de Recherches Sociales, R. W.] sowie der Entwurf zu den Statuten der hiesigen Gesellschaft vor. Ich habe ausserdem selbst soweit auf alle Momente aus der Geschichte des Instituts, die vielleicht sonst noch wissenswert sein konnten, hingewiesen, wie es möglich war, ohne geradezu weitschweifig und ablehnend zu erscheinen.« (Horkheimer-Pollock, 21.6.1934/MHA: VI 31.67)

Horkheimers Ungläubigkeit angesichts von so viel Freundlichkeit und Liberalität war verständlich, wenn man bedenkt, welche Publikationen das Institut zu jenem Zeitpunkt vorweisen konnte und, um Eindruck zu machen, vorlegen musste. In der Schriftenreihe waren bis dahin erschienen: von Henryk Grossmann »Das Akkumulations- und Zusammenbruchsgesetz des kapitalistischen Systems«, von Pollock »Die planwirtschaftlichen Versuche in der Sowjetunion 1917–1927« und von Wittfogel »Wirtschaft und Gesellschaft Chinas«. In der »Zeitschrift für Sozialforschung« wurde für diese Bände Reklame gemacht, aber auch z. B. für das Sammelwerk »Die rote Wirtschaft«, die Wiener sozialdemokratische Monatsschrift »Der Kampf« oder – einer Anzeige für sieben Bände »Die Rettung des Abendlandes durch den Geist der Goethezeit« gegenüberstehend – als Band 23 der Marxistischen Bibliothek und Veröffentlichung des Marx-Engels-Instituts in Moskau W. I. Lenin, »Aus dem philosophischen Nachlaß«. In seinen »Bemerkungen zur Wirtschaftskrise« hatte Pollock in der Zeitschrift 1933 »Italien, Deutschland und die Rooseveltschen Codes« in einem Atemzug als Beispiele für von staatlichen Maßnahmen erzwungene wirtschaftliche Zusammenschlüsse angeführt. Falls solche deutschsprachigen Dinge überhaupt wahrgenommen wurden, konnten sie jedoch kaum besondere Aufmerksamkeit erregen in der Zeit des New Deal, in der die Rettung aus der Krise von einer gründlichen Erneuerung von Wirtschaft, Gesellschaft und Nation erhofft wurde, ein intellektuellenfreundliches und experimentierfreudiges Klima herrschte und eine teilweise Transformation des liberalen in den staatsinterventionistischen organisierten Kapitalismus erfolgte.

Nachdem der zögernde Horkheimer die Angelegenheit noch von einem Anwalt auf ihre Konsequenzen hin hatte prüfen lassen, akzeptierte er Mitte Juli endgültig das Angebot der Columbia University, das Haus 429 West 117th Street für zunächst 4 Jahre zu übernehmen und, soweit nötig, mit eigenen Mitteln instand zu setzen. Er ließ nun einen Institutsmitarbeiter nach dem anderen aus Europa kommen. Fromm war sowieso schon in Amerika und ließ sich als Analytiker und Mitarbeiter des Instituts in New York nieder. Als Ersten ließ Horkheimer im Juli Marcuse aus Genf nachkommen. Er wurde dort

Abb. 13: 429 West 117th Street, Sitz des International Institute of Social Research in New York ab 1934

nicht gebraucht und sollte Horkheimer als philosophischer Gesprächspartner für sein seit langem geplantes Buch über materialistische Logik dienen. Als Nächsten ließ Horkheimer im August Löwenthal kommen. Ihn brauchte er vor allem für die Vorbereitung eines Instituts-Prospekts, der vor der Wiederaufnahme des akademischen Betriebs vorliegen sollte. Ende des Monats folgte schließlich Pollock. Er hatte mehr als Horkheimer gezögert, der Niederlassung des Instituts in einem ihnen eigentlich zu groß erscheinenden Haus und in Verbindung mit der Columbia University zuzustimmen, und äußerte Bedenken, die charakteristisch für seine Haltung insgesamt waren. Er befürchtete, schrieb er während einer seiner Zugreisen im Zusammenhang mit der Regelung der europäischen Angelegenheiten des Instituts, »daß uns und besonders Dir ein so großer Betrieb über den Kopf wachsen und an vernünftiger Arbeit hindern wird«. Für das Exterieur bedeute es einen großen Erfolg. »Mir kommt es aber vor allem darauf an, daß Deine Arbeiten zustandekommen, sie sind wichtiger als die Arbeiten aller anderen zusammengenommen.« Hinzu kamen finanzielle Bedenken. »Für uns wird es nach menschlichem Ermessen immer sehr bequem reichen, aber wie wir auf die Dauer diesen großen Apparat bezahlen können ist mir schleierhaft. Ich betrachte es als ein ganz besonderes Pech, daß Löwenthal und Marcuse nicht zwei sondern sechs Personen sind.« (Pollock-Horkheimer, 21.7.1934/MHA: VI 31.42–44)

Als im September auch noch Wittfogel nach New York kam, waren bis auf Henryk Grossmann, der erst 1938 folgte, alle festen Mitarbeiter des Instituts wieder versammelt. Der transatlantische Spagat schien gelungen, der Horkheimer vorschwebte, als er in der ersten Zeit nach seiner Ankunft in New York an Pollock schrieb: »Wir müssen die Pariser Position, wie überhaupt unsere europäischen Positionen, so gut wie es nur irgend geht, aufrecht erhalten.« (Horkheimer-Pollock, 27.5.1934/HGS 15, S. 127) Doch in Reaktion auf Pollocks Sorgen wegen der Höhe der New Yorker Kosten meinte er, das sei eine platonische Frage. »Wenn das Institut arbeiten soll, muss es jedenfalls so lange bis keine neuen Verhältnisse in Europa oder Amerika eintreten, die durch die Columbia geschaffenen Möglichkeiten benützen. [...] Was hier mehr gebraucht wird, muss eben unter Umständen leider mit grossen Härten in Europa gespart werden, soweit es nicht gelingt, durch Deine gute Verwaltung oder durch neue

Zuwendungen grössere Eingänge zu haben.« Das Institut müsse zur Arbeit kommen. Das von der Columbia zur Verfügung gestellte Haus scheine bestmögliche Arbeitsbedingungen zu gewährleisten. »Auch der Sammelband [mit den Ergebnissen der ersten großen Kollektivarbeit über Autorität und Familie, R. W.] kann letzten Endes nur in gemeinsamem Kontakt von uns allen gemacht werden.« (Horkheimer-Pollock, 25. 7. 1934 / MHA: VI 31.39 f.)

Das Hin und Her der Briefe und der Überlegungen und Argumente Horkheimers zeugte von seinem Gespür dafür, dass die Zeit für zurückgezogene Arbeit am theoretischen Werk noch nicht gekommen war. Erst einmal war die Fortsetzung des Zusammenspiels individueller Arbeiten im Rahmen eines Instituts mit dem verbindenden Programm einer kritischen Gesellschaftstheorie und einer eigenen Zeitschrift als profiliertem Publikationsorgan nötig. Für den Erhalt eines Institutsbetriebs unter dem schützenden Schirm einer angesehenen Universität sprachen aber auch Erfahrungen, die selbst ein über reichliche Geldmittel verfügender Mann wie Horkheimer im amerikanischen Alltag machte. Die Hotels, schrieb er an Felix Weil aus Lake Placid, dem ersten Urlaubsort, den er seit der Übersiedlung nach Amerika kennenlernte, »spalten sich in judenfeind- und –freundliche, die letzteren voll, die ersteren aufgrund des göttlichen Zorns öde und verlassen«. (Horkheimer-Weil, 4. 8. 1934 / HGS 15, S. 211)

IX »Wir sind die einzige Gruppe«

Das Haus 429 West 117th Street wurde zu einer Art Redaktionszentrale, wo die Fäden für die Publikation der Zeitschrift und einen ersten Band mit Forschungsberichten des Instituts zusammenliefen und wo Horkheimer nach den ersten krisenhaften Wochen aufs Neue sein Talent als wissenschaftlicher Leiter bewies: seine Fähigkeit, Teilarbeiten auf ein zentrales Forschungsinteresse zu konzentrieren, dafür klare Orientierung zu liefern und einem Kreis enger Mitarbeiter Sendungsbewusstsein zu vermitteln, was gleichzeitig der Gewährung und dem Entzug von Anerkennung besondere Bedeutung verlieh. Die Chance zu solcher Ausübung von »autoritativer Macht« (Heinrich Popitz) war durch die Exil-Situation noch vergrößert worden. Vielschichtige Prozesse spielten sich ab, bei denen Sachliches und Persönliches, Vordergründiges und Hintergründiges sich teils mischten, teils widersprachen bzw. gegenseitig relativierten. Immer hatten Horkheimer und Pollock es anders machen wollen als ihre zur Unternehmerwelt gehörenden Väter. In der »Dämmerung« hatte Horkheimer sich als unbestechlicher Analytiker und scharfsinniger Kritiker des Bürgertums und der davon geprägten sozialen und ökonomischen Verhältnisse erwiesen. Wie sah nun in der Zeit, für die aufgrund der häufigen räumlichen Trennung der Beteiligten in großem Umfang briefliche Zeugnisse vorliegen, die vieles rekonstruierbar machen, die Praxis der Institutsleiter und vor allem Horkheimers aus?

Auffallend war, wie drastisch Horkheimer über Löwenthal sprach und wie er mit diesem in zentrale Institutsangelegenheiten eingeweihten und vielfältig einsetzbaren und äußerst ergebenen Mitarbeiter umging. »Die Entwürfe, welche Marcuse mitgebracht hat, scheinen mir ziemlich unbrauchbar«, schrieb er nach Marcuses Ankunft in New York an Löwenthal in Genf. »Im letzten Augenblick glaube ich noch entdeckt zu haben, dass der Plan für die Veröffentlichung dort [in Genf, R. W.] irrtümlich für die Familie überhaupt, anstatt für die Autorität in der Familie gemacht worden ist. Eine solche Veröffentlichung, aufgrund unsres Materials jeder Art, wäre mehr als unwissenschaftlich.« (Horkheimer-Löwenthal, 6.7.1934/HGS 15, S. 147 f.) Und einige Wochen später meinte er in einem Brief an Pollock: »Über die Prinzipien [des Literaturberichts, R. W.], welche mit denen der Hauptaufsaetze selbstverstaendlich identisch sein muessen, habe ich sehr praezise Vorstellungen; in dem von L. [Löwenthal, R. W.] angefertigten Schema, das Du mir damals mit den ›Notizen‹ uebersandt hattest, ist ueberhaupt nichts von dem enthalten, was wir brauchen, es ist purer rubish. Der Literaturbericht muss das bisherige Schrifttum unter dem Gesichtspunkt unserer eigenen theoretischen Hypothesen ueber die Familienautoritaet als Faktor des gesellschaftlichen Kitts umreissen. Es sind an Hand einer im engsten Zusammenhang mit unsrer eignen Auffassung verstandenen Geschichtstheorie die auch heute noch massgebenden Anschauungen mit ihren Veraestelungen kurz darzustellen. [...] Waehrend der naturalistische Standpunkt die Einbeziehung der durch die Autoritaet umschriebenen Familienstruktur in die gesellschaftliche Dynamik verkennt, ueberspringt der Historismus die Psychologie. Gegenueber diesen beiden grossen Gruppen der herrschenden Ansichten, deren eine den Einfluss der gesellschaftlichen Entwicklung auf die Familie, und deren andere die Widerstandsfaehigkeit ihrer natuerlich gewordenen Struktur und der in ihr produzierten menschlichen Charaktere verkennt, haben wir die Wechselwirkung beider Momente in der gegenwaertigen Periode zu entwickeln. Dies ist wenigstens das Programm, das aus den drei Hauptaufsaetzen des Bandes gleichsam als Grundlage unserer kuenftigen Arbeit auf diesem Gebiet hervorgehen soll.« (Horkheimer-Pollock, 3.8.1934/MHA VI 31.34 f.) Um selber frei zu sein für die Arbeit an der »dialektischen Logik« hätte Horkheimer es gerne gesehen, wenn Löwenthal nach seinen Weisungen den soziologischen Hauptaufsatz schriebe, der das Autoritätsproblem unter dem gesamtgesellschaftlichen Aspekt theoretisch beleuchten sollte. Doch das dafür immer noch erforderliche Maß an selbständiger Arbeit traute er ihm dann doch nicht zu, und Marcuse war ihm wichtiger als Helfer bei der »dialektischen Logik«. Schließlich verfasste Horkheimer den einleitenden Hauptaufsatz selber, weil ihm klar wurde, die Arbeit über Familienautorität könne »eine für unseren Standpunkt recht wichtige Sache werden«. Wichtig musste sie aber auch ihm persönlich erscheinen – im Hinblick auf die eigene Biographie und im Hinblick auf das, was er in seiner Antrittsvorlesung über das Zusammenspiel von Sozialphilosophie und Forschungsarbeit des Instituts vorgetragen hatte.

Die Geringschätzung, die Horkheimer Löwenthal im Wechsel mit wohldosierter Anerkennung spüren ließ und die im Briefwechsel mit Pollock deutlich zutage trat, nimmt sich wie das Komplement zu Löwenthals Verhalten gegenüber Horkheimer aus. Keine größere Freude könne Horkheimer ihm machen, als wenn er ihn sehr rasch hinüberbeordere, hatte Löwenthal im Juni 1934 sehnsüchtig aus Genf an Horkheimer in New York geschrieben. Das entspringe dem lebhaftesten Bedürfnis, den persönlichen und wissenschaftlichen Kontakt mit ihm, Horkheimer, so bald wie möglich wiederaufzunehmen, »kurzum mein eigentliches Leben fortzusetzen«. Er glaube, sich in der letzten Zeit ziemlich aufgerappelt zu haben, habe seinen Aufsatz über Dostojewski fertig und gehe »mit beständigem ›ästhetischen‹ Schielen mit einigem Elan an die Familienarbeit heran«, so dass es Horkheimer wohl auch einige Freude machen werde, wenn sie wieder zusammen seien. (Löwenthal-Horkheimer, 21.6.1934/Löwenthal, Schriften 4, S. 183) »Hatte ich Sie nicht einmal gebeten, mir unser Gespräch über Kunst bei jenem Spaziergang auf der rue de Lausanne so gut wie möglich aus dem Gedächtnis nachzuzeichnen?«, war Horkheimers Reaktion im Antwortbrief. »Löwenthals Artikel wird natürlich auf höchstens zweieinhalb Bogen von mir zusammengestrichen werden«, lautete seine Mitteilung an Pollock zu Löwenthals Manuskript über »Die Auffassung Dostojewskis im Vorkriegsdeutschland« (Horkheimer-Pollock, 12.8.1934/MHA: VI 31.25). Es war dann aber Löwenthal, der – offensichtlich erfolgreich – argumentierte, wenn man als Institut bald »einen dicken Band« herausbringe mit reichhaltigem Material an Literaturberichten, Daten und Hypothesen, verschaffe das Ruhe für die weitere Arbeit.

Weitaus höher war Horkheimers Meinung von den intellektuellen Qualitäten Marcuses, der, so schrieb er an Pollock, »im Laufe der vielen wissenschaftlichen Gespräche, welche wir hier miteinander geführt haben, gut in unsere wissenschaftliche Welt hineinwächst« und mit dem er »bereits viel ueber die Anlage der Logik gesprochen und sogar schon einige Partien des Anfangs vorlaeufig skizziert« habe (Horkheimer-Pollock, 3.8.1934/HGS 15, S. 198). Auch in diesem Fall wirkte Horkheimers Einschätzung wie das Komplement zum Verhalten dieses Mitarbeiters, der, beschäftigt mit der wiederholten Überarbeitung seines für die Zeitschrift vorgesehenen philosophischen Aufsatzes »Zum Begriff des Wesens«, zum Jahresende 1935 an Horkheimer schrieb: »Ihr Wahrheits-Aufsatz ist das Beste, was Sie bisher geschrieben haben. Er enthält in nuce wirklich das Ganze der dialektischen Logik, – die Sie aber doch schreiben müssen! Ich möchte Ihnen am Ende meines ersten vollen amerikanischen Jahres sagen, wie sehr ich mich hier in einer menschlichen und wissenschaftlichen Gemeinsamkeit fühle. Ich glaube, einiges gelernt zu haben und möchte Ihnen dafür danken.« (Marcuse-Horkheimer, 13.12.1935/HGS 15, S. 437)

Von den dreien, die den »staff« bildeten, war Fromm nach wie vor der Einzige, den Horkheimer als Gleichrangigen wenn auch vielleicht nicht betrachtete, so doch behandelte. »Ich denke oft an diese vier Wochen«, schrieb Fromm im Juli 1934 im Zug nach Mexiko, wohin er für einige Zeit gesundheitshalber reiste, »und der Gedanke, daß wir Aussicht haben, sie fortzusetzen, stimmt mich sehr froh.« (Fromm-Horkheimer, 4.7.1934/MHA: VI 8.330) Bevor der intensive Briefwechsel mit Wiesengrund-Adorno einsetzte, war es der Briefwechsel mit Fromm, in dem Horkheimer ausführlich darlegte und theoretisch reflektierte, was ihn hinsichtlich der aktuellen politischen und historischen Entwicklung bewegte und beschäftigte.

»Mein ganzes Interesse«, gestand er Fromm, »gilt gegenwärtig aber keineswegs den politischen Ereignissen, welche mich vielmehr wie Variationen eines bekannten Themas anmuten, und an denen ich ja doch nicht mitwirken kann, sondern der Konzeption der dialektischen Logik.« Vor allem habe er sich mit dem Unterschied zwischen idealistischer und materialistischer Dialektik befasst, und weil bei seinen Überlegungen Psychologisches eine Rolle spiele, sei es ihm sehr wertvoll, Fromms Meinung dazu zu hören. »Der Idealist glaubt an diese Möglichkeit, Ideen zu denken, wie sie ein ewiges Bewusstsein dächte [...]. Der Tod wird in Gedanken überwunden, aber weil diese Überwindung nur scheinhaft ist, bildet die idealistische Philosophie als Nachfolgerin der Religion, in welcher der Tod durch den Gedanken an ein ewiges Leben überwunden schien, durch ihr eigenes Wesen eine Gegenkraft gegen die den Tod in der Wirklichkeit bekämpfenden freiheitlichen Kräfte der Gesellschaft. [...] Der echte Materialismus ist heute mit metaphysischer Ungläubigkeit, mit Atheismus verbunden, freilich nicht mit jenem satten bürgerlichen Atheismus, der das Jenseits verwirft, weil er im Diesseits schon alles in Ordnung findet und überhaupt unfähig ist, ein anderes Prinzip als das des beschränkten Egoismus zu fassen – mit diesem Atheismus und ›Materialismus‹ hat die materialistische Philosophie nichts gemein, sondern bei ihr entspringt aus der Einsicht in die Endgültigkeit des Todes der verzweifelte Wille, gegen ihn zu kämpfen. Deshalb zerstört er auch die idealistische Philosophie als eine Macht der falschen Beruhigung. Ich glaube, daß diese gesellschaftliche Funktion der idealistischen Philosophie, ja schließlich des Denkens überhaupt, die in der marxistischen Literatur zwar angedeutet, aber nirgends begriffen und jedenfalls viel zu leicht genommen ist, in ihrer Bedeutung für die Geschichte der Gesamtheit und der Einzelnen sehr hoch einzuschätzen ist.«

Das laufe aber keineswegs auf ein Plädoyer für die Abschaffung der Philosophie hinaus. »Sie wissen, daß sich diese Feindschaft gegen das Denken häufig auch bei uns nahestehenden Kreisen findet, und es erscheint mir nicht ganz nutzlos, die Engstirnigkeit und Gefährlichkeit dieser Versuche aufzudecken. [...] Das Denken ist nicht bloß dadurch eine Produktivkraft, daß es unmittelbar der Technik oder der politischen Strategie dient, sondern auch indem es die wichtigsten gesellschaftlichen Antriebe zur Veränderung der Wirklichkeit erneuert und steigert. Dies gilt keineswegs bloß bis zum Augenblick der entscheidenden Umwälzung, sondern fast noch mehr, wenn diese geschehen ist. Zu den Elementen des früheren Zustandes, welche mit hinübergenommen werden, und dort erst ihre wahre Fruchtbarkeit erweisen, gehören bestimmt viele Produkte des bürgerlichen und spätbürgerlichen Denkens, mit denen die heutige Welt nichts mehr oder noch nichts anzufangen weiß.« (Horkheimer-Fromm, 29.7.1934/HGS 15, S. 179, 183 ff.)

Fromm seinerseits bekundete Wertschätzung, ja Bewunderung für Horkheimers philosophische Perspektive bei der Betrachtung aktueller Entwicklungen und für Horkheimers philosophisches Vorhaben. »Ich hoffe sehr, daß alle diese Dinge in der ›Logik‹ vorkommen; der Gedanke daran, daß Sie diese schreiben werden ist eine der wenigen schönen Vorstellungen, auf deren praktische Erfüllung man noch zu hoffen wagt.« (Fromm-Horkheimer, 3.8.1934/HGS 15, S. 209) Auch wenn Horkheimer bei Fromm eine entschiedenere exklusive Bindung ans Institut vermisste, war er für ihn doch in mehrfacher Hinsicht noch lange unersetzlich. Dass es eine bleibende Basis gegenseitiger Wertschätzung gab, machte Jahre später ein Brief Fromms an Horkheimer deutlich, in dem er den Satz zitierte: »Wer sich mit den Einzelwissenschaften abgibt, aber keine Philosophie treibt, der gleicht den Freiern der Penelope, die sich mit den Sklavinnen einließen, da sie die Herrin nicht gewinnen konnten.« (Fromm-Horkheimer, zwischen 28.2. und 4.3.1938 im Zug geschrieben / MHA: VI 8.111)

Worum es bei seinem Projekt einer »dialektischen Logik« gehen sollte, schilderte Horkheimer am anschaulichsten in einem Brief an Landauer, der nach Holland emigriert war. Die »wichtigsten Kategorien unserer Anschauungen, wie Denken, Wissenschaft, Wirklichkeit, Ursache, Gesellschaft, Wirtschaft, Religion, Kunst, Kultur, Familie, Autorität, Geschichte usf.« sollten in einem fortlaufenden Gedankenzusammenhang nach dem Stand der gegenwärtig erreichbaren Erkenntnis entwickelt werden. (Horkheimer-Landauer, 18.3.1935 / HGS 15, S. 334) Durch solch eine Klärung der Begriffe wollte Horkheimer zeigen, dass eine anti-metaphysische Haltung der Verschlungenheit der Dinge besser gerecht werden könne als idealistische Entwürfe. Gleichzeitig sah er darin offenbar eine Vorarbeit oder sogar eine vorläufige Form für die mit der Zeitschrift und den Forschungen des Instituts anvisierte Theorie des gesamtgesellschaftlichen Verlaufs. Als Mitarbeiter bei diesem anspruchsvollen Unternehmen schien keiner so geeignet wie der vielfältig talentierte Wiesengrund, der in Frankfurt zurückgeblieben war.

Wiesengrund war damals der Name, mit dem Adorno angeredet wurde und mit dem er auch seine Briefe unterschrieb. Als nicht zum Institut Gehöriger war er bei dessen Flucht nicht informiert worden. Es war aber wohl auch nicht zu erwarten gewesen, dass er selber an Flucht dachte. Zum Beleg für Horkheimers personalpolitisches und unternehmerisches Geschick wurde seine Wiederaufnahme der Beziehung zu Wiesengrund-Adorno. Er appellierte an dessen Bedürfnis, einem sendungsbewussten kleinen Kreis anzugehören. »Wenn es gegenwärtig überhaupt Beziehungen zwischen theoretisch arbeitenden Menschen gibt, die fruchtbar werden können, dann zählt die regelmäßige Zusammenarbeit zwischen Ihnen und dem Institut dazu«, schrieb er im Oktober 1934 an Wiesengrund-Adorno, dem in Frankfurt die Lehrbefugnis entzogen worden war und der sich um eine Fortsetzung seiner akademischen Karriere in England bemühte. Und nach Adornos erster, über mangelnde Informiertheit klagender Reaktion noch drängender: »Wenn Sie sich nicht sehr verändert haben, dann sind Sie einer der ganz wenigen Menschen, von denen das Institut und die besondere theoretische Aufgabe, die es zu erfüllen sucht, geistig etwas zu erwarten haben. Aus denselben Gründen und im gleichen Maße, wie die Zahl dieser Menschen und das Verständnis, auf das sie im Augenblick rechnen dürfen, zusammenschrumpft, werden die Verpflichtungen größer, bei der Stange zu bleiben und die eigene Position weiter zu entwickeln. Wir sind die einzige Gruppe, deren Existenz nicht von einer fortschreitenden Assimilierung abhängt, sondern welche den in Deutschland erreichten relativ hohen Stand der Theorie halten und weiter erhöhen kann.« (Horkheimer-Adorno, 16.11.1934/HGS 15, S. 265) Ohne finanzielle Zusagen zu machen gelang es Horkheimer, Adorno als begeisterten und engagierten Mitarbeiter für sich und das Institut zu gewinnen bzw. zurückzugewinnen.

Er hatte sogar Mühe, den Feuereifer Wiesengrund-Adornos zu dämpfen, der sogleich Anspruch auf die Leitung der Londoner Zweigstelle des Instituts erhob, sehr von oben herab alle möglichen Personen als Verbrecher und Betrüger abkanzelte oder gestrenge Urteile über ihre Qualifikation für eine Instituts-Mitarbeit fällte und seinerseits Horkheimer zu verstehen gab, dass er in ihm den einzigen Menschen sah, »mit dem ich mich in solcher Breite einig weiß, daß ich in voller Gemeinschaft mit ihm arbeiten könnte« (Adorno-Horkheimer, 13.5.1935/AHB I, S. 64). Für Walter Benjamin z. B. setzte Wiesengrund-Adorno sich vehement ein mit dem Argument, nach eingehendem Studium des Exposés zur Passagenarbeit sei er zu der Überzeugung gekommen, »daß diese Arbeit *nichts* enthalten wird, was sich nicht vom Standpunkt des dialektischen Materialismus aus wird verantworten lassen«, und dass der Verzicht auf metaphysische Improvisation ein Positivum »für die Verwertbarkeit der Arbeit im Arbeitsplan des Instituts« sei. Er halte die Arbeit für einen ganz außerordentlichen Beitrag zur Theorie, und es sei unverantwortlich, nicht alles zu ihrer Ermöglichung zu tun, »wenn einmal uns wirklich eine Produktionskraft von dieser Gewalt begegnet – die schließlich auch wir, durch unsere Produktionsverhältnisse, nicht fesseln sollten« (Adorno-Horkheimer, 8.6.1935/AHB I, S. 74). Die Position Marcuses sah er ganz anders. Es mache ihn traurig, schrieb er an Horkheimer, »daß Sie philosophisch unmittelbar mit einem Mann arbeiten, den ich schließlich für einen durch Judentum verhinderten Faszisten halte; denn weder konnte er sich über Herrn Heidegger Illusionen machen, dem er laut Vorwort des Hegelbuches alles zu verdanken hat, noch etwa über seinen Verleger, Herrn Klostermann aus dem Tatkreis. Nun hat mich Pollock dahin aufgeklärt, daß die Stelle Marcuses für mich nicht in Betracht käme, weil sie eine subalterne Assistenten- und Hilfsarbeiterstelle sei, während man mich nur inter pares akzeptieren und mir selber einen Marcuse beigesellen könne. I take it for granted.« (Adorno-Horkheimer, 13.5.1935/AHB I, S. 64)

Auf all diese Dinge reagierte Horkheimer teils gar nicht, teils beschwichtigend und dämpfend. Gleich zu Anfang der Korrespondenz betonte er, dass Adorno wohl ein etwas zu großartiges Bild des Institutsbetriebs habe und der organisatorische Apparat, zu dem auch die Repräsentation gehöre, nur eine geringe Rolle spiele. Auf Adornos Angebot von Arbeiten für die Zeitschrift antwortete er knapp und reserviert. »Dass die ›lange prinzipielle Einleitung‹ und der ›fortlaufende kritische Kommentar‹ zu einem M.'schen [Mannheim'schen, R. W.] Vortrag im Augenblick besonders dringend seien, vermag ich kaum einzusehen. Im Gegenteil! Auch die Arbeit über Husserl scheint mir bei der ersten Überlegung nicht gerade ein Schlüsselproblem der gegenwärtigen Lage zu betreffen, es sei denn, dass die Verbindung mit unserer Realität durch den Stil unzweideutig hervorträte.« Beide Arbeiten wurden trotz Adornos mehrfacher Umarbeitung nie in der Zeitschrift publiziert. Nach einem Zusammentreffen mit Adorno in Paris während einer Europareise meinte Horkheimer schließlich gegenüber Pollock: »Trotz einer Reihe stoerender Momente, die in seiner Persoenlichkeit begruendet sind, scheint es mir notwendig zu sein, dass ich mit ihm zusammenarbeite; er ist der einzige Mensch, der ausser der Assistenz Marcuses an dem Zustandekommen der Logik mitarbeiten kann.« Das zu organisieren sei aber noch nicht dringend. Vielleicht gehe er nach weiteren mit Marcuse durchgeführten Vorarbeiten zu gegebener Zeit nach Europa. »In der Zwischenzeit soll jedoch T. [Teddy, d. i. Theodor Wiesengrund-Adorno, R. W.] seine Verbundenheit mit dem Institut dadurch dokumentieren, dass er einen Plan ausarbeitet, wie der Besprechungsteil auf ein hoeheres Niveau gehoben werden kann. Auch

Abb. 14: Max Horkheimer in den USA

fuer den Aufsatzteil soll T. einiges tun.« (Horkheimer-Pollock, 26.12.1935/ MHA: VI 31.3)

Als Leiter des Instituts, das ein weites Spektrum von Mitarbeitern unterschiedlicher Qualifikation in unterschiedlichen Situationen für längere oder kürzere Zeit für Aufgaben unterschiedlicher Art beschäftigte, entschied Horkheimer laufend über die Qualität von Personen und ihrer Arbeit und über ihre Verwendung und Bezahlung. Das klang zum Teil dirigistisch und zeugte von keinerlei Bereitschaft, sich mit der betroffenen Person zu verständigen. »Ich denke, daß sich die kleine Mendelsohn [sic!] [Margot von Mendelssohn, Sekretärin des Instituts in Paris und später in den USA, R. W.] zum Korrekturenlesen erziehen laesst«, meinte Horkheimer, als es darum ging, die Aufgabenverteilung zwischen New York und den europäischen Zweigstellen zu regeln. »Honigsheim [Paul Honigsheim, 1933–36 Direktor der Pariser Zweigstelle, R. W.] muss sich daran gewoehnen, dass sie meistens fuer die Zeitschrift zu tun hat« und er selber in Zukunft hauptsächlich für die technische Redaktion der Zeitschrift zur Verfügung stehen müsse. »Wenn er in dieser Hinsicht nicht ausgezeichnet funktioniert und vor allem den Verkehr mit Alcan aufs Beste besorgt – so wuerde ich durchblicken lassen – koennen wir ihn spaeter nicht mehr brauchen. Macht er aber diese

Sachen richtig, dann wird Paris wohl unser wichtigster Stuetzpunkt drueben bleiben. Honigsheim's eigene Elaborate interessieren uns schliesslich recht wenig, denen soll er seine schoepferischen Naechte widmen.« (Horkheimer-Pollock, 6. 8. 1934 / MHA: VI 31.26 f.)

In anderen Fällen bewies Horkheimer durchaus einen eigenen Sinn für in Schwierigkeiten steckende oder geratene ›kleine Leute‹. »Lass dir, bitte«, schrieb er in demselben Brief, in dem er sich zu Mendelssohn und Honigsheim geäußert hatte, »bevor Du weggehst Fraeulein Isch [Gertrude Isch, Sekretärin Horkheimers in Genf, R. W.] noch einmal kommen. Sie hat noch immer nichts gefunden und vielleicht kann sie sich beim Umzug und auch nachher durch manche Hilfsarbeit bei uns etwas verdienen. Ich bin ihr ein wenig dankbar, dass sie mein Verhaeltnis zu Genf verstanden hat. Ihr Sinn fuer meine Art zu arbeiten wiegt fuer mich ihre Unzulaenglichkeit in anderer Hinsicht auf.« (A. a. O., 28 f.) Ähnlich klang es, als er Fromm Dr. Abrahamson ans Herz legte, von dem später in den »Studien über Autorität und Familie« ein Bericht über »Die Familie in der deutschen Sozialpolitik« aufgenommen wurde. »A. [Hubert Abrahamsohn, R. W.] besitzt meiner Meinung nach keine große wissenschaftliche Qualifikation, aber er ist ein braver Kerl, der nichts zu beißen und zu nagen hat. Es wäre vielleicht nicht nutzlos, wenn man ihn in Paris in einigen der Milieus, aus denen wir Antworten von Jugendlichen bekommen, einige Untersuchungen anstellen ließe. […] Wenn Sie meiner Meinung sind, könnten Sie am Ende gleich einen Brief an A. […] schicken, in dem Sie ihn um näheren Aufschluß bäten und gleich einige Direktiven gäben. Ich werde dann mit Pollock darüber korrespondieren, ob wir dem armen Teufel einen kleinen, natürlich befristeten, Auftrag geben können.«

Aus welcher Perspektive man sich Mitte der 1930er Jahre dem Phänomen Horkheimer auch näherte, er bildete den Mittelpunkt. Aufträge verteilen, Absprachen treffen, routinemäßige Aufgaben in Organisationen und Institutionen wahrnehmen und Vermögen verwalten – das tat auch oder vor allem Pollock. Doch nur einer wusste, worum es eigentlich ging und gehen sollte und entschied darüber, was zählte und was nicht – das war der offiziell und ebenfalls gemäß interner Absprache der beiden Freunde als wissenschaftlicher Leiter des Instituts fungierende Horkheimer. Und er war es, der im engsten Kreis, dem des Île heureuse-Trios, dafür sorgte, dass es nicht zum

Stillstand kam und die Gestaltung und die Arbeit des Instituts immer wieder neu auf die Ziele des Dreierbundes abgestimmt wurde, der »little community«. Er sah dadurch Triebkraft und Ziel ihrer Freundschaft berührt. Es beunruhige ihn, schrieb er an Pollock, »dass Du den unmoeglichen Plan von Loewenthal, den ich nicht etwa stiefvaeterlich behandelt, sondern als puren Mist bezeichnet habe, immer noch ernst nimmst«. »Die Behauptung irgendwelcher Leute, auf die Du Dich mir gegenüber berufst, kann mich keineswegs darueber troesten, dass es sich bei diesem Plan um eitles und geistloses Zeug handelt, um eine wissenschaftliche Betriebsamkeit, mit der jedenfalls ich nicht das Geringste zu tun haben will. Die Tatsache, dass Dir hier die Unterscheidung zwischen unserer eigenen und einer uns fremden Gedankenwelt abgeht, gehoert zu den Punkten, ueber die wir uns sehr ernsthaft unterhalten muessen.« (Horkheimer-Pollock, 12.8.1934/ MHA: VI 31.25)

X Ein Outsider des Bürgertums mit einer »spezifisch materialistischen Haltung«

Wenn es je, datierbar und lokalisierbar, eine Frankfurter Schule gegeben habe, dann in New York, zwischen 1934 und 1941, in jenem von der Columbia University zur Verfügung gestellten Haus 429 West 117th Street, meinte Jürgen Habermas, als er beim Erscheinen eines Reprints der »Zeitschrift für Sozialforschung« erstmals sah, in welchem Kontext die ihm bereits bekannten wesentlichen Aufsätze jenes kleinen Kreises von Gelehrten einst erschienen, die sich in der Emigration um das Banner der Zeitschrift und ihren Herausgeber scharten. In den Proportionen zwischen den Aufsätzen, die die Position des Horkheimer-Kreises definierten und weniger als die Hälfte eines Heftes einnahmen, und dem Besprechungsteil, der mehr als ein Drittel des Platzes einnahm und jährlich mehr als 350 Publikationen berücksichtigte, sah er den sinnfälligen Hinweis auf ein erstaunliches Phänomen. »Nie wieder sind gleichzeitig disziplinäre und nationale Entfernungen in den Sozialwissenschaften auf so einleuchtende Weise überbrückt worden, nie wieder hat sich die Einheit der Sozialwissenschaften so überzeugend dargestellt wie hier, aus der Perspektive eines unorthodox fortentwickelten, eines, wie Merleau-Ponty sagt, ›westlichen Marxismus‹, welcher das Erbe der Deutschen Philosophie von Kant bis Hegel mit der Tradition der Gesellschaftstheorie von Marx bis Durkheim und Max Weber verschmilzt.« (Habermas: Max Horkheimer. Die Frankfurter Schule in New York, in: Philosophisch-politische Profile. Erweiterte Ausgabe, S. 417 f.)

Blickt man auf die Rolle und den Beitrag Horkheimers in jenen Jahren, fällt noch etwas anderes auf angesichts dieses Zusammenwirkens einer geschichtsphilosophisch begründeten Perspektive auf eine befreite Gesellschaft mit einem unvoreingenommenen Verhältnis zu »bürgerlichen« Wissenschaften. Die unter anderem in den Briefen bei der Wiederaufnahme der Beziehung zu Wiesengrund-Adorno so emphatisch beschworene Weiterentwicklung »der Theorie« ging einher mit dem Bestreben, sich über das Zustandekommen und die Lage der Theoretiker klarzuwerden. Die von Fromm früh entworfene und unter Horkheimers Leitung zum Einstieg des Instituts in die empirische Forschung gewordene Arbeiter- und Angestelltenuntersuchung wurde thematisch auf den Zusammenhang von Autorität und Familie hin konkretisiert. Damit drängte sich mindestens so wie ein Vergleich zwischen verschiedenen Ländern bzw. Gesellschaften auch ein Vergleich zwischen verschiedenen sozioökonomischen Klassen, Schichten, Milieus auf, kamen die bürgerliche Welt und die eigene Herkunft und Geprägtheit in das wissenschaftliche, theoretisch-empirische Blickfeld. Bei keinem geschah das so intensiv wie bei Horkheimer selbst. Sein als allgemeiner Teil die Studien über Autorität und Familie einleitender Aufsatz wurde zu einer Weiterentwicklung der in den Novellen und in dem Aphorismenband »Dämmerung« angestellten kritischen Beobachtungen und Überlegungen zu einer menschliche Welten und Lebensformen voneinander scheidenden Ungleichheit und den dabei und dadurch zustande kommenden Verkehrsformen, Wahrnehmungsweisen und Charakteren. Zusammen mit anderen Mitte der 1930er Jahre entstandenen Texten – vor allem Horkheimers Beitrag in der »Zeitschrift für Sozialforschung« über »Egoismus und Freiheitsbewegung«, seine Notizen zur »Bürgerlichen Welt« und Memoranden über die Beziehung des verschworenen Freundespaars Horkheimer-Pollock – ergibt sich ein Bild von Horkheimer, das die Emphase erklärt, die für ihn in dem zugleich unscheinbar und selbstbewusst klingenden Titel »kritische Theorie« mitschwang. Dieser Begriff wurde seit Horkheimers Aufsatz »Traditionelle und kritische Theorie«, der 1937 in der Zeitschrift erschien, zum Etikett für eine spezifische Haltung zur gesellschaftlichen Realität.

Die »Studien über Autorität und Familie« – ein »Felix Weil, dem treuen Freunde« gewidmeter erster Bericht des Instituts über gemeinsame Forschungen – befassten sich mit einem Teilproblem. Im Vorwort legte Horkheimer ein weiteres Mal dar, worum es bei der Theorie der Gesellschaft im Großen ging. Sie sollte die Rolle der einzelnen Sphären im Zusammenwirken von materieller und geistiger Kultur daraufhin untersuchen, ob sie »den Mörtel eines noch werdenden Baus, den Kitt, der auseinanderstrebende Teile künstlich zusammenhält, oder einen Teil des Sprengstoffs bilden, der das Ganze beim ersten Funken zerreisst« (Studien über Autorität und Familie, S. 10/

HGS 3, S. 344). Für ihn und seine Mitarbeiter, die sich als Teil einer Gestalt menschlichen Zusammenlebens sahen, die sich in heller Krise befand, drängte sich immer stärker die Frage auf, wieso es nicht zur Auflösung dieser Gesellschaftsform und dem Werden einer neuen kam. »Je mehr wir«, schrieb Horkheimer im Vorwort zu dem fast tausendseitigen Band, »die Bedeutung der politischen, moralischen und religiösen Anschauungen der neueren Zeit für die Gesellschaft analysierten, umso deutlicher trat die Autorität als ein entscheidender Faktor hervor. Die Stärkung des Glaubens, dass es immer ein Oben und Unten geben muss und Gehorsam notwendig ist, gehört mit zu den wichtigsten Funktionen in der bisherigen Kultur.« Ohne angemessene Berücksichtigung dieses Moments lasse sich das Zusammenspiel zwischen den einzelnen Kultursphären nicht begreifen. Unter all den Institutionen, die die Individuen für Autorität empfänglich machten, stehe die Familie an erster Stelle. »Nicht bloss erfährt der Einzelne in ihrem Kreis zuerst den Einfluss der kulturellen Lebensmächte, so dass seine Auffassung der geistigen Inhalte und ihre Rolle in seinem seelischen Leben wesentlich durch dieses Medium bestimmt ist, sondern die patriarchalische Struktur der Familie in der neueren Zeit wirkt selbst als entscheidende Vorbereitung auf die Autorität in der Gesellschaft, die der einzelne im späteren Lebens anerkennen soll.« (A. a. O., S. VIII/HGS 3, S. 330)

Wie eine sich aus großer Distanz dem Ziel nähernde Kamera setzte Horkheimers Aufsatz mit einem Blick auf die Geschichte menschlicher Kultur ein, konzentrierte ihn dann auf die Autorität als eine dominierende Kategorie der gesamten bisherigen Geschichte und verharrte schließlich bei der Familie als einer das Kind vom zartesten Alter an formenden und den Bestand der Gesellschaft auf entscheidende Weise beeinflussenden erzieherischen und charakterbildenden Macht.

In einem knappen welthistorischen Rückblick konstatierte Horkheimer zunächst: »In der Geschichte aller differenzierten Kulturen waren ja die menschlichen Kenntnisse und Fähigkeiten und der ihnen entsprechende materielle Produktionsapparat so geartet, dass sich der gesellschaftliche Lebensprozess nur durch eine für jede Epoche charakteristische Scheidung in Produktionsleiter und Ausführende vollziehen konnte. Wenn auch, wenigstens in den Zeiten des Aufstiegs und der Blüte, das Leben des Ganzen von dieser Scheidung abhing, so bildeten doch die oberen Schichten der Gesellschaft einen relativ kleinen Kern, für den die bestehende Form nicht bloss notwendig war, sondern zur Quelle von Macht und Glück geworden ist. Auch soweit die bisherigen Formen menschlichen Zusammenlebens jeweils die Existenz der Gesamtheit und den kulturellen Fortschritt bedingten, hatten unzählige Individuen je nach ihrer Stellung in diesem Ganzen seine Entfaltung mit einem für sie selbst sinnlosen Elend und dem Tod zu bezahlen.« (A. a. O., S. 10 f./HGS 3, S. 344) Für den Zusammenhalt sorgte nicht nur Zwang, nicht nur staatliche Exekutivgewalt. Am Beispiel des chinesischen Ahnenkults und der indischen Kastenstruktur schilderte Horkheimer das Funktionieren »geistigen Kitts« bei denen, die von den materiellen und sozialen Ressourcen der Macht und des Glücks abgeschnitten waren. Die Verhältnisse bei der Produktion, die die Alten zu einer Quelle unerlässlichen Wissens für die Jüngeren gemacht hatten, wurden zu einer der Wurzeln der Ahnenverehrung. Sie gewann eine eigene Bedeutung und Geschichte und bewirkte, dass die Produktionsverhältnisse »ursprünglich in religiöser Form erlebt« wurden und die unter ihnen leidenden Menschen dabei doch ihren Frieden finden konnten – entsprechend der von Horkheimer zitierten Feststellung Nietzsches in dessen Schrift »Zur Genealogie der Moral«: »Was eigentlich gegen das Leiden empört, ist nicht das Leiden an sich, sondern das Sinnlose des Leidens.« Ähnlich bewirkt beim indischen Beispiel der Umstand, »dass die für die indische Wirtschaft kennzeichnende Kastenordnung religiös erlebt wird«, nicht bloß eine reibungslose Eingliederung der Parias in den Produktionsprozess. Er sorgt auch für Anhänglichkeit an das grausame System. Denn ein vorschriftsmäßiges rituelles Leben verspricht diesem Glauben gemäß bessere Chancen bei der Wiedergeburt. Seine Hinfälligkeit würde vergangenen Leiden den Sinn rauben. Diese extremen Beispiele für das Funktionieren von Klassen- und Kastenverhältnissen dienten Horkheimer als Beispiele und als Belege für die Angemessenheit eines Blicks auf die Geschichte, der zu differenzieren verstand. »Die notwendige Herrschaft von Menschen über Menschen, welche die Gestalt der bisherigen Geschichte bestimmt, im Herzen der Beherrschten selbst zu befestigen, ist eine der Funktionen des gesamten kulturellen Apparats der einzelnen Epochen gewesen; als Ergebnis wie als stets erneuerte Bedingung dieses Apparats bildet der Glaube an Autorität eine teils produktive, teils hemmende menschliche Triebkraft in der Geschichte.« (A. a. O., S. 22/HGS 3, S. 357)

Damit machte Horkheimer sich eine Sicht zu eigen, die von einer Fortschrittsgeschichte der Menschheit ausging und Ereignisse und Umstände, Anschauungen und Handlungsweisen daran maß, ob sie im Ganzen und auf lange Sicht gesehen dem Fortschritt dienten oder ihn hemmten. Autorität als bejahte Abhängigkeit konnte demnach einerseits ein Faktor fortschrittlicher, den Interessen der Beteiligten entsprechender und der Entfaltung menschlicher Kräfte günstiger Verhältnisse sein, andererseits eine Manifestation künstlich aufrecht erhaltener, längst unwahr gewordener gesellschaftlicher Beziehungen und Vorstellungen, die den wirklichen Interessen der Allgemeinheit zuwiderlaufen. »Sowohl blinde und sklavische Ergebung, die subjektiv von seelischer Trägheit und Unfähigkeit zum eigenen Entschluss herrührt und objektiv zur Fortdauer beengender und unwürdiger Zustände beiträgt, als auch die bewusste Arbeitsdisziplin in einer aufblühenden Gesellschaft beruht auf Autorität. Und doch unterscheiden sich beide Weisen des Daseins wie Schlaf und Wachen, wie Gefangenschaft und Freiheit. Ob die faktische Bejahung eines bestehenden Abhängigkeitsverhältnisses, die sich nicht bloss in der grundsätzlichen Anerkennung, sondern weit mehr noch in der Unterordnung des alltäglichen Lebens bis in das geheimste Fühlen auszudrücken pflegt, tatsächlich den verschieden entwickelten menschlichen Kräften in der betreffenden Periode entspricht und daher objektiv angemessen ist, ob die Menschen, indem sie ihre abhängige Existenz instinktiv oder mit vollem Bewusstsein akzeptieren, sich um das ihnen erreichbare Mass an Kräfteentfaltung und Glück betrügen oder dieses für sich selbst oder die Menschheit herbeiführen helfen, ob die bedingungslose Unterordnung unter einen politischen Führer oder eine Partei historisch nach vorwärts oder rückwärts weist, vermag allein die Analyse der jeweiligen gesellschaftlichen Situation in ihrer Totalität zu beantworten.« (A. a. O., S. 24 f./HGS 3, S. 360 f.) So betrachtet hatte in Horkheimers Augen die bürgerliche Arbeitsverfassung, in der die Unterordnung nicht mehr durch Geburt, sondern durch freien Vertrag zwischen Privatpersonen begründet wird und unmittelbar nicht der Unternehmer zur Unterwerfung treibt, sondern die ökonomischen Verhältnisse, eine äußerst produktive und fördernde Bedeutung. Die Fähigkeiten waren eben bei der Oberschicht und den Massen sehr unterschiedlich entwickelt und Technik, Verwaltung und Verkehr noch nicht durchrationalisiert. »Dass sich die Menschen der Hierarchie fügen lernten, war eine der Bedingungen für den ungeheuren Aufschwung in der Produktivität der Arbeit und der Entwicklung individuellen Selbstbewusstseins. Deshalb ist diese maskierte und vermittelte Autorität lange Zeit hindurch zwar erbarmungslos, aber geschichtlich vernünftig gewesen.« (A. a. O., S. 40 f. / HGS 3, S. 378)

Mit dieser Sichtweise bewegte Horkheimer sich im Rahmen eines orthodoxen Marxismus oder auch einer Vorstellung von der Entwicklungslogik menschlicher Zivilisation, wie Freud sie in seinen kulturphilosophischen Essays vertrat. Eine Übereinstimmung mit dem orthodoxen Marxismus zeigte sich ebenso bei der formelhaften und selbstgewissen Berufung auf die Entwicklungsziele, an denen gemessen etwas als Fortschritt oder Rückschritt, als Überholtes oder Fälliges zu beurteilen war. Ohne weitere Erläuterung sprach Horkheimer, als sei die Betrachtung der Menschheitsgeschichte unter solch einer Perspektive das Selbstverständlichste von der Welt, von einem »bewusst geführten Kampf der Menschheit mit der Natur und der stetigen Entfaltung aller ihrer Anlagen und Kräfte« oder von der Freiheit, »den gesellschaftlichen Arbeitsprozess und damit die menschlichen Beziehungen überhaupt vernünftig, das heisst nach einheitlichem Plan im Interesse der Allgemeinheit zu regeln und zu lenken«, vom Aufgehen divergierender Klasseninteressen in der gemeinschaftlichen Anstrengung von Menschen, die sich in der Disziplin ihrer Arbeit einer Autorität unterordnen, die nur ihre eigenen zum Beschluss erhobenen Pläne besorgt, oder einfach von einer »heute möglichen höheren Gesellschaftsform«. (A. a. O., S. 35, 44, 48 / HGS 3, S. 371, 382, 386 f.)

So glatt ließen sich die Dinge bei der Annäherung an die Gegenwart nicht mehr sehen. In der »Dämmerung« hatte Horkheimer noch von der Macht auf den höheren sozialen Stufen gesprochen, die dem Menschen einen Inhalt gibt und ihn entwickelt. Inzwischen war sein Blick schärfer und kritischer geworden. Dazu trug die Irritation der Emigranten über das gute Auskommen faschistischer und demokratischer Staaten miteinander und die anhaltende wirtschaftliche Verflechtung bei. In Nietzsches Spuren gelangte er zu einer Nihilismus-Diagnose eigener Art. »Das bürgerliche Denken beginnt als Kampf gegen die Autorität der Tradition und stellt ihr die Vernunft in jedem Individuum als legitime Quelle von Recht und Wahrheit entgegen. Es endigt mit der Verhimmelung der blossen Autorität als solcher, die ebenso leer an bestimmtem Inhalt ist wie der Begriff der Vernunft, seitdem Gerechtigkeit, Glück und Freiheit für die Menschheit als historische Losungen ausgeschieden sind.« (A. a. O., S. 26/HGS 3, S. 362) An die Stelle sinnbezogener Autorität, wie er sie im Mittelalter gegeben sah, als die irdische Ordnung an einen göttlichen Ratschluss geknüpft war, war sinnentleerte Autorität getreten. In den Spuren von Hegel und Lukács deutete er philosophische Systeme als Reflex dessen, was sich gesellschaftlich zutrug. »Gerade in diesem philosophischen Tatbestand, dass das Individuum nicht in seiner Verflochtenheit mit Gesellschaft und Natur, sondern abstrakt gefasst und zum reinen geistigen Wesen erhoben wird, einem Wesen, das nun die Welt als ewiges Prinzip und sei es als Ausdruck seines eigenen wahren Seins zu denken und anzuerkennen hat, spiegelt sich die Unvollkommenheit seiner Freiheit wider: die Ohnmacht des Einzelnen in einer anarchischen, von Widersprüchen zerrissenen, unmenschlichen Wirklichkeit.« (A. a. O., S. 32/HGS 3, S. 369) Diese Erfahrung spiegelt sich im grundsätzlichen Dualismus bürgerlicher Philosophie. »Wenn sie sich abmüht, die Trennung zwischen Ich und Welt im Medium des Denkens zu überwinden und Natur und Geschichte als Ausdruck, Verkörperung, Symbol des menschlichen Wesens oder Geistes hinzustellen, so liegt in eben diesem Tun die Anerkennung der Realität als eines Prinzips, das so, wie es ist, sein Recht hat und nicht etwa als abhängig und veränderlich, sondern als ein bedeutungsvolles, zu interpretierendes, wie eine ›Chiffreschrift‹ zu lesendes Sein genommen werden muss.« (A. a. O., S. 31 f./HGS 3, S. 368)

Das führte auf den Kern von Horkheimers Zeitdiagnose: das Versagen bürgerlicher Unternehmer, die sich nicht als letztlich glanzvolle Protagonisten einer historischen Durchgangsstufe zu einer souveränen Gesellschaft erwiesen, sondern als beschränkte Vertreter beschränkter Interessen. »Die Geschichte gleicht im bürgerlichen Zeitalter nicht einem bewusst geführten Kampf der Menschheit mit der Natur und der stetigen Entfaltung aller ihrer Anlagen und Kräfte, sondern einem sinnlosen Schicksal, gegenüber dem der Einzelne sich je nach seiner Klassensituation mehr oder weniger geschickt verhalten kann. In der Freiheit und scheinbaren Genialität des Unternehmers, deren Ruf zur Steigerung seiner eigenen Autorität beiträgt, steckt als ihr Kern die Anpassung an einen gesellschaftlichen Zustand, in dem die Menschheit ihr Schicksal nicht in die Hand genommen hat, die Unterwerfung unter ein blindes Geschehen an Stelle seiner vernünftigen Regelung, die Abhängigkeit von einem irrationalen Zustand der Gesellschaft, den man ausnutzen muss, anstatt ihn in seiner Totalität zu gestalten, kurz, in dieser Freiheit steckt ein zwar ursprünglich notwendiger, heute rückschrittlicher Verzicht auf Freiheit, die Anerkennung der blinden Macht des Zufalls, eine längst diskreditierte Autorität. Diese aus der Irrationalität des ökonomischen Prozesses stammende Abhängigkeit des Unternehmers tritt in der Ohnmacht gegenüber den sich vertiefenden Krisen und der Ratlosigkeit auch in den leitenden Kreisen der Wirtschaft allenthalben hervor.« (A. a. O., S. 34 f./HGS 3, S. 371 f.) Doch bei diesem Versagen waren sie in mehrfacher Hinsicht die Profiteure. Schon Friedrich Engels und Karl Marx hatten seinerzeit in ihrer Streitschrift »Die heilige Familie oder Kritik der kritischen Kritik« festgestellt, die besitzende Klasse und die Klasse des Proletariats stellten dieselbe menschliche Selbstentfremdung dar. Doch die erste Klasse fühle sich in dieser Selbstentfremdung wohl und bestätigt, »weiß die Entfremdung als *ihre eigne Macht* und besitzt in ihr den *Schein* einer menschlichen Existenz«, während die zweite sich in der Entfremdung vernichtet fühlt und in ihr »ihre Ohnmacht und die Wirklichkeit einer unmenschlichen Existenz« erblickt (Karl Marx/Friedrich Engels, Werke Bd. 2, Berlin 1969, S. 37). Diese Diagnose sah Horkheimer durch die weitere Entwicklung voll bestätigt. Das von Engels und Marx beschriebene Verhältnis konnte sich verfestigen und zu einem mehr oder weniger bewusst gehandhabten Machtinstrument werden, das wenig Interesse an einer Veränderung seitens der Machthabenden aufkommen ließ und die Nicht-Besitzenden mit der Erfahrung wachsender Ohnmacht konfrontierte. »Indem das Bewusstsein der Bankiers, Fabrikherrn und Kaufleute [...] die Demut von sich ausgeschieden hat, erfuhr es zugleich die gesellschaftlichen Tatsachen als eine übergeordnete blinde Instanz und liess sein Verhältnis zu den Mitmenschen im Gegensatz zum Mittelalter durch die anonyme ökonomische Notwendigkeit vermitteln. Es findet so eine neue und machtvolle Autorität. Bei der Entscheidung über das Los von Menschen, Anwerbung und Entlassung von arbeitenden Massen, Ruinierung der Bauern in ganzen Bezirken, Entfesselung von Kriegen usf. ist nicht etwa an die Stelle der Willkür die Freiheit, sondern der blinde ökonomische Mechanismus getreten, ein anonymer Gott, der die Menschen versklavt und auf den sich diejenigen berufen, die, wenn auch nicht die Gewalt über ihn, so doch den Vorteil von ihm haben. Die Machtherrn haben aufgehört, als Repräsentanten einer weltlichen und himmlischen Autorität zu handeln, und sind dafür Funktionen der Eigengesetzlichkeit ihrer Vermögen geworden.« (A. a. O., S. 35/HGS 3, S. 372) Für die Nicht-Besitzenden ihrerseits bedeutet unter diesen Bedingungen die Anerkennung der Autorität der wirtschaftlichen Tatsachen faktisch die Anerkennung der Machtstellung und Autorität des Unternehmers. Er konnte und kann beispielsweise Gewerkschaftsfunktionären, die Verbesserungen zu erzielen suchen, rasch die Grenzen zeigen: seine Konkurrenzfähigkeit gegenüber anderen Unternehmern im In- und Ausland. So erweist sich nach Horkheimers Diagnose vollständige Anpassung an die verdinglichte Autorität der Ökonomie als »die Gestalt der Vernunft in der bürgerlichen Wirklichkeit«. (A. a. O., S. 35/HGS 3, S. 373)

Das führt auf der einen Seite dazu, dass »der Unterschied zwischen Verdienst und Vermögen beider Klassen ins Phantastische wächst« und die Macht der Herrschenden ständig gesteigert wird. Das bedeutet aber auch, dass das Missverhältnis zwischen gutem Leben und menschlichen Qualitäten immer offener zutage tritt. Ausschlaggebend wird immer mehr der bloße Erfolg, dieser »Gott der modernen Welt«. »Er steht in keinem sinnvollen Zusammenhang zu einer Anstrengung, welche die der anderen an Kraft, Geist, Fortschrittlichkeit überragte; es ist die blosse Tatsache, dass es einer erreicht hat, dass einer Geld, Macht, Beziehungen hat, die ihn über andere erhebt, die andere in seine Dienste zwingt.« (A. a. O., S. 45/HGS 3, S. 383) Das bedeutet zudem, dass Sachautorität und ein ihr angemessenes Verhalten angesichts der dominierenden Anbetung des bloßen Erfolgs kaum zum Zuge kommen und kaum Geltung zu erlangen vermögen. »Der Wesenszug dieser Ordnung, dass die Arbeit sich unter der Leitung von Autoritäten vollzieht, die es auf Grund ihres Besitzes oder anderer Glücksfälle sind und sich immer weniger auf anderes berufen können als darauf, dass es nun einmal so ist, dieser Zug gibt allem, was heute Vernunft, Moral, Ehre und Grösse heisst, die Färbung. Auch wirkliches Verdienst, überragende Erkenntnis und praktische Fähigkeit werden davon betroffen und entstellt. Sie erscheinen weniger als Gut der Allgemeinheit denn als Rechtstitel der Macht und Ausbeutung, dem Respekt, den sie empfangen, merkt man es an, dass er sich ebenso auch vor dem Bankkonto entzündet, dessen Eigentümer er rückwirkend noch erhöht, indem er auch vor dem ›Genie‹ nicht halt macht und beide mit demselben Glanz umkleidet.« (A. a. O., S. 46/HGS 3, S. 384 f.) Dass auf diese Weise neben Besitz und Erfolg alle sonstigen Wertordnungen zu sekundären herabgesetzt werden, wird zu einem weiteren Element der Kultur, die als Kitt eines Gesellschaftsbaus mit starken Rissen funktioniert.

»Seinen Vater ehren, weil er ein ausgezeichneter Kopf ist, ist Impietät«, zitiert Horkheimer in dem »Familie« überschriebenen III. Teil seines Aufsatzes Kierkegaard. Damit ist auf knappste Art formuliert, welche Bedeutung in Horkheimers Augen dem Vater in der bürgerlichen Familie zukommt. Nicht weil er sich durch persönliche Qualitäten und besondere erzieherische Fähigkeiten auszeichnete, erweist er sich als würdig und ehrenwert. Die bloße Tatsache, dass er der Stärkere ist und die Existenz der Familie von ihm abhängt, verleiht ihm Autorität. Würde er sich durch Weisheit und Güte auszeichnen, schlösse seine sachliche Überlegenheit während der frühen Phase der Sozialisation seiner Kinder die Tendenz zur Selbstaufhebung im Verlauf der Veränderung des Verhältnisses zwischen ihm und den Kindern ein. In der normalen bürgerlichen Familie aber zeichnet sich der Mann dadurch aus, dass er »das Geld, diese Macht in substanzieller Form, besitzt und über seine Verwendung bestimmt«, und das macht Frau, Söhne und Töchter auch in der neueren Zeit zu den »Seinen«, zwingt sie zur Unterordnung unter Leitung und Befehl und prägt die Sozialisation der Kinder. »Die geistige Welt, in die das Kind infolge dieser Abhängigkeit hineinwächst, ebenso wie die Phantasie, durch welche es die wirkliche beseelt, seine Träume und Wünsche, seine Vorstellungen und Urteile sind vom Gedanken an die Macht von Menschen über Menschen, des Oben und Unten, des Befehlens und Gehorchens beherrscht. Dieses Schema ist eine der Formen des Verstandes dieser Epoche, eine transzendentale Funktion.« (A. a. O., S. 56/HGS 3, S. 396)

Gestützt auf eigene Erfahrung, belehrt durch die analytische Sozialpsychologie und geleitet von dem Bewusstsein, dass das Private und das Öffentliche nicht zu trennen sind und beide zu den aufeinander einwirkenden Elementen des gesamtgesellschaftlichen historischen Verlaufs gehören, geht Horkheimer auf bestimmte Aspekte der bürgerlichen Familie als Schule für spezifische gesellschaftliche Autoritätsphänomene näher ein. Dazu gehört der nüchterne Blick auf den Vater. »Tritt, wo die Familie noch Produktionsgemeinschaft ist, das Oberhaupt in seiner produktiven gesellschaftlichen Leistung unmittelbar vor Augen, so ist seine Stellung in der zur Konsumtionsgemeinschaft eingeschrumpften Familie wesentlich durch das von ihm hereingebrachte Geld vermittelt und für die Seinen umso schicksalhafter. Infolge dieser raumzeitlichen Trennung von beruflicher und familiärer Existenz kann nun jeder bürgerliche Vater, auch wenn er im sozialen Leben eine armselige Funktion ausübt und einen krummen Rücken machen muss, zu Haus als Herr auftreten und die höchst wichtige Funktion ausüben, die Kinder an Bescheidung und Gehorsam zu gewöhnen.« (A. a. O., S. 58/HGS 3, S. 398) Das gehört für Horkheimer zu den Erklärungen dafür, dass nicht nur im großbürgerlichen Milieu, sondern auch in Arbeiter- und Angestelltenschichten immer wieder Generationen herangezogen werden, für die das bestehende Wirtschafts- und Gesellschaftssystem etwas Selbstverständliches und Natürliches ist.

Bei den »kleinbürgerlichen Massen«, so nahm Horkheimer an, sorgte der auf den Vater ausgeübte Druck dafür, dass sich neben der Grausamkeit die masochistische Neigung zur Preisgabe des Willens gegenüber irgendeiner Führung steigert, wenn diese nur als mächtig abgestempelt ist. Bei »proletarischen Familien« sah er angesichts einer industriellen Entwicklung, die immer weniger Chancen zur Realisierung eines »gemütlichen Heims« bot, Chancen für das Entstehen einer neuen Gemeinschaft der Gatten und Kinder, die aber angesichts zunehmender Arbeitslosigkeit und überhaupt mangelnder Gelegenheit zu produktiver Arbeit bereits wieder abnahmen. Bei den Mitgliedern der »Oberklasse« sah er als Ergebnis von Familienautorität eine gewisse »Objektivität, Offensein gegenüber allen, auch den einander widersprechendsten Ansichten und Geschehnissen in Kunst und Geschichte, Schwärmerei für die Grösse an sich«. (A. a. O., S. 60/HGS 3, S. 400)

Für eine eigene Rolle von Frauen und Müttern blieb in Horkheimers Überlegungen wenig Platz. Bei diesen Überlegungen ging er wie auch sonst oft von Zuständen oder positiven Ansätzen in der Vergangenheit aus, die in neuerer Zeit einen Niedergang oder eine Umfunktionierung zum Schlechteren erlebten. Demnach hatte die Frau, die einmal für ein Reservoir von Widerstandskräften gegen die völlige Entseelung der Welt und ein antiautoritäres Moment in der Familie stand, sich infolge ihrer Abhängigkeit zu einer Kraft der Stärkung der Autorität des Bestehenden entwickelt. Abhängig von der Stellung und vom Verdienst des Mannes, auf die eigene ökonomische Sicherheit und die ihrer Kinder bedacht, drängt sie darauf, dass der Mann sich den Verhältnissen fügt und alles tut, um vorwärtszukommen. Noch auf eine weitere Weise spielte die Mutter in Horkheimers Augen eine verhängnisvolle, autoritätsstärkende Rolle: durch »eine Fesselung wichtiger seelischer Energien, die der aktiven Gestaltung der Welt zugute kommen könnten«. (A. a. O., S. 69/HGS 3, S. 410) In der monogamen bürgerlichen Männergesellschaft werde nicht nur das Geschlechtsleben der Eltern den Kindern gegenüber mit Geheimnis umgeben, sondern auch aus der Zärtlichkeit des Sohnes gegenüber der Mutter jedes sinnliche Moment verbannt und insgesamt der sinnliche Genuss entwertet. Damit thematisierte Horkheimer unmittelbar seine eigene schmerzliche und einschneidende Erfahrung: »die Rebellion des erotischen Elements gegen die Autorität der Familie«. Er hatte sich der Autorität in dem Augenblick widersetzt, als sie auch in der Liebe bestimmend sein wollte und in Gestalt der Eltern von ihm Rücksicht auf Mitgift, Stellung und Arbeitskraft des Ehepartners, Respekt vor der Meinung der Umgebung und Internalisierung eingewurzelter Begriffe, Gewohnheiten und Konventionen verlangte. Wo es zu solch einem Konflikt zwischen den Interessen der Eltern an einer finanziell und sozial vorteilhaften Ehe ihres Nachwuchses und dem erotischen Gefühl der Jugend kommt, da, so Horkheimer, emphatisch aus eigener Erfahrung sprechend, »pflegen die Eltern und besonders der Vater ihre ganze Macht aufzuwenden und nutzen sie das bürgerlichen und feudalen Kreisen zur Verfügung stehende Machtinstrument der Enterbung«. (A. a. O., S. 73/HGS 3, S. 414)

An dieser Stelle krönte er seinen Text mit einem Marx-Zitat: »Die feigsten, widerstandsunfähigsten Menschen werden unerbittlich, sobald sie die absolute elterliche Autorität geltend machen können. Der Missbrauch derselben ist gleichsam ein hoher Ersatz für die viele Unterwürfigkeit und Abhängigkeit, denen sie sich in der bürgerlichen Gesellschaft mit oder wider Willen unterwerfen.« (A. a. O., S. 73/HGS 3, S. 404 f.) Das entsprach genau Fromms Bestimmung des autoritär-masochistischen oder sado-masochistischen Charakters, der im Mittelpunkt des folgenden sozialpsychologischen Aufsatzes in den »Studien über Autorität und Familie« stand. Horkheimers Marx-Zitat war ein aufschlussreiches Fundstück. Er entnahm es einem 1932 in einem Band der Marx-Engels-Gesamtausgabe erschienenen Text von Marx: »Peuchet: Vom Selbstmord«. Er war zuerst 1846 in der von Moses Heß und Friedrich Engels herausgegebenen Monatszeitschrift »Gesellschaftsspiegel. Organ zur Vertretung der besitzlosen Volksklasse und zur Beleuchtung der gesellschaftlichen Zustände der Gegenwart« erschienen. Die Grundlage für diesen ungewöhnlichen Marx-Artikel bildeten Exzerpte aus den Erinnerungen des Pariser Polizeiarchivleiters Jacques Peuchet. Es ging dabei um Selbstmordfälle vor allem junger Frauen. Von Marx ausgewählt und übersetzt, dabei abgewandelt und kommentiert und mit einer Einleitung versehen bildeten die Exzerpte ein Zeugnis sowohl für Marx' radikale Kritik der bürgerlichen Gesellschaft wie für seine Wertschätzung französischer Gesellschaftskritik. Denn sie wiesen »mit unmittelbarer Lebenswärme« und »reichhaltiger Anschauung« die Widersprüche und die Unnatur des modernen Lebens »an allen Kreisen und Gestalten« nach und machten deutlich, dass Elend und Verzweiflung nicht nur von wirtschaftlichen Übeln betroffene Proletarier, sondern auch von repressiven Familienverhältnissen betroffene bürgerliche Personen in den Selbstmord trieben. (Cf. Eric A. Plaut/Kevin Anderson, Hg., Karl Marx: Vom Selbstmord. Mit einem Vorwort von Michael Löwy, Köln 2001)

Durch Marx' Artikel, der neun Jahrzehnte vor seinem eigenen erschienen war, konnte Horkheimer sich bestätigt und bestärkt fühlen: ein Sohn aus großbürgerlicher Familie, der dank seiner erotischen Rebellion die Antagonismen zwischen den Formen der Gesellschaft und den lebendigen Kräften am eigenen Leib erfahren hatte, war qualifiziert für eine radikale und umfassende Kritik der Gesellschaftsordnung, deren Produkt er war. Doch das war eine emotionale, die Einstellung betreffende Haltung, die noch nicht für ein unabhängiges Urteil garantierte. Welthistorische Umschläge, hieß es in Horkheimers Aufsatz über Autorität und Familie, »pflegen aktiv durch Gruppen herbeigeführt zu werden, bei welchen keine verfestigte psychische Natur den Ausschlag gibt, sondern die Erkenntnis selbst zur Macht geworden ist«. (Studien über Autorität und Familie, S. 21/HGS 3, S. 357) Aber war er frei von einer verfestigten psychischen Natur?

Dass er sich keineswegs so sah, sondern die eigene Befreiung für nötig hielt, brachte ein anderer Aufsatz zum Ausdruck, in dem es um die »bürgerliche Triebstruktur« ging. »Mein neuer Aufsatz«, schrieb er im Mai 1936 an Wiesengrund-Adorno, »hat jetzt einen Namen. Er heisst ›Egoismus und Freiheitsbewegung. Zur Anthropologie des bürgerlichen Zeitalters‹. Ich hätte lieber geschrieben: ›Zur Lehre vom bürgerlichen Menschen‹, habe dies jedoch aus taktischen Bedenken unterlassen. Als Motto hätte ich mir gewünscht: ›Tout cela sera balayé. A. Gide‹. Aber es kam leider nicht in Frage.« (Horkheimer-Adorno, 14. 5. 1936/AHB I, S. 142)

Wieder holte Horkheimer weit aus. Wieder näherte er sich aus großer Distanz einem zentralen eigenen Problem: dem Leiden unter der »bürgerlichen« Zurichtung der inneren Natur, die wirklichen Genuss und wirkliches Glück wenn nicht unmöglich machte, so doch kaum je zuließ. Der Aufsatz setzte nach einigen einleitenden Betrachtungen mit einer Pointe ein: »Sowohl bei der zynischen Verkündung der Bosheit und Gefährlichkeit der menschlichen Natur, die durch einen starken Herrschaftsapparat im Zaume gehalten werden müsse, und bei der ihr entsprechenden puritanischen Lehre von der Sündhaftigkeit des Einzelnen, der mit eiserner Disziplin, in absoluter Unterwerfung unter das Gesetz der Pflicht seine eigenen Triebe niederhalten solle, wie auch bei der entgegengesetzten Beteuerung der ursprünglich reinen und harmonischen Verfassung des Menschen, die bloss durch beengende und korrupte Verhältnisse der Gegenwart gestört sei, bildet die absolute Verwerfung jeder egoistischen Triebregung die selbstverständliche Voraussetzung.« (ZfS 1936, S. 164 f./HGS 4, S. 13) Die gesellschaftliche Funktion der beiden geradezu entgegengesetzt klingenden anthropologischen Strömungen war demnach die gleiche. Wer sich in der vom Konkurrenzprinzip beherrschten bürgerlichen Gesellschaft behaupten will, muss über die dafür nötigen egoistischen und aggressiven Eigenschaften verfügen. Die den Forderungen der Realität widersprechende Verdammung des Egoismus ist laut Horkheimer nur scheinbar ein Widerspruch und dient in Wirklichkeit in mehrfacher Hinsicht der Erhaltung der herrschenden Zustände.

Zum einen kann sie sich in gewissen Grenzen hemmend und mildernd auf das Verhalten derer auswirken, die am großen Konkurrenzkampf teilnehmen. Auf Mäßigung der Konkurrenz innerhalb der unterbürgerlichen Schichten zielte das allerdings nicht. Zusammenschlüsse wirtschaftlicher und politischer Art wurden bei ihnen vielmehr erschwert. Die Verdammung des Egoismus sollte vor allem die weniger Erfolgreichen auf einen anderen Weg zur Befriedigung ihrer Wünsche verweisen als den der hemmungslosen Durchsetzung im wirtschaftlichen und gesellschaftlichen Konkurrenzkampf. Als Beleg dafür dienten Horkheimer eine Reihe stadt- und frühbürgerlicher Revolutionsbewegungen bis hin zur Französischen Revolution. Im Verlauf solcher Freiheitsbewegungen gewinnen Führer, die ländliche und städtische besitzlose Massen gegen die Feudalmächte mobilisieren, vorübergehend charismatische Funktion, die es ihnen ermöglicht, »Massen, die unter den Losungen der Freiheit und Gerechtigkeit und mit einem ungeheuren dumpfen oder hellen Drang nach Besserung ihrer Lage, nach sinnvollem Dasein, Frieden und Glück in Bewegung geraten sind«, zu einer mehr oder weniger religiös gefärbten Vergeistigung und Verinnerlichung anzuhalten und auf diese Weise letztlich dafür zu sorgen, dass sie »in eine neue Phase der Klassengesellschaft eingegliedert« werden. (A. a. O., S. 217/HGS 4, S. 72)

Gesamtgesellschaftlich gesehen ist das Ergebnis ein Klima der Unwahrhaftigkeit und vergifteter menschlicher Beziehungen. »Die Anklage des Egoismus, dem die Anthropologie die Behauptung einer edleren Menschennatur oder die einfache Brandmarkung als Bestialität entgegenstellt, trifft im Grunde nicht das Streben der Mächtigen nach Macht, das Wohlsein im Angesicht des Elends, die Aufrechterhaltung überlebter und ungerechter Formen der Gesellschaft. Die philosophische Moral hat, nach dem Siege des Bürgertums, immer mehr Scharfsinn dazu angewandt, um in diesem Punkte unparteiisch zu sein. Der größere Teil der Menschheit sollte sich vielmehr daran gewöhnen, den eigenen Anspruch auf Glück zu meistern, den Wunsch zurückzudrängen, ebenso gut zu leben wie jener kleinere Teil, der es sich eben darum gern gefallen liess, dass, genau genommen, seine Existenz von diesem brauchbaren moralischen Verdikt verurteilt wurde. Diese Bedeutung der bürgerlichen Tugend als Herrschaftsmittel gewann stets grösseres Gewicht.« (A. a. O., S. 168/HGS 3, S. 17) Das blieb auch für die Mächtigen nicht ohne psychologische Folgen. »Auf ein rechtes Exemplar der bürgerlichen Oberschicht wirkt die moralische Propaganda seiner eigenen Klasse gegenüber der Gesamtgesellschaft so zurück, dass ihm die Ausbeutung und freie Verfügung über Menschen und Dinge, seiner eigenen Ideologie nach, keine Freude macht, sondern als Dienst am Ganzen, als soziale Leistung, Erfüllung eines vorgezeichneten Lebensweges erscheinen muss, damit er sich zu ihr bekennt und sie bejaht.« (A. a. O., S. 170 f. / HGS 4, S. 19 f.)

Die Verdammung des Egoismus in der Ideologie und seine gleichzeitige rücksichtslose Praktizierung unter den in der bürgerlichen Konkurrenzgesellschaft herrschenden Bedingungen – und das ist die andere und für Horkheimer entscheidende Pointe – entstellt und verstellt, was dem Egoismus an Besserem und als Versprechen innewohnt. »Es ist beim bürgerlichen Typus nicht so, dass von den lustvollen Augenblicken auf das ganze Leben Glück ausstrahlte und auch jene Abschnitte noch hell färbte, die an sich selbst nicht erfreulich sind. Die Fähigkeit zu unmittelbarer Lust ist vielmehr durch die idealistische Predigt der Veredelung und Selbstverleugnung geschwächt, vergröbert, in vielen Fällen ganz verloren. Ausbleiben von Schicksalsschlägen und von Gewissenskonflikten, d. h. die relative Freiheit von äusseren und inneren Schmerzen und Ängsten, ein neutraler, oft recht trüber Zustand, in dem die Seele zwischen äusserster Betriebsamkeit und Stumpfsinn hin- und herzuschwanken pflegt, wird mit Glück verwechselt. So gut ist die Verpönung der ›gemeinen‹ Lust gelungen, dass der durchschnittliche Bürger, wenn er sie sich gönnt, gemein wird anstatt frei, grob anstatt dankbar, blöd anstatt gescheit.« (A. a. O., S. 172 / HGS 4, S. 21)

Zum Schluss hatte dieser Aufsatz Horkheimers noch eine dritte Pointe: er entwarf eine kühne psychologische Utopie. Dabei stellte er sich gegen Freuds Lehre vom ewigen Destruktions- und Todestrieb und an die Seite hedonistischer Denker seit Aristipps und Epikurs Zeiten – »Apologeten eines unbeschränkten Egoismus«, die sich »zum Genuß, zum Höchstmaß an Glück, in das auch die Befriedigung grausamer Regungen mit eingeschlossen ist«, bekannten. Den entscheidenden Punkt sah er darin, daß sie den verpönten Triebregungen nachspürten, sie »ohne Ablehnung und Verkleinlichung ins Bewusstsein hoben« und ihnen dadurch ihre »dämonische Gewalt« nahmen. (A. a. O., S. 230 / HGS 4, S. 86 f.) Eben das machte in Horkheimers Augen auch Nietzsches großes Verdienst aus. Der war zwar blind für die geschichtliche Dynamik seiner Zeit. »Aber dieser Prophet der epikuräischen Götter und des Lustcharakters der Grausamkeit hat sie bei sich selbst von dem Zwang zur Rationalisierung befreit. Indem der Wille, leiden zu machen, aufhört, sich ›im Namen‹ Gottes, ›im Namen‹ der Gerechtigkeit, der Sittlichkeit, der Ehre, der Nation usw. zu betätigen, verliert er, mittels der Erkenntnis seiner selbst, die furchtbare Gewalt, die er ausübt, solange er sich auf Grund der ideologischen Verleugnung vor seinem eigenen Träger verbirgt. Er wird als das, was er ist, in die Ökonomie der Lebensführung eingestellt und vernünftig beherrschbar.« Im Unterschied zu Nietzsche, dessen allerdings problematischer Begriff des Übermenschen nach dem Wunschtraum des Spießbürgers gedeutet worden war, suchte Horkheimer der von ihm entworfenen Utopie einen Ort in der historischen Dynamik zuzuweisen. Es war ein sehr konstruiert klingender Versuch mit, wie man sagen könnte, zugespitzten »hegelmarxistischen« Mitteln und verschlungen eingebauten Vorbehalten. Es sei vornehmlich Aufgabe der historischen Personen, bei denen Theorie und geschichtliche Praxis zur Einheit wurden, in Erfüllung ihrer welthistorischen Mission die Menschheit in eine höhere Form der Existenz zu versetzen. »Sofern mit ihrer Hilfe die Menschheit in eine höhere Existenzform eintritt, wird sie mit der Veränderung der Wirklichkeit rasch auch die freiere seelische Verfassung gewinnen, wie sie die grosse Zahl der Kämpfer und Märtyrer für jene allgemeine Umwandlung schon ohne psychologische Vermittlung besitzt, weil das düstere glückverneinende Ethos einer vergehenden Epoche nichts mehr über sie vermag.« (A. a. O., S. 231 f. / HGS 4, S. 88)

In der Nachbemerkung zu einer Besprechung von Büchern über die Französische Revolution im nächsten Heft der Zeitschrift erläuterte Horkheimer seine Sicht noch einmal in historischer Perspektive. Er unterschied zwischen zwei gesellschaftlichen Funktionen des Terrors: der zur Abschreckung des Feindes und der sich gegen die eigene Gefolgschaft richtenden. Wenn der Terror zunimmt, obgleich der Feind weitgehend abgewiesen ist, erhält er die zweite Funktion und richtet sich gegen die radikalen Elemente der entgegen den Versprechungen und Erwartungen weiterhin zu Entbehrungen gezwungenen besitzlosen Teile der Anhängerschaft. »Insofern«, so erklärte Horkheimer seine Position zum Thema Grausamkeit, »die berechtigte

Hoffnung besteht, dass eine geschichtliche Bewegung nicht bloss das Glück einer bestimmten Schicht verwirklicht, sondern die gesamte Gesellschaft gleichermassen in den Genuss aller Kulturgüter setzt, entbehrt sie der wichtigsten Antriebe zum Terror der zweiten Art.« Zu dem kommt es vor allem aufgrund der Verzweiflung an der Möglichkeit des allgemeinen Glücks. »Je stärker«, so war er überzeugt, »der Glaube an die Befreiung der Menschheit ist, umso geringer auch der Wunsch nach Opfern. Wenn die richtige Theorie der Gesellschaft den rationalen Terror erklärt, so bewahrt sie vor dem irrationalen, der zu allen Zeiten der schrecklichere war.« (ZfS 1936, S. 446 f.)

Der Aufsatz über »Egoismus und Freiheitsbewegung« machte besonderen Eindruck. Karl Landauer, der Psychoanalytiker, sah Horkheimers Beitrag auch unter einem psychologischen Gesichtspunkt und äußerte sein Wohlgefallen an einer mit ehrlicher Geradheit vertretenen absolut anständigen Gesinnung. »Früher hat es mir oft weh getan, daß Du so überaus entgegenkommend warst. Du bist härter geworden. Und mögen nun den Kämpfer manche nicht mehr so liebenswürdig finden, denen, die Dir nahe stehen, wirst Du umso liebenswerter sein.« (Landauer-Horkheimer, 4. 10. 1936 / HGS 15, S. 647)

Wiesengrund-Adorno, der einst über Horkheimers »Suebo-Marxismus« gespottet hatte, war von der »Sadismusarbeit« »bis ins innerste bewegt und ergriffen«. »Ich kenne nichts von Ihnen«, schrieb er aus London an Horkheimer, »was eine solche Kraft der Erhellung und einen solchen ›Funken‹ hätte wie das dritte Kapitel, zumal der Schluß, die Rettung des Sadismus und die abgrundtiefe Aristotelesinterpretation; es ist mir unmöglich, mehr dazu zu sagen, als daß ich mit dieser Arbeit – auch mit Außenstehenden so schwer verständlichen Wendungen wie der Apologie Nietzsches [...] – bis ins Zentrum einverstanden bin.« Angesichts der »wahren Gewalt des Ausdrucks« im Schlussteil scheine es ihm, »als lägen unsere Stilideale gar nicht mehr weit voneinander«. (Adorno-Horkheimer, 29. 6. 1936 / AHB I, S. 174 f.) Er zeigte sich glücklich, dass seine Jazz-Arbeit mit der darin vertretenen Kastrationsthese zusammen mit Horkheimers Sadismus-Arbeit in demselben Heft erschien. Das war eine Reaktion, in der Horkheimer, wie er Wiesengrund-Adorno schrieb, eine weitere Garantie für ihre künftige gemeinsame Arbeit sah.

Walter Benjamin, der im Sommer in einem Brief an Horkheimer seine Ratlosigkeit angesichts der Ereignisse in Russland bekundet hatte, beeindruckte die Kritik an einem Kult der großen Revolutionen, der übersah, welcher anthropologische Typus als Missgeburt dem Schoße der bürgerlichen Revolution entstieg. Auf diese Weise brachte er seine Zustimmung zur aktuellen Zielrichtung von Horkheimers Kritik zum Ausdruck: die der Oktoberrevolution entstiegene bolschewistische Missgeburt. »Ich glaube«, antwortete Horkheimer ihm, »es ist an der Zeit, daß wir angesichts der systematischen Verschleierung alles dessen, was die totalitären Staaten mit der übrigen Gegenwart und der ganzen Vergangenheit verbindet, die Identität der Gegensätze nachdrücklich geltend machen.« (Horkheimer-Benjamin, 27. 10. 1936 / HGS 15, S. 696)

Der Ökonom Adolph Löwe, ein enger Bekannter Horkheimers seit der Jugendzeit, der 1933 zunächst nach England emigriert war, reagierte dagegen skeptisch. Horkheimer hatte in seinem Aufsatz einfach von »vernünftiger Gesellschaft« und »veränderter Menschheit« gesprochen. Löwe fragte, auf größere Konkretheit bedacht, nach. Sie beide seien doch wohl einig darin, dass die entscheidenden Probleme der Planwirtschaft nicht im Ökonomischen, sondern in der soziologisch-politischen Sphäre lägen. »Wohl spielt in alle diese Konflikte unter den heutigen Verhältnissen die Eigentumsproblematik und der herrschaftliche Besitzwille hinein. Aber er erschöpft sie schon deshalb nicht, weil etwa im Phänomen der Bürokratie oder in den Generationskämpfen echte Sachprobleme vorliegen. Es würde mich darum außerordentlich interessieren, wie Sie von unserer gemeinsamen Position sozialer Planung aus Ihre radikale These hinsichtlich der individuellen Freiheit rechtfertigen.« (Löwe-Horkheimer, 8. 10. 1936 / HGS 15, S. 650 f.) Horkheimer reagierte darauf, indem er die anthropologische Ebene auf seine Weise verließ. Er erklärte seine Haltung. Aus der Analyse einer bestimmten Situation ziehe er, geleitet von einem leidenschaftlichen Interesse, dessen er sich bewusst sei, Schlüsse für die Zukunft. Das rationalisieren zu wollen entspränge einem bürgerlichen Suchen nach einem unbedingten Halt. »Die Menschen sind so unsicher, des eigenen Urteils so entwöhnt, daß sie sich gar nicht denken können, es gäbe ein Handeln, dessen Grundsätze nicht total demonstrierbar, dessen Voraussetzungen nicht rational auszukonstruieren seien. Die Vorstellung der ausdenkbaren Totalität, die auch in der philosophischen Anthropologie insbesondere als die Voraussetzung für die erstrebte geschichtliche Veränderung eine Rolle spielt, gehört dem Idealismus zu. Die Verdrängung des Interesses (im materialistischen Sinn) mittels der eben angedeuteten Durchrationalisierung unserer Beweggründe gehört selbst zu jenen idealistischen Funktionen, die ich im Egoismus-Aufsatz darzulegen versuchte.« (Horkheimer-Löwe, 23.10.1936/HGS 15, S. 693) Im Übrigen bekannte er: Anders als offenbar Löwe hänge er nach wie vor der Lehre des Übergangs von der Herrschaft über Menschen zur Verwaltung von Sachen an – womit er sich auf eine vielzitierte Wendung aus Friedrich Engels' einst populärer Broschüre »Die Entwicklung des Sozialismus von der Utopie zur Wissenschaft« bezog, wo vom Absterben des Staates die Rede war, indem an die Stelle der Regierung über Personen die Verwaltung von Sachen und die Leitung von Produktionsprozessen trete.

Die Selbstverständlichkeit, mit der Horkheimer manche marxistischen Motive undiskutiert verwendete, wird verständlich, wenn man darin vorläufige Bausteine für die Gewinnung eines historisch situierten Selbstverständnisses sieht. Ein freischwebender Intellektueller wollte Horkheimer ja nicht sein. Doch als was sah er sich dann nach einem halben Jahrzehnt als Leiter eines finanziell gut dastehenden Forschungsinstituts fern dem europäischen Schauplatz in einer Welt, wo Kategorien wie Bürgertum und Proletariat nicht recht zu passen schienen? Die beiden genauer vorgestellten Aufsätze über »Autorität und Familie« und über »Egoismus und Freiheitsbewegung«, beide um das Thema Auf- und Abstieg und Ambivalenz und Widersprüchlichkeit des bürgerlichen Charakters zentriert, zeugen vom Bestreben, nicht-proletarische Motive und Quellen radikaler Gesellschaftskritik aufzudecken und sozial und historisch zu platzieren. Das beeindruckendste Dokument eines solchen Versuchs stellt eine Notiz Horkheimers im Stil der Aphorismen der »Dämmerung« dar. Sie gehört zu den vielen zu Lebzeiten Horkheimers unveröffentlicht gebliebenen, aber veröffentlichungsreif formulierten Aufzeichnungen. Mitte der 1930er Jahre entstanden, wirkt sie wie ein autobiographisch fundiertes Wunschbild des Autors der Aufsätze von sich selbst als Figur mit welthistorischer Mission. Nicht direkt von sich, sondern von einer bestimmten Kategorie von Personen redend, konnte er ungeschützt und mit großen Worten sprechen, ohne dass es größenwahnsinnig oder mitleidheischend wirkte.

Den Titel »Bürgerliche Welt« gab der in mancherlei Hinsicht wie

Horkheimers Privatsekretär agierende Freund Pollock der Aufzeichnung. Doch die Personen, um die es dabei geht, bilden eher so etwas wie ein Spaltprodukt der bürgerlichen Welt. Horkheimer verwendet dafür eine ganze Reihe von Bezeichnungen: »späte Bürger«, »aufgeklärte Bürger«, »letzte Ausläufer bürgerlicher Tradition«, »sympathisierende Bürger«, »Outsider des Bürgertums«, »Individualisten«. Er lässt sie als eine wesentliche und unersetzliche Bereicherung und Ergänzung der proletarischen Revolution auftreten. Denn was war von einer proletarischen Revolution zu erwarten, die allein Arbeiter machten? Die Antwort des einstigen Juniorchefs und treuen Liebhabers der entlassenen Sekretärin hieß: »Die Arbeit im Fabriksaal, die radikale Öffentlichkeit der ganzen Existenz, der ungebrochene Kollektivismus sind des Arbeiters eigene Lebensformen, die er wenigstens fürs erste auf die Gesamtgesellschaft übertragen muß, auch wenn dann in einer späteren Phase eine neue und andere Differenziertheit sich entwickeln mag. Je mehr Schwierigkeiten sich der Arbeiterklasse nach dem Sieg entgegenstellen, je größer die Armut ist, umso mehr wird der Arbeitsmensch der Welt die verhassten Bedingungen aufprägen müssen, unter denen das Proletariat im Kapitalismus selbst gelitten hat. Aufhebung der freien und glücklichen Existenz des Individuums, Kampf gegen jeden, der den Maschen des großen Netzes zu entschlüpfen trachtet, Gleichgültigkeit gegen den Einzelnen, Arbeit als oberstes Gesetz.« (HGS 12, S. 228 f.) Dem folgte unmittelbar die Empfehlung, wie von vornherein für eine Hebung des Niveaus der Revolution gesorgt werden könnte. »Der Umschlag ins Gegenteil dieser Moral, der erst in einer späteren Generation allgemein erfolgen kann, ist aber in der Seele jener aufgeklärten Bürger und der wenigen proletarischen Kämpfer, die ihnen darin ähnlich sind, jetzt schon vollzogen, und zwar in unmittelbarem Zusammenhang mit der großen Tradition in Frankreich und Deutschland. In der Art wie diese Bürger lieben, wie sie sich an einem Gemälde freuen und Musik hören, wie sie über den Tod nachdenken, wie sie überhaupt erkennen, wirkt, auch wenn sie mit den Mitteln einer unbeirrbaren marxistischen Dialektik denken, eine glückliche und behütete Jugend nach.« (A. a. O., S. 229) Das war für Horkheimer das Entscheidende: nur Mitglieder oder Nachkommen der herrschenden Klasse erlebten seiner Ansicht nach, wie herrlich das Leben sein kann. Und während den meisten von ihnen eine Entwicklung recht war, bei der die Massen weiter entrechtet wurden und das herrliche Leben für die führenden Cliquen reserviert blieb, gab es gleichzeitig einige Nachkommen des Bürgertums, die »Trauer über die herrschende Ungerechtigkeit, Ekel und Haß gegen die Stützen dieser im Blut und Grauen entartenden Wirtschaftsform, Mitleid mit dem allenthalben erstickenden Leben, verzweifelte Sehnsucht nach einer gesellschaftlichen Atmosphäre, in der produktive Arbeit möglich ist, der Wunsch nach Glück für freie Menschen« an die Seite des kämpfenden Proletariats trieb, ohne dass sie selbst darum zu Proletariern würden.

Beherrschend blieb für den Gesamttenor der Aufzeichnung ein melancholischer Ton. »Es macht einen Unterschied im Haß gegen diese kapitalistische Welt aus, ob man ihre Früchte vom Genuß oder nur vom Zusehen kennt. Zorn, Hohn und laute Verachtung gegen die Freuden einer raffinierten Zivilisation sind etwas anderes, als die Trauer dessen, der sie genossen hat und die andern davon ausgeschlossen sieht. Diese letzten Bürger sind genussfähig, ihr Materialismus ist ganz ehrlich, sie schmähen das gute Leben nicht. Sie verstehen etwas vom Feuer guten Weins und vom Reiz einer gepflegten Frau, sie lieben die italienische Landschaft und die Küsten Frankreichs und haben die Sicherheit und den Überblick, den nur eine lange Zugehörigkeit zur Klasse verleiht, auch wenn sie heute schon arm geworden sind.« Auf knappste Weise formuliert lautete die Positionsbestimmung des Kräftedreiecks, um das es Horkheimer ging: »Die Herrn des großen Kapitals entwerten die Lust, weil sie Barbaren sind, Sklaven ihres Geschäfts und ihrer Ideologie, die Armen verachten die Lust, um sich besser mit ihrer Ohnmacht abzufinden. Aber diese späten Bürger sind darum revolutionär, weil sie wissen, was Glück heißt, und daß ohne günstige Bedingungen die menschlichen Anlagen ersticken und entarten.« Mit ihrem Materialismus stehen sie für das ein, was der junge Marx in der Einleitung seiner Abhandlung »Zur Kritik der Hegelschen Rechtsphilosophie« einst in einem einprägsamen Bild zum Ausdruck gebracht hatte: »Die Kritik hat die imaginären Blumen an der Kette zerpflückt, nicht damit der Mensch die phantasielose, trostlose Kette trage, sondern damit er die Kette abwerfe und die lebendige Blume breche.«

Die Vorbemerkung zur »Dämmerung« war von einem nüchtern-bitteren Ton geprägt gewesen. Die Enttäuschung über den Abbruch eines Aufbruchs klang jedoch nicht entmutigt. Die vermutlich zwei

Jahre später entstandene Aufzeichnung »Bürgerliche Welt« klang dagegen fast schon nach Flaschenpost für unbekannte Adressaten. Vielleicht zeige sich in einer viel späteren Periode, so Horkheimer, den Schlusssatz seiner Vorbemerkung zur »Dämmerung« variierend, dass manche Gedanken der versprengt lebenden »Outsider des Bürgertums« wie auch die Erinnerung an ihre »spezifisch materialistische Haltung« für eine »freiere Menschheit« nicht ganz wertlos seien. Immerhin sah er seine Zeit noch als eine »Zeit des Übergangs« mit der Möglichkeit »zur Fortsetzung einer um die Werte des Bürgertums zentrierten Existenz, zum Weitertreiben der Probleme bürgerlicher Kunst, Literatur und Philosophie auch wo ihr Zusammenhang mit Fragen der Revolution ganz undurchsichtig ist«. (A. a. O., S. 232)

Mit solch einer Sicht der Dinge ließ sich eine Brücke zur Realität des Exils des Instituts und seiner beiden Leiter in den USA schlagen. Was sie vor allem mit der Zeitschrift zu erreichen hofften, war, philosophische und wissenschaftliche Traditionen am Leben zu erhalten und weiterzuentwickeln, die in Deutschland selbst nicht länger fortgesetzt werden konnten, und das möglichst in einer solchen Form, dass die Zeitschrift auch dort noch ohne allzu großes Risiko gelesen werden konnte. So ergab sich eine zumindest vorläufige Selbstplatzierung in der US-amerikanischen Welt: dort, erfüllt von Dankbarkeit für großzügige Gastfreundschaft, zu demonstrieren und zu bezeugen, dass in Nachfolge Europas inzwischen Amerika zum Hort unabhängigen wissenschaftlichen Forschens und Erkennens geworden war. Gleichzeitig ging aber auch der Kampf der beiden Freunde und Institutsleiter um die Trennung von erwünschtem und unerwünschtem bürgerlichen Erbe weiter. Das galt ebenso für die Abgrenzung von der »Verlogenheit dieser jüdischen Professoren und korrupten Gewerkschaftsbonzen, die um einer achtbaren und einträglichen Stellung willen das Wahre nicht aussprechen, auch wenn sie es denken, und es deshalb nicht denken, weil sie es nicht aussprechen«, sowie von einem »intellektuellen Apparat, bei dem nicht bloß Probleme und Methoden sondern ganze Forschungszweige erfunden und in Betrieb gehalten werden, bloß um trotz der Flucht vor der Realität des Klassenkampfes und trotz feinfühliger Rücksicht mit den blutigen Herrn der Welt immer noch das Bild reger wissenschaftlicher Tätigkeit zu entfalten«. (HGS 12, S. 230)

Auch für die mit solchem Selbstverständnis und solchen Ansprüchen verbundenen Probleme gibt es schriftliche Zeugnisse. Mitte der 1930er Jahre entstanden zwei Memoranden, die ausführlich von Ziel und Zustand der Beziehung zwischen den beiden Freunden handelten und Anschauungsmaterial dafür bieten, woran Horkheimer dachte, als er Wiesengrund-Adorno anlässlich des Erscheinens von »Egoismus und Freiheitsbewegung« verriet, er hätte gerne als Motto André Gides Satz »Tout cela sera balayé« vorangestellt. Die beiden Outsider des Bürgertums und Hüter der vom Bürgertum verratenen Werte hatten nach wie vor mit den charakterlichen Folgen ihrer bürgerlichen Herkunft und der davon geprägten Triebstruktur zu kämpfen.

Im Sommer 1935 brachte Pollock in New York auf einem halben Dutzend Schreibmaschinenseiten »Materialien fuer Neuformulierung von Grundsaetzen« zu Papier. Wie schon in dem ersten Freundschaftsvertrag der Jugendzeit fällt ein Regelungseifer auf, der sich auch auf Details erstreckt. Er erstaunt umso mehr, als es dabei um so delikate Dinge wie Gefühle und Neigungen, Stimmungen und Haltungen, und – in der Terminologie der von Fromm entwickelten analytischen Sozialpsychologie – um »Triebstruktur« und »Charakter« ging.

»Das Intérieur geht immer dem Extérieur vor« ist der II. Punkt der »Materialien« überschrieben. Die Definition des Intérieurs lautet: »1. Unsere Gemeinschaft; 2. Unsere Wertordnung; 3. Unsere Haltung zur Welt: Gaîté, Courage, Fierté.« (HGS 15, S. 381) »Unsere Gemeinschaft« – das sind die beiden Freunde Horkheimer und Pollock. Der Ausdruck Freundschaft taucht indes nie auf. Konsequent ist von »unserer Gemeinschaft« die Rede, die als Gegenwelt zur »Gesellschaft« verstanden wird – ganz im Sinne von Ferdinand Tönnies' soziologischem Klassiker »Gemeinschaft und Gesellschaft«. »Hundertprozentige Identifizierung« wird in den Abschnitten über »Identifikation in den Anschauungen« und »Identifikation mit dem Andern« verlangt. Die Kritik an Abweichungen von diesem Ideal ist umfangreich und detailliert. Sie betrifft allerdings, auch wo sein Name nicht genannt wird, ausschließlich Pollock, und sie trifft tief. So heißt es beispielsweise einmal: »Eine der Hauptschwierigkeiten in der Bildung gemeinsamer Anschauungen sind die neurotischen Hemmungen, die F. [Friedrich Pollock, R. W.] gegenueber geistigen Dingen hat mit der daraus folgenden Uninteressiertheit, Zerstreutheit, mangelnden Libidobesetzung, ›Inkompetenz‹ und unter dem Niveau liegenden Urteilsfaehigkeit.« Die Einsicht in die vitale Bedeutung der Identifikation in den Anschauungen sollte Pollock helfen, »die ueblen Folgen dieser Triebstruktur zu ueberwinden«. Kritik speziell an Horkheimer ist nicht vermerkt. Bei ihm werden stattdessen Leiden infolge unzureichenden Funktionierens der Gemeinschaft konstatiert. Die Folgen der Vernachlässigung des Intérieurs für M., also Max, seien schwer: »Verwirrung, Unsicherheit, Depression, Arbeitsunfaehigkeit, Komplexe«.

Das wirkt auf den ersten Blick unfair. Es ist aber die Konsequenz einer Asymmetrie, die das Verhältnis der beiden von Anfang an bestimmte. Der von Sendungsbewusstsein erfüllte Horkheimer fühlte sich allein, verlassen und schwach und bedurfte der Stütze des selbstgenügsam scheinenden Pollock. Mehr als zwei Jahrzehnte nach Beginn der Beziehung klingt nach wie vor die Feststellung plausibel: um eine vor Gefühlen der Einsamkeit und Isoliertheit schützende Gemeinschaft zu realisieren, »sind angesichts unserer kontraeren Triebstrukturen umstaendliche Massnahmen notwendig«. Der Sinn der Gemeinschaftsbildung lässt den Selbstgenügsamen schlechter aussehen als den Sendungsbewussten. Unabhängig von solcher Asymmetrie gilt aber eine radikale Selbstkritik den beiden eine Gemeinschaft bildenden Freunde gleichermaßen. Ein Konzentrat davon bildet der Abschnitt »Fierté«. »Mangelnder Stolz, mangelnde Freude an sich selbst und am anderen, mangelndes Selbstbewusstsein, Geducktsein, Schuldgefuehle (trotz einmal gefasstem Entschluss ein bestimmtes Leben aus bestimmten Gruenden zu fuehren) haben als gemeinsame Wurzel eine durch die Erziehung (Verhinderung das zu tun, was einem Spass macht) geschaffene buergerliche Triebstruktur. Nur bewusster Stolz, der das Recht und den Wert unserer Gemeinschaft einer feindseligen Welt entgegensetzt, kann diese Triebstruktur ueberwinden helfen, von der auch die Maximen gaîté et courage fortwaehrend in Frage gestellt werden.«

Es wirkt dann nur noch wie das unvermeidliche Pendant dazu, wenn es in einem weiteren Punkt über »Die richtige Einstellung zur Gesellschaft« unter anderem heißt: »In der heutigen Gesellschaft sind alle menschlichen Beziehungen verfaelscht, alle Freundlichkeit, aller Beifall, alles Wohlwollen sind im Grunde nicht ernst gemeint, Ernst ist es nur mit dem Konkurrenzkampf innerhalb der Klasse und dem Kampf zwischen den Klassen. Jede Anerkennung, jeder Erfolg, jedes scheinbar sympathische Interesse kommt von Kerkermeistern, die denjenigen, der keinen Erfolg und keine Macht hat, gleichgueltig verkommen lassen oder bis aufs Blut peinigen.« Aus dieser radikalen Entgegensetzung von Gesellschaft und Gemeinschaft ergab sich als Konsequenz für das Verhalten bei Auseinandersetzungen: »andere Standpunkte haben wir nicht gelten zu lassen, sondern zu bekaempfen, wo sie uns entgegentreten, weil unsere Wahrheit die hoehere ist.« Außer der Gemeinschaft und der Gesellschaft erscheint lediglich ein drittes Element. Über das Institut heißt es: »Institut kein ›Geschaeft‹, keine ›Institution‹, sondern eine Gruppe mit gemeinsamen Anschauungen und Zielen. Notwendigkeit, gemeinsam darueber zu wachen, dass Institutskern moeglichst homogen ist, groesste Sorgfalt in der Wahl der engeren Mitarbeiter.«

In sehr bürgerlich wirkender Form waren in den »Materialien« – als ginge es um einen Heiratsvertrag zwischen zwei Partnern aus großbürgerlich-feudalen Häusern – antibürgerliche Bestrebungen fixiert. Ein Jahr später stand es um das Funktionieren der anti-bürgerlichen Gemeinschaft keineswegs besser. In »Notizen aus Beach Bluff«, einem Urlaubsort, wo sich Horkheimer und Pollock im August 1936 aufhielten, ging es weiterhin um Horkheimers Leiden und Pollocks Fehler. Zudem hatte sich ein Problem für Horkheimer verschärft. Schon in den »Materialien« hatte es geheißen, die strenge Aufteilung der Lebensgebiete nach Kompetenzen entspringe in vielen Fällen einer »bürgerlichen« Überschätzung der Möglichkeiten der Arbeitsteilung. Bis zu einem gewissen Grad müsse in einer Gemeinschaft auf jedem Teilgebiet das Ganze zum Ausdruck kommen, für das jeder in gleichem Maße verantwortlich sei. Nun hieß es: »X [d. i. Horkheimer, R. W.] kann nicht ertragen ins Leere hinein Monologe zu halten, dauernd isoliert an unseren Problemen zu arbeiten, auf äussere Macht verzichten, wenn zwischen beiden nicht alles in Ordnung ist, dass alle Leute nur von Y [d. i. Pollock, R. W.] wissen, der die ›Verwaltung‹ leitet, während X über den Wassern schwebt. X setzt an Y aus, er sei egozentrisch (als Beispiel führt er an, dass Wittfogel oder Neumann nach kurzer Zeit nur noch mit Y korrespondieren), dass er autokratisch sei, ungeheuer eitel in Bezug auf seine geschäftlichen Angelegenheiten und desinteressiert an geistigen Dingen.« (Notizen aus Beach Bluff, August 1936, HGS 15, S. 607)

Das Protokoll der Lösungsvorschläge enthielt an einer Stelle eine vielsagende rhetorische Frage: »Sollte im vorhergehenden behauptet werden, dass X's Mitarbeit [Horkheimers Mitarbeit bei der »Verwaltung«, R. W.] nicht auch für Y eine Entlastung sein wird und damit mehr Kräfte für wissenschaftliche Aufgaben freigemacht werden können?« Die auf der Hand liegende Antwort ergab sich aus den Charakteristika der beiden Partner auf dem letzten Blatt der »Notizen«. Horkheimer, der es nicht vertrug, auf das Geistige beschränkt zu sein, war es zuzutrauen, dass er sich am Geschäftlichen beteiligte – mit der Einschränkung allerdings, dass er alles undifferenziert mit derselben Libido und demselben Verantwortlichkeitsgefühl mache, weshalb das Diktieren eines Briefes dieselbe Anstrengung wie eine wissenschaftliche Arbeit koste und Kleinigkeiten mit der äußersten Peinlichkeit ausgeführt würden. Doch von Pollock schien man schwerlich Entsprechendes in intellektueller Hinsicht erhoffen zu können. Bei ihm wurde »zu großer Respekt vor Erfolg, sozialer Stellung, realer Macht« festgestellt und »mangelnde Beteiligung an den geistigen Aufgaben« aufgrund einer »Animosität gegen Geistiges«, was wiederum »mangelnde Gemeinsamkeit des Lebens« zur Folge habe. Er erhielt am Schluss der »Notizen« den Auftrag: »Y soll X beschützen, aber nicht bevatern. Ferner soll er sich auf das bessere Urteil und Gedächtnis von X verlassen.«

Solche Memoranden wirkten sehr bemüht und wie private Selbsttherapien. Sie waren aber aufschlussreich als Versuche, die »île heureuse« so durch ein funktionierendes Institut zu erweitern, dass die Durchsetzungsfähigkeit in der bestehenden Gesellschaft gewährleistet war und doch die beiden Freunde und womöglich der eine oder andere unter den engsten Mitarbeitern des Instituts sich von dem in ihren Augen verächtlich gewordenen »bürgerlichen Charakter« befreien konnte.

XI Im Vorfeld des großen Werks

Die Selbstanalyse und die während des gemeinsamen Urlaubs in Beach Bluff gefassten Beschlüsse – inhaltlich vor allem von Horkheimer bestimmt und von Pollock schriftlich fixiert – hatten Folgen, wenn auch nicht in jeder Hinsicht die erwünschten. Bei der Korrespondenz etwa mit Wittfogel, dessen Forschungen in China das Institut zum wesentlichen Teil finanzierte, oder mit Ludwig Marcuse, einem emigrierten Schriftsteller und Kulturhistoriker, dessen Forschungen das Institut als nützlich für den eigenen Themenbereich betrachtete und wiederholt durch Stipendien finanziell unterstützte, traten Horkheimer und Pollock gelegentlich gemeinsam als Auftraggeber oder Ansprechpartner auf. Reisen nach Europa machte fortan nicht mehr nur Pollock als der für Verwaltung und Finanzen zuständige Vertreter der Institutsleitung, sondern auch Horkheimer. Er erhielt auf diese Weise den gesprächsweisen Kontakt zu Mitarbeitern der Zeitschrift wie Walter Benjamin und Wiesengrund-Adorno aufrecht, kümmerte sich um gute Zusammenarbeit mit den Zweigstellen und pflegte Kontakte zu Sympathisanten des Instituts.

Die Übersiedlung des Instituts in die USA hatte zunächst Ängste finanzieller Art ausgelöst. Die beiden Leiter dachten an rigide Sparmaßnahmen bei den europäischen Zweigstellen. Doch prägend für die zweite Hälfte der dreißiger Jahre wurde das Bild eines Instituts auf Expansionskurs.

Briefe Horkheimers nach Europa zeugen von der Zuversicht, sowohl einen Spagat zwischen europäischer und amerikanischer Position des Instituts als auch die gleichzeitige Fortsetzung von theoretischer und empirischer Arbeit bewältigen zu können. Nach ernüchternden Eindrücken auf seiner ersten Europareise Ende 1935 war er darauf bedacht, dass in den Zweigstellen in Paris und Genf Mitarbeiter tätig waren, die als kompetente und selbstbewusste Angestellte eines großen wissenschaftlichen Instituts agierten.

Den Plan einer Untersuchung über die psychischen Auswirkungen von Arbeitslosigkeit in Europa werde das Institut wahrscheinlich aufschieben, schrieb Horkheimer im November 1936 an Raymond Aron, Mitarbeiter der Pariser Zweigstelle und zugleich Sekretär des Centre de Documentation Sociale der École Normale Supérieur, wo die Zweigstelle untergebracht war. Man wolle erst einmal einige der in Amerika durchgeführten Erhebungen publizieren – voraussichtlich im nächsten Sommer. »Wahrscheinlich werden wir weniger Schwierigkeiten begegnen, wenn wir in der Lage sind, die Ergebnisse gleichartiger amerikanischer Untersuchungen vorzulegen – falls nicht etwa die politische Situation sich inzwischen weiter zuspitzen wird.« (Horkheimer-Aron, 20.11.1936/HGS 15, S. 727) An Arbeit für das Pariser Büro werde es aber nicht fehlen. Die Zeitschrift solle in Zukunft viermal jährlich erscheinen, sobald sich zwei neue Mitarbeiter in ihre Funktionen eingearbeitet hätten. »Wenn wir außerdem, wie es unsere Absicht ist, noch Herrn Benjamin mehr als bisher zur Mitarbeit heranziehen, dann wird eine Vergrößerung der Zeitschrift im Jahre 1938 nicht nur keine Gefahr für das Niveau bedeuten, sondern im Gegenteil mit einer Erhöhung des Niveaus verbunden werden können.« Trotz kleiner Auflage und hohem Preis gelange die Zeitschrift an alle Enden der Welt und finde nicht geringe Zustimmung. »Ich habe in den letzten Monaten aus China, Japan, Australien und Südamerika freundliche Worte über unsere Arbeit vernommen.« Liebevoll erkundigte Horkheimer sich nach den gegenwärtigen Arbeitsvorhaben einer Mitarbeiterin des Pariser Büros und nach der Entwicklung eines vielversprechenden jungen Mannes. Dann informierte er Aron über die Arbeiten und die Situation des Instituts in den USA. Mit der Auswertung des Materials, das das Institut unter Fromms Leitung in den Jahren 1930 bis 1933 über die Mentalität deutscher Arbeiter und Angestellter gesammelt habe, seien ständig etwa 5 Hilfskräfte beschäftigt. »Dieses Material über die der nationalsozialistischen Herrschaft in Deutschland unmittelbar vorhergehenden Jahre ist, soviel uns bekannt, ziemlich einzigartig. Auch diese Publikation soll wie die andere in englischer Sprache und als Broschüre erscheinen.« Er erwähnte Prof. Grossmann, der in England am 2. Band seines Werks über die Krisen im gegenwärtigen Wirtschaftssystem arbeite, Dr. Wittfogels Forschungen in China, die eine geradezu erstaunliche Förderung erführen, und die Vorlesungsreihe des Instituts an der Columbia University über »Authority and Status in Modern Society« – »nicht schlecht besucht«, obwohl »unser englischer Vortrag noch recht armselig ist«. »Wenn Sie zu all dem«, beschloss er den kurzen Überblick über diverse Aktivitäten des Instituts, »noch die Tatsache hinzurechnen, daß wir eine ziemlich große Anzahl deutscher und nicht-deutscher junger Gelehrter, die durch die gegenwärtigen Umstände in Not sind, durch Erteilung kleinerer wissenschaftlicher Aufträge im Zusammenhang mit unseren eigenen Studien unterstützen, dann werden Sie verstehen, daß wir alle recht angespannt sind.« Dem fügte er dann aber noch hinzu, er freue sich auf offene Mitteilung über alle Angelegenheiten des Pariser Büros, »bis Herr Pollock oder ich selbst oder vielleicht wir beide im Frühjahr hinüberkommen, damit wir außer den organisatorischen Problemen, auf die sich unsere Briefe leider nahezu beschränken, auch wissenschaftliche Fragen miteinander besprechen können«. (A. a. O., S. 730 f.)

Briefe an andere Adressaten vermittelten einen ähnlichen Eindruck. Horkheimer nahm nun offenbar stärker an administrativen und geschäftlichen Dingen teil, es gab ein größeres Maß an gemeinsamem Auftreten, und das im Rahmen einer Zunahme des Institutsbetriebs. Doch an dem anderen in den Memoranden beklagten Umstand – der allzu geringen Teilnahme Pollocks an geistigen Dingen – änderte sich nichts. Dabei ging es nicht nur um philosophische Abstinenz, sondern auch um Abstinenz auf Pollocks eigenstem Gebiet, der Ökonomie. Schon im Vorwort zu den »Studien über Autorität und Familie« hatte Horkheimer sich auf den Hinweis beschränken müssen: »Friedrich Pollock hat für die erste Abteilung einen prinzipiellen ökonomischen Aufsatz entworfen. Die verantwortliche Leitung der Verwaltungsgeschäfte des Instituts und nicht zuletzt die aktive Teilnahme an den wissenschaftlichen Vorarbeiten zu diesem Band haben es mit sich gebracht, dass dieser Aufsatz noch nicht vollendet ist.« Zwei Jahre später wurde Pollocks Ausfall als geistige Kraft auf ökonomischem Gebiet abermals besonders deutlich. Grossmann erinnerte Horkheimer im Herbst 1936 daran, dass 1937 ein wichtiges Jubiläumsjahr sei: 70 Jahre zuvor war der erste Band von Marx' »Kapital« erschienen. Zum Vorschlag eines ganzen diesem Jubiläum gewidmeten Heftes meinte Horkheimer: »Es ist mein Wunsch, daß wir, wenn schon nicht ein Marx-Heft, so doch wenigstens ein durchgehend ökonomisches Heft bei dieser Gelegenheit herausbringen. Sie wissen nicht, wieviel Mühe ich mir gebe, um die beiden [Pollock und Gumperz, R. W.] dahin zu bringen, endlich wieder etwas Wissenschaftliches zu veröffentlichen.« (Horkheimer-Grossmann, 12.10.1936/HGS 15, S. 660 f.) Die beiden seien aber so sehr von der Aufgabe in Anspruch genommen, die Finanzen des Instituts einigermaßen in Ordnung zu halten, dass ihnen kaum eine Stunde am Tag für theoretische Studien bliebe.

Ein Jubiläumsheft hätte er gerne genutzt, um das Fehlen prinzipieller ökonomischer Abhandlungen durch die außerordentliche Inanspruchnahme der meisten ökonomischen Mitarbeiter des Instituts in den vergangenen schwierigen Jahren zu erklären. Wenn dann in demselben Heft gleich mehrere ökonomische Beiträge stünden, würde das der beste Beweis für die ernsthafte Absicht sein, den ökonomischen Teil der Zeitschrift stärker auszubauen. Doch daraus wurde nichts. In seinem Vorwort zum sechsten Jahrgang begnügte Horkheimer sich mit der Feststellung, dass die Zeitschrift sowie einige weitere Publikationen des Instituts zu den wenigen wissenschaftlichen Erscheinungen gehörten, »die im Ausland deutsche geisteswissenschaftliche Traditionen in deutscher Sprache fortsetzen«. Zum Jubiläumsaufsatz des Jahres 1937 wurde schließlich ein prinzipieller Aufsatz von Horkheimer selbst über den Begriff der Theorie. Der im zweiten Heft erschienene Essay »Traditionelle und kritische Theorie«, an den sich im 3. Heft zwei weitere Beiträge von Horkheimer und Marcuse anschlossen, wurde zu einem Schlüsseldokument und Namensgeber für die weitere Arbeit und das Selbstverständnis des Institutskerns bzw. des Horkheimer-Kreises und schließlich der Frankfurter Schule.

In früheren Aufsätzen hatte Horkheimer sich in doppelter Frontstellung mit Metaphysik und Positivismus auseinandergesetzt. Unter diese beiden Begriffe subsumierte er die nach der Trennung von Philosophie und Wissenschaft in neuerer Zeit erfolgte Absolutsetzung entgegengesetzter Positionen. Die verschiedenen metaphysisch orientierten Richtungen bis hin zur Existentialontologie und philosophischen Anthropologie lenken ab von der Analyse der gesellschaftlichen Realität. Sie suchen zeitlose Antworten auf zeitlose Fragen zu geben. Der sich »Wissenschaftliche Philosophie« oder »Logischer Empirismus« nennende Positivismus oder Szientivismus dagegen verabsolutiert die Einzelwissenschaften und erklärt eine bestimmte, historisch entstandene und auf dem Gebiet der Naturbeherrschung erfolgreiche Erkenntnisweise zur einzig gültigen. In ihrem Rahmen werden Tatsachen und Beziehungen zwischen Tatsachen konstatiert. Solche Feststellungen erlauben Prognosen, die für zweckmäßiges Handeln nützlich sind. Ein eifriger Protagonist des Logischen Empirismus war beispielsweise Otto Neurath – einst unter Kurt Eisner Mitglied der ersten bayrischen Revolutionsregierung, später Mitbegründer des »Wiener Kreises«, in der Emigration vom Institut bei einem sozialwissenschaftlichen Forschungsprojekt finanziell unterstützt. Ihm hielt Horkheimer im Anschluss an gemeinsame Diskussionsabende entgegen, es bestehe die Gefahr, »daß wir nach wie vor gerade solche Formulierungen als den richtigen Ausdruck wichtiger Erkenntnisse ansehen, die Sie als Metaphysik, als ›Störungen‹ erklären würden, und daß wir – wenigstens in den Sozialwissenschaften – umgekehrt geneigt sind, den von Ihnen als wissenschaftlich haltbar anerkannten Bestand von Sätzen nicht mit dem rechten Respekt zu betrachten«. (Horkheimer-Neurath, 24. 11. 1936 / HGS 15, S. 744)

Der Aufsatz »Traditionelle und kritische Theorie« verdeutlichte nun in Form eines methodologischen und erkenntnistheoretischen Essays, worin Horkheimer das Spezifische der von ihm und seinen engsten Mitarbeitern vertretenen Theorie sah. 1937 jährte sich auch zum 300. Mal das Erscheinen von Descartes' »Essais« mit der epochemachenden einleitenden »Abhandlung über die Methode des richtigen Vernunftgebrauchs und der wissenschaftlichen Forschung«. In ihr sah Horkheimer den Beginn einer die mathematischen Naturwissenschaften zur Norm machenden Auffassung von wissenschaftlicher Tätigkeit. Was die modernen Vertreter einer Einheit der Wissenschaften und die dem Vorbild erfolgreicher Naturwissenschaften nachstrebenden Sozialwissenschaftler unter Wissenschaft verstanden, war: mehr oder minder allgemeine Sätze als Hypothesen an Sachverhalte heranzutragen bzw. umgekehrt von der Beschreibung von Sachverhalten zum Versuch ihrer Klassifizierung aufzusteigen. Das kritisierte er als ein von der Reflexion auf gesellschaftliche und praktische Zusammenhänge absehendes Tun, als einen Wissenschaftsbetrieb, der sich in die fortwährende Reproduktion des Bestehenden einfügte. Diese bis auf Descartes zurückgehende Auffassung von Theorie nannte er »traditionelle Theorie«.

Wie in manchen anderen seiner Aufsätze gehörte auch in diesem zu den Stärken Horkheimers die erkenntnissoziologische Interpretation philosophischer Gedankengänge als Ausdruck gesellschaftlich-historischer Erfahrungen und Wahrnehmungsformen. Wieso funktioniert die Einordnung von Tatsachen in die Systeme des Verstandes in der Regel mit großer Selbstverständlichkeit und in bemerkenswerter Übereinstimmung unter den Mitgliedern einer gegebenen Gesellschaft? Die Macht des gesunden Menschenverstandes, des Commonsense, für die es keine Geheimnisse gibt, und ebenso die allgemeine Geltung von Anschauungen auf Gebieten wie den Naturwissenschaften, die nicht unmittelbar mit gesellschaftlichen Konflikten und Kämpfen zusammenhängen, ließ sich für Horkheimer dadurch erklären, dass die Produktion der Gegenstandswelt weitgehend von denselben Gedanken bestimmt war wie ihre Erkenntnis. Das sah er in den schwierigsten Partien von Kants »Kritik der reinen Vernunft«, wo es um die »transzendentale Affinität« von sinnlichem Material und Verstandeskategorien geht, mit phänomenologischer Unbestechlichkeit zum Ausdruck gebracht. »Die Schwierigkeit und Dunkelheit, welche die hierauf bezüglichen Hauptstücke von der Deduktion und vom Schematismus der reinen Verstandesbegriffe Kants eigener Anschauung nach an sich tragen, mag damit zusammenhängen, dass er die dem empirischen Subjekt unbewusste, überindividuelle Tätigkeit nur in der idealistischen Form eines Bewusstseins an sich, einer rein geistigen Instanz vorstellt. [...] Die gesellschaftliche Aktivität erscheint als transzendentale Macht, das heisst als Inbegriff geistiger Faktoren. Kants Behauptung, dass ihre Wirksamkeit von einem Dunkel umgeben, das heisst trotz aller Rationalität irrational sei, entbehrt jedoch nicht eines wahren Kerns. Die bürgerliche Wirtschaftsweise ist bei allem Scharfsinn der konkurrierenden Individuen von keinem Plan beherrscht, nicht bewusst auf ein allgemeines Ziel gerichtet, das Leben des Ganzen geht aus ihr nur unter geheuren Reibungen in verkümmerter Gestalt und gleichsam als ein Zufall hervor. Die inneren Schwierigkeiten, mit denen die höchsten Begriffe der Kantischen Philosophie, vor allem das Ich der transzendentalen Subjektivität, die reine oder ursprüngliche Apperzeption, das Bewusstsein an sich behaftet sind, zeugen von der Tiefe und Aufrichtigkeit seines Denkens. Der Doppelcharakter dieser Kantischen Begriffe, die einerseits die höchste Einheit und Zielrichtung, andererseits etwas Dunkles, Bewusstloses, Undurchsichtiges bezeichnen, trifft genau die widerspruchsvolle Form der menschlichen Aktivität in der neueren Zeit.« (ZfS 1937, S. 258 f./HGS 4, S. 176 f.)

Nach solchen Überlegungen zur Rolle traditioneller Theorie in der allgemeinen gesellschaftlichen Praxis wurde von Horkheimer der Wechsel zu dem der kritischen Theorie gewidmeten Teil deutlich markiert. Von Theorie als einem »Inbegriff von Sätzen« war zu Beginn des Aufsatzes die Rede, als es um die traditionelle Theorie ging. Der von der kritischen Theorie handelnde Teil setzt dagegen sogleich erkenntnisanthropologisch oder -soziologisch ein mit »Es gibt nun ein menschliches Verhalten, das die Gesellschaft selbst zu seinem Gegenstand hat. Es richtet sich nicht bloss auf die Abstellung irgendwelcher Misstände, diese erscheinen ihm vielmehr als notwendig mit der ganzen Einrichtung des Gesellschaftsbaus verknüpft. Wenn es auch aus der gesellschaftlichen Struktur hervorgeht, so ist es doch weder seiner bewussten Absicht noch seiner objektiven Bedeutung nach darauf bezogen, dass irgend etwas in dieser Struktur besser funktioniere. Die Kategorien des Besseren, des Nützlichen, Zweckmässigen, Produktiven, Wertvollen, wie sie in dieser Ordnung gelten, sind ihm vielmehr selbst verdächtig und keineswegs ausserwissenschaftliche Voraussetzungen, mit denen es nichts zu schaffen hat.« (A. a. O., S. 261/HGS 4, S. 180 f.)

Das war eine radikale Distanzierung sowohl vom herrschenden Wissenschaftsbetrieb wie von den herrschenden gesellschaftlichen Verhältnissen. Gleichzeitig war diese Deutlichkeit von bemerkenswerter diplomatischer Qualität. Nur in einer kleinen Fußnote zum »menschlichen Verhalten« hieß es: »Dieses Verhalten wird im folgenden als das ›kritische‹ bezeichnet. Das Wort ist hier nicht so sehr im Sinn der idealistischen Kritik der reinen Vernunft als in dem der dialektischen Kritik der politischen Ökonomie gemeint. Es bezeichnet eine wesentliche Eigenschaft der dialektischen Theorie der Gesellschaft.« Descartes war von Horkheimer namentlich genannt und ausführlich zitiert worden. Auf das andere Jubiläum, das Erscheinen des ersten Bandes von Marx' »Kapital«, deutete nur der für Uneingeweihte unverfängliche Untertitel des 70 Jahre zuvor erschienenen Werks – »Kritik der politischen Ökonomie« – hin. So hielt sich Horkheimer vorbildlich an das, was er einmal angesichts eines mit politischen Wendungen durchsetzten Artikels geäußert hatte, der der »Zeitschrift für Sozialforschung« angeboten worden war. »Es ist immer wieder erstaunlich«, meinte er Grossmann gegenüber, »wie wenig Ahnung die Leute von den Existenzbedingungen eines Organs wie des unsrigen haben. Sie begreifen nicht, daß unsere Aufgabe, die Theorie in einem unabhängigen Geiste weiterzutreiben, ein Bestreben, das heute wahrhaftig so wichtig ist wie nur je, gebieterisch eine strikte Enthaltung in der Tonart fordert und vor allem die großzügige Verwendung politischer Kategorien und Anspielungen ganz verbietet.« (Horkheimer-Grossmann, 27.11.1936/HGS 15, S. 748)

Dass solche Enthaltsamkeit nicht unangebracht und nicht überflüssig war, demonstrierten spätere Denunziationen und Untersuchungen seitens des FBI, bei denen es eine entscheidende Rolle spielte, ob Ausdrücke wie »Kommunismus« vorkamen oder nicht vorkamen und ob etwas auf theoretischer und wissenschaftlicher Ebene radikal war oder nach politischer Propaganda klang. Dass die Bezeichnung »kritische Theorie« sich durchsetzte, hatte aber im Wesentlichen nachvollziehbare sachliche Gründe. So konnten die Identifikation mit dogmatischen Varianten des Marxismus bzw. mit Parteiideologien und die Festlegung auf weltanschauliche Inhalte vermieden werden. Gleichzeitig rückte man in eine Tradition ein, die über die frühen und späten kritischen Schriften von Marx über Kant und manche Aufklärer bis zu einzelnen Denkern der ferneren Vergangenheit zurückreichten, und beim Gegenwartsbezug hing nicht alles vom Auftreten und Schicksal einer bestimmten gesellschaftlichen Gruppe oder Klasse ab. Angesichts der fast widerstandslosen Zerschlagung der weltweit stärksten organisierten Arbeiterbewegung in Deutschland, der Niederlage aller fortschrittlichen Bestrebungen in hochentwickelten Ländern Europas und der »großen Säuberung« und der Schauprozesse in der stalinistischen Sowjetunion klang es weniger pathetisch als vielmehr unresigniert nüchtern, wenn Horkheimer gegen Ende seines Aufsatzes resümierend meinte: »Das Bewusstsein jeder Schicht vermag unter den gegenwärtigen Verhältnissen ideologisch beengt und korrumpiert zu werden, wie sehr sie ihrer Lage nach auch zur Wahrheit bestimmt sei. Die kritische Theorie hat bei aller Einsichtigkeit der einzelnen Schritte und der Übereinstimmung ihrer Elemente mit den fortgeschrittensten traditionellen Theorien keine spezifische Instanz für sich als das mit ihr selbst verknüpfte Interesse an der Aufhebung der Klassenherrschaft. Diese negative Formulierung ist, auf einen abstrakten Ausdruck gebracht, der materialistische Inhalt des idealistischen Begriffs der Vernunft. [...] An der Existenz des kritischen Verhaltens, das freilich Elemente der traditionellen Theorien und dieser vergehenden Kultur überhaupt in sich einschließt, hängt heute die Zukunft der Humanität.« (ZfS 1937, S. 291 f./HGS 4, S. 216) Nach Diskussionen mit Marcuse, bei denen die Rolle des Denkens im Mittelpunkt stand, wurde in Horkheimers Beitrag über »Philosophie und kritische Theorie« im nächsten Heft noch deutlicher, dass er den Versuch einer anthropologischen Verankerung kritischen Verhaltens im menschlichen Wesen und dessen Streben nach Emanzipation von Ausbeutung und Unterdrückung unternahm. Kritische Theorie mit wirklichem Denken gleichsetzend meinte er: »Aber wenn seine Begriffe, die gesellschaftlichen Bewegungen entstammen, heute eitel klingen, weil nicht viel mehr hinter ihnen steht als seine Verfolger, so wird sich die Wahrheit doch herausstellen, denn das Ziel einer vernünftigen Gesellschaft, das heute freilich nur in der Phantasie aufgehoben scheint, ist in jedem Menschen wirklich angelegt.« (Philosophie und kritische Theorie, ZfS 1937, S. 630/HGS 4, S. 224) Was Horkheimer dabei unter einer vernünftigen Gesellschaft verstand, hatte sich in all den Jahren im Kern nicht geändert. Vom Ende der Klassengesellschaft und der Heraufkunft einer – wie er gelegentlich in Anlehnung ans Marx/Engel'sche Vokabular formulierte – »Assoziation freier Individuen« erwartete er eine Gestaltung menschlicher Aktivitäten, die allen Individuen die ungehinderte Entfaltung ihrer Fähigkeiten und den gleichberechtigten Genuss der Resultate einer effektiven Beherrschung der Natur erlaubte.

Die Beiträge Horkheimers und Marcuses zum Selbstverständnis des Horkheimer-Kreises wurden intensiv gelesen. Das zeigen Briefe von Mitarbeitern und Freunden des Instituts wie Andries Sternheim – dem Leiter des Genfer Büros –, Adolph Löwe und Hans Mayer – Jurist, Literaturwissenschaftler und langjähriger Stipendiat des Instituts. Auch die Reaktion Pollocks ist überliefert. An Horkheimer, der auf einer mehrwöchigen Europareise Genf, Paris und London besuchte, schrieb er: »Ich habe jetzt endlich den ›Theorie‹-Aufsatz zu Ende lesen können (zum zweiten mal). Eigentlich sollte ich ihn auswendig lernen. Er ist der Inhalt eines dicken Buches und die XVII Abschnitte, in die ich ihn (ziemlich willkürlich, weil er doch *einen* Gedankenzug darstellt) aufgeteilt habe, um ihn bewältigen zu können, bilden jeder reichlich Stoff für ein Kapitel so lang wie der Aufsatz. Nirgends auf der Welt ist die ›Kritische‹ Theorie so weit vorgetrieben wie in diesen Seiten, und die Tatsache ihrer Einsamkeit, die so eindringlich begründet ist, darf uns nicht drausbringen. Es gehört zu unseren verantwortungsvollsten Aufgaben dafür zu sorgen, daß diese Arbeit unter den besten Bedingungen fortgesetzt wird.« (Pollock-Horkheimer, 16. 8. 1937/HGS 16, S. 218) Gleichzeitig war in umgekehrter Richtung ein Brief Horkheimers an Pollock unterwegs. Darin hieß es: »Im Hinblick auf meine künftige Arbeit ist mir eines völlig klar. Der Apparat des Instituts hat mir bis jetzt gerade noch so viel Zeit gelassen, daß ich – bei meiner armseligen Natur – die Aufsätze noch zuwege bringen konnte. Diese enthalten unsere Ansichten – aber nur in notdürftigster Formulierung, zu abgekürzt, ungeschliffen, missverständlich. Es ist zu wenig Kunst dabei, ich meine die Mittel der Darstellung sind quantitativ und qualitativ armselig. Deshalb kommen äußerst wichtige inhaltliche Punkte nicht heraus. Kunst aber braucht viel Arbeit und Arbeit braucht Zeit. Ich glaube, ich bin noch nicht zu alt, um zu lernen, es wirklich zu machen, wie es sein müsste: unsre Auffassung wirklich zu gestalten, so daß alle Züge, der Pessimismus und die Freude am Leben, die Dialektik und die Absolutheit, das Politische und Antipolitische, der Materialismus und die Liebe zur Freiheit auch wirklich erscheinen – nicht als Doktrin sondern in der Weise der Konstruktion, von der Art wie das wissenschaftliche oder literarische Material behandelt wird. Dazu muß ich noch einen langen Weg gehen – aber ich weiß ihn und Du bist schon dabei, ihn zu bereiten.« (Horkheimer-Pollock, 21. 8. 1937/HGS 16, S. 219 f.) Pollock wiederum brachte in seinem nächsten Brief auch noch seine Bewunderung für Horkheimers charismatische wissenschaftsorganisatorische Qualitäten zum Ausdruck, als er auf die erste Vollsitzung des Instituts seit Horkheimers Abreise zu sprechen kam: »Wenn Du nicht dabei bist, macht die Gruppe einen arg verwaisten Eindruck. Ich habe mir so meine Gedanken gemacht, wie erstaunlich viel Du mit diesen im einzelnen so schwachen Menschen zuwege bringst.« (Pollock-Horkheimer, 7. 9. 1937/HGS 16, S. 232)

Der Institutsbetrieb erreichte 1938 seinen Höhepunkt. Eine sechsunddreißigseitige Selbstdarstellung zählte auf: Horkheimer als Director, Pollock als Assistant Director, 8 Permanent Members von Fromm bis Wittfogel, ferner 7 Research Associates von Aron bis

The International Institute of Social Research

MAX HORKHEIMER (Ph.D. Frankfurt a.M.) *Director*
Formerly Professor of Social Philosophy, University of Frankfurt a.M.

FREDERICK POLLOCK (Ph.D. Frankfurt a.M.) *Assistant Director*
Formerly Privatdozent *for Economics, University of Frankfurt a.M.*

PERMANENT MEMBERS

ERICH FROMM (Ph.D. Heidelberg) *Social Psychology*
Formerly Dozent, *Psycho-Analytic Institute, University of Frankfurt a.M.*

HENRYK GROSSMAN (Dr.iur. Cracow) *Economics and Economic History*
Formerly Professor of Economics, University of Frankfurt a.M.

JULIAN GUMPERZ (Ph.D. Heidelberg) *Economics*

LEO LÖWENTHAL (Ph.D. Frankfurt a.M.)
History and Sociology of Literature
Formerly Dozent, *Seminar zur wissenschaftlichen Ausbildung der Studienreferendare, Frankfurt a.M.*

HERBERT MARCUSE (Ph.D. Freiburg i.B.) *Philosophy*

FRANZ NEUMANN (Dr.iur. Frankfurt a.M., Ph.D. London)
Sociology of Law and Political Science
Formerly member of the Berlin Bar, Dozent, *Deutsche Hochschule für Politik, Berlin*

THEODOR WIESENGRUND-ADORNO (Ph.D. Frankfurt a.M.)
Sociology of Music and Philosophy
Formerly Privatdozent *for Philosophy, University of Frankfurt a.M.*
Musical Director, Princeton Radio Research Project

KARL AUGUST WITTFOGEL (Ph.D. Frankfurt a.M.)
Sinology and Economic History

RESEARCH ASSOCIATES

RAYMOND ARON (Ph.D.) *Sociology*
Professor of Philosophy, University of Bordeaux

WALTER BENJAMIN (Ph.D.) *Aesthetics*
Paris

FRITZ KARSEN (Ph.D.) *Education*
New York, Formerly Lecturer at the Universities of Frankfurt a.M. and Berlin

OTTO KIRCHHEIMER (Dr.iur.) *Law and Political Science*
New York

PAUL F. LAZARSFELD (Ph.D.) *Sociology*
New York, Research Associate of Princeton University
Director, Office of Radio Research, Princeton University

KURT MANDELBAUM (Ph.D.) *Economics*
London

ANDRIES STERNHEIM (Ph.D.) *Sociology*
Amsterdam

Hans Klaus Brill (Dr.iur.), *Secretary of the Paris Office*

Mrs. J. Favez, *Secretary of the Geneva Office*

Abb. 15: Eine Seite aus International Institute of Social Research, A Report on its History, Aims and Activities 1933–1938

Sternheim. In der Einleitung wurde um Verständnis dafür gebeten, dass das bisher Geleistete erst ein bescheidener Beitrag zum selbstgesetzten Ziel sei, »but we ask the reader to remember the small personal and financial forces of the Institute in its period of emigration, rendered all the smaller by the solidarity which we have displayed towards other German scholars in similar straits« (International Institute of Social Research. A Report on its History, Aims and Activities 1933–1938, Columbia University Press, New York 1938, S. 5). 1938 war aber auch das Jahr, in dem Wiesengrund-Adorno mit seiner Frau nach New York übersiedelte und halb Mitarbeiter des von Lazarsfeld geleiteten und von der Rockefeller Foundation großzügig finanzierten Princeton Radio Research Project, halb offizielles Mitglied des Horkheimer'schen Instituts wurde; in dem eine Rezession die Zahl der Arbeitslosen in den USA aufs Neue auf 10 Millionen anwachsen ließ und Roosevelt in einer öffentlichen Erklärung bekannte, den einzigen Ausweg aus der Depression biete die Forcierung der Rüstungsindustrie; und in dem Horkheimer der Sekretärin der Genfer Zweigstelle mitteilte: »Am 1. November ziehen wir um. Der Vorort, in den wir gehen, heißt Scarsdale. Es ist ein kleines Häuschen. [...] Es liegt im Grünen, und ich denke, daß ich dort gut arbeiten kann. Endlich wird also das Buch über dialektische Philosophie in Angriff genommen. Ins Institut werde ich nur etwa einmal in der Woche kommen, und zwar an dem Tag, wo wir Vorlesung haben.« (Horkheimer-Juliette Favez, 13. 10. 1938/MHA: VI 7.146)

Dabei hatte Horkheimer bereits weiterreichende Vorstellungen, was die günstigsten Bedingungen für die Realisierung des Buchs betraf. Sollte der alte Plan, irgendwo in Südfrankreich zusammen mit Adorno das Dialektik-Buch zu schreiben, wegen der politischen Entwicklung in Europa nicht mehr zu verwirklichen sein, dann wollte er das Buch in Kalifornien schreiben. Dorthin war er im Sommer 1938 mit seiner Frau gereist, und begeistert hatte er aus dem nahe Hollywood gelegenen Santa Monica an Löwenthal geschrieben: »Wahr ist, daß die Landschaft, zuweilen sogar die Architekturen, sehr schön ist – und das Klima einfach Medizin. Wenn wir im Herbst 1939 noch einen cent haben und La France nicht möglich ist, müssen wir hierher ziehen. Daß es billig ist, wissen Sie. [...] Man ist sehr dumm, wenn man ohne die zwingendsten Gründe im Osten lebt.« (Horkheimer-Löwenthal, 21. 6. 1938/MHA: VI 12.14) Welche Konsequenzen er aus der unbefriedigenden jüngsten Entwicklung der finanziellen Situation der Weil'schen Stiftung zu ziehen gedachte, schilderte er auf der Weiterreise Löwenthal, dessen unbedingter Loyalität er sich sicher war, offen und drastisch. »Die geschäftliche Lage betrachte ich jetzt als völlig aussichtslos. [...] Nur weil ich verbissen das Geschäftliche in den Hintergrund meines Bewusstseins dränge, finde ich die Kraft, diese Reise fortzusetzen, denn was uns jetzt droht, ist in der Tat das Elend, wie wir es uns ausgemalt haben. [...] Wir haben seit dem Fehler unserer Verkäufe zu den Tiefstkursen [...] uns auf neue und diesmal reine Spekulationen eingelassen – wozu wir eben nicht die geeigneten Leute sind. Bei meiner Rückkehr werde ich meine wichtigste Aufgabe darin sehen, für einige von uns ein Leben unter minimalem materiellen Aufwand und maximalem Erträgnis an Glück zu organisieren. Dazu brauche ich Ihre zähe und unbedingte Hilfe, denn es wird nur mit sehr viel Energie und in unbedingter Solidarität zu realisieren und zu ertragen sein – wenn überhaupt.« (Horkheimer-Löwenthal, 24.7.1938/HGS 16, S. 447 f.)

Echte oder vermeintliche finanzielle Schwierigkeiten, direktorales Gebaren und das Sekuritätsbedürfnis Horkheimers verursachten in undurchschaubarer Mischung Verunsicherungen und Irritationen, von denen auch keiner der engsten Mitarbeiter verschont blieb. Von der Solidarität einer Gemeinschaft war in der Krise wenig zu spüren. »Es ist interessant zu beobachten«, meinte Pollock gegenüber Horkheimer, »wie sich unsere Mitarbeiter verhalten. Marcuse hat die entsetzliche Angst, nach fünf Jahren als zweiter Günther Stern [der sich später Günther Anders nennende Günther Stern schlug sich in Los Angeles zeitweise als Fabrikarbeiter durch, R. W.] herumzulaufen und will deshalb unbedingt die Verbindung mit Columbia aufrecht erhalten. Teddie hat nur ein Interesse: möglichst rasch Kleinrentier in California zu werden und was aus den anderen wird, ist ihm völlig gleichgültig. Neumann fühlt sich einigermaßen sicher, wie immer die Entscheidung ausfallen wird, unterstreicht aber natürlich die Wichtigkeit der Columbia Verbindung. Völlig loyal verhält sich – I am sorry to say – allein Löwenthal. Begreiflicherweise. Denn er ist überzeugt, daß, komme was mag, wir ihn nicht fallen lassen werden.« (Pollock-Horkheimer, 1.10.1941/HGS 16, S. 181 f.) Weder in Briefen noch in Notizen ist überliefert, dass Horkheimer als Institutsleiter und sendungsbewusster Wissenschaftsunternehmer besondere Probleme bei

Gehaltskürzungen, Stellenabbau oder Verabschiedung von Mitarbeitern gehabt hätte. Die Unübersichtlichkeit und Unberechenbarkeit der Gesamtsituation und die zeitliche Streckung der Vorgänge erleichterten das.

Charakteristisch war das Verenden der Zeitschrift. Sie wurde zunächst 1940 in den USA auf Englisch als »Studies in Philosophy and Social Science« fortgesetzt. Unter anderem erschienen darin nach langer Pause wieder Beiträge von Pollock. In ihnen verwandte er den Begriff »Staatskapitalismus«, um Gemeinsamkeiten zwischen Nationalsozialismus und fortgeschrittenen kapitalistischen Gesellschaften als Zwischenformen zwischen Kapitalismus und Sozialismus zu benennen. Es waren im Institut umstrittene Beiträge, da sie, so Horkheimer vorsichtig in einem Brief an Pollock, durch die pessimistische Betonung der Stabilität solcher Systeme als eine Parteinahme für die »totalitarian answer« missverstanden werden konnten. Für ihn gehörte dazu inzwischen auch das bolschewistische Herrschaftssystem. Im letzten Heft waren dann noch einmal Horkheimer, Pollock und Adorno mit Marcuse und Kirchheimer vereint. Zu dem im Frühjahr 1942 als Fortsetzung während der Kriegsjahre angekündigten Jahrbuch kam es nicht mehr. 1943 waren schließlich sechs teils ehemalige, teils noch dazugehörende Mitarbeiter des Instituts ganz- oder teilzeitlich in US-amerikanischen Staatsdiensten und leisteten sichtbar einen Beitrag zum »war effort«. Von all dem ausgenommen waren nur Horkheimer und Wiesengrund-Adorno, der sich seit seiner Naturalisierung im Jahre 1943 – teils wohl entsprechend amerikanischen Gepflogenheiten der Namensbildung, teils zwecks Vermeidung einer Signalisierung jüdischer Herkunft bereits durch den Namen – Theodor W. Adorno nannte.

Für Horkheimer erwies es sich als ein Vorteil, dass das Institut sich vorübergehend zu einem beeindruckenden Unternehmen entwickelt hatte. Dadurch hatte es einen Status und ein Renommee erworben, in dessen Windschatten sowohl die radikale Verkleinerung wie die Verlagerung des Schwerpunktes an die Westküste zunächst unauffällig erfolgen konnten, ohne dass die nur durch ein Institut mögliche Repräsentations- und Schutzfunktion und Basis für das Beantragen von Fördermitteln fortfiel. »Ich sende dir«, schrieb Horkheimer im Sommer 1939 an Katharina von Hirsch, die inzwischen neu verheiratete erste Frau von Felix Weil, mit der ihn ein besonderes

Abb. 16: Bungalow von Max und Maidon Horkheimer in Pacific Palisades, Kalifornien, Gartenseite

Vertrauensverhältnis verband, »einen der Entwürfe für Forschungen des Instituts, zu denen wir fremde Mittel zu erhalten hoffen. Es liegen etwa neun solcher Projekte vor. Sie beziehen sich auf historische, ökonomische, psychologische und juristische Gegenstände. In das über Antisemitismus, welches Dir zugeht, habe ich mehr libido gesteckt als in andere. Ich meine, es wäre wirklich worth while, daß es ausgeführt würde und im Augenblick stehen die Chancen nicht ganz schlecht. Die entscheidenden Verhandlungen werden freilich erst im Herbst und Winter geführt. [...] Wie Du weißt, existiert die Wissenschaft hier zu Lande nicht wie in Europa aus Staatsmitteln, sondern aus privaten Quellen. Ein Institutsdirektor, ja ein Universitätspräsident, ist hier ein Mittelding zwischen Reisendem und Diplomaten. Ich eigne mich recht wenig dazu, aber wir haben bisher schon für fünf bis sechs anständige Menschen das Geld zu Arbeitsplätzen im Institut bekommen und wenn wir nun ein solches Projekt finanziert bekommen [...], sind wir in unseren allgemeinen Dispositionen viel freier als zur Zeit.« (Horkheimer-Hirsch, 14. 7. 1939 / HGS 16, S. 615)

Im Juni 1941 bezog Horkheimer mit seiner Frau den Bungalow, den er sich in Pacific Palisades hatte bauen lassen und in dem auch Platz für Pollock war. Im November zog Adorno zusammen mit seiner Frau in eine Mietwohnung, die nur wenige Auto-Minuten von Horkheimers Bungalow entfernt lag. Noch bewegten sich die Dinge weiterhin im Vorfeld des Dialektik-Buchs. Noch war nicht endgültig entschieden, ob das Werk, das Horkheimers theoretische Sendung krönen sollte, ein philosophisches oder ein wenigstens in kleinem Rahmen interdisziplinäres werden würde. »Eigentlich«, schrieb Horkheimer im März 1942, einige Monate vor der Niederschrift der ersten Seiten des Buches, an Felix Weil, »müssten Fritz und Du schon Ende nächsten Monats hier sein und an die Ausführung der ökonomischen und politischen Teile gehen und wir dürften uns dann die nächsten sechs Monate Tag und Nacht um nichts anderes kümmern. Glaube ja nicht, daß wir die Arbeit an den Fragen nach dem ökonomischen Sinne dessen, was da heraufzieht, oder die nach den Formen der politischen Resistenz zurückstellen dürften, einfach weil Fritz, Grossmann und Gurland sich nicht einigen können oder weil ihre freie Erörterung sonst auf jede Weise behindert ist. Angesichts der Abwesenheit anderer Menschen, die es uns abnehmen könnten, ist noch nicht einmal der Mangel an Begabung, mit dem Ihr Eure Resignation zuweilen rationalisiert, ein respektables Argument. […] Es ist ja Unsinn, daß ich, wenn auch mit Teddie gemeinschaftlich, der Arbeit die notwendige Präzision und Konkretheit verleihen könnte. Sie muß mit historischem und ökonomischem Material bis zum Platzen gefüllt sein, sonst wirkt sie als Raisonnement.« (Horkheimer-Weil, 10.3.1942/HGS 17, S. 274 f.) Einige Monate später begannen Horkheimer und Adorno, mit dem »Unsinn« Ernst zu machen.

XII Auf der Suche nach Vernunft: »Dialektik der Aufklärung« und »Eclipse of Reason«

Die Sommermonate des Jahres 1942 zeigten, dass es zwar vorübergehend zu einer Konzentration des Institutskerns an der Westküste kam, Horkheimers Ehrgeiz sich aber aufgrund seiner Einschätzung der Kompetenzen seiner Mitarbeiter ganz auf die enge Zusammenarbeit mit Adorno konzentrierte. »Mein Leben verläuft ganz regelmäßig«, schrieb er an Tillich. »Morgens mache ich einen kleinen Spaziergang mit Pollock, dann schreibe ich im Anschluß an ein ziemlich methodisches Studium Notizen und Entwürfe, nachmittags sehe ich zumeist Teddie, um mit ihm den endgültigen Text festzustellen. Zuweilen bespreche ich auch mit Marcuse die ihm zufallenden Teile. Der Abend gehört Pollock, manchmal auch Weil. Dazwischen liegen Seminare und die Beschäftigung mit den praktischen Fragen des Instituts. Erst seit kaum zwei Monaten darf ich davon reden, daß am wirklichen Text gearbeitet wird. Die ganze Zeit vorher ist mit Studien und anderen Arbeiten dahingegangen, von denen ich freilich keine bedaure. An vorläufigen Aufzeichnungen liegt schon eine ganz stattliche Reihe vor, die endgültige Formulierung wird jedoch noch Jahre beanspruchen.« (Horkheimer-Tillich, 12. 8. 1942/HGS 17, S. 313) Schließlich ging es um nicht weniger als »eine Formulierung der dialektischen Philosophie, die den Erfahrungen der letzten Jahrzehnte gerecht wird«. Zum Drängen Tillichs auf ein »materialreiches argumentierendes Buch« meinte er, es werde darum gehen, den Stil der Theorie zum bewussten Spiegel eines barbarischen Prozesses zu machen ohne einen Gedanken daran, »daß unsere Gedanken ›in Amerika durchschlagen‹ könnten«. »Wir dürfen«, formulierte er pathetisch das Flaschenpost-Selbstverständnis seines Vorhabens, »nicht mehr hoffen, als daß, wenn der Tag einmal anbrechen sollte, das, was wir geschrieben haben, als ein sehr kleines Sternchen erkannt wird, das kaum wahrnehmbar in der grauenhaften Nacht der Gegenwart geschienen hat.«

In der frühen Phase der Zusammenarbeit mit Adorno entstanden eine ganze Reihe der für Horkheimer so charakteristischen Notizen,

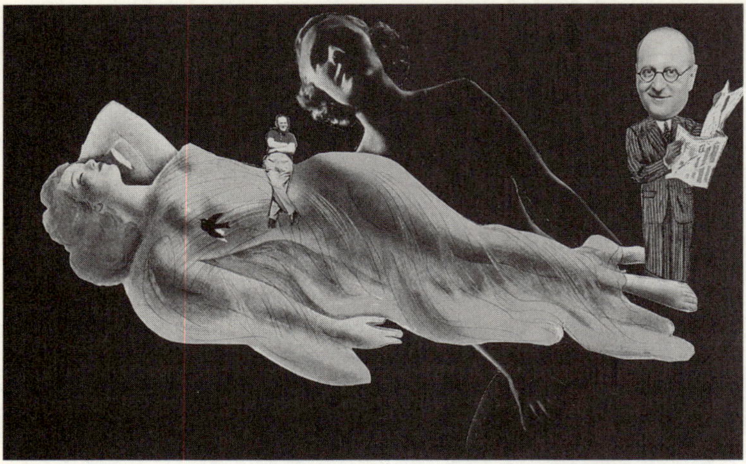

Abb. 17: »Danger«. Aus einem Album mit Collagen von Maidon Horkheimer, einem Geburtstagsgeschenk für Max Horkheimer, Ende der 1930er, Anfang der 1940er Jahre

Aufzeichnungen, Entwürfe, in denen er wie in einem Experimentier- und Werkzeugraum unkonventionelles und angstfreies, den Vorwurf des Groben oder Trivialen nicht scheuendes Denken praktizierte. Dazu gehörte eine Aufzeichnung »Kampf und Gewaltlosigkeit«, in der der Zusammenhang seiner sozial- und naturphilosophischen Grundüberzeugungen so klar und knapp formuliert war wie nirgendwo sonst. »Es darf«, so die sozialphilosophische regulative Idee, »keine Schicht in der Gesellschaft existieren, auf der die Last der Gesellschaft, das Elend, die Sorge, die schlechteste Arbeit ruht; die Einrichtung, daß mit der schweren und widerlichen Arbeit auch das schlechte Leben verbunden war, die alle Gesellschaften bisher entehrt hat, soll verschwinden; soweit die schwere und gefährliche Arbeit nicht abwechselnd von allen übernommen wird, oder infolge der besseren Bedingungen verschwindet, soll sie durch Vorteile ausgeglichen werden, die der nicht hat, der angenehmere Funktionen ausübt.« Dem folgte sogleich eine naturphilosophische Einbettung. »Der revolutionäre Gedanke richtet sich gegen die Klassengesellschaft selbst. Er will, daß in der Menschheit verwirklicht werde, was die Natur in ihrer Dumpfheit nicht erreichen kann: Leben und Glück für alle. Das Bewußtsein ist das Organ solcher Verwirklichung, heute als Sehnsucht, Einbildung und Ziel, morgen als Inbegriff der Übereinkünfte, nach denen die Menschen ihr Leben einrichten. Das Bewusstsein ist die Freiheit der Menschen, sich zum gerechten Leben selbst zu bestimmen; wenn es dieses Ziel verleugnet, steht es mit sich im unaufhebbaren Widerspruch.« Damit hatte er für sich die Perspektive umrissen, die ihn bei der Zusammenarbeit mit Adorno leitete. Er formulierte aber auch sogleich das Paradox, das sich daraus für die eigene Situation ergab. »Die Verneinung der Herrschaft aber bringt die Menschen in den revolutionären Gegensatz zum Bestehenden, verstrickt sie in den Klassenkampf um die Macht, die sie abschaffen wollen. Der Machtmensch und Konformist gewinnt den Frieden und das Ansehen, er führt eine produktive Existenz, der Revolutionär kämpft sich ab im Stunk der Oppositionspartei oder gar der Sekte.« (HGS 12, S. 282 f.) Das war ein Paradox, mit dem es nicht nur der Revolutionär zu tun hatte, sondern auch ein kritischer Theoretiker, mochte es in seinem Fall auch nur um günstige Bedingungen für die Herstellung und Deponierung seiner Flaschenpost gehen.

Zu einem Privatgelehrtendasein mit kontemplativen Charakter kam es dabei für Horkheimer keineswegs. Dafür sorgte unter anderem der Umstand, dass die Bemühungen um Fördermittel für Instituts-Projekte weitergingen, bis schließlich zwar nicht eine der großen Foundations finanzielle Unterstützung zusagte, wohl aber nach lang sich hinziehenden Verhandlungen das American Jewish Committee (AJC), und zwar für das vom Institut im letzten Jahrgang der Zeitschrift ausführlich vorgestellte Research Project on Antisemitism. Für Unterbrechung sorgte auch, daß Horkheimer während der Arbeit am Dialektik-Buch Anfang 1944 nach New York reisen musste, um dort an der Columbia University Vorlesungen zu halten. In ihnen trug er unter dem Titel »Society and Reason« Ergebnisse der gemeinsamen Arbeit in eher populärer Form vor.

Im Mai 1944 überreichten Horkheimer und Adorno Pollock pünktlich zu seinem 50. Geburtstag »erste Proben«, wie es in der Vorrede hieß, der zwei Jahre zuvor begonnenen Arbeit. Sie führten zwei Gründe an, warum sie, anders als anfangs erhofft, nicht das fertige Ganze vorlegen konnten. Zum einen wurde für sie erst während der Arbeit das Missverhältnis deutlich zwischen ihren Kräften und der selbstgestellten enormen Aufgabe, zu erkennen, »warum die

Menschheit, anstatt in einen wahrhaft menschlichen Zustand einzutreten, in erneute Barbarei versinkt«. Hinzu kam, dass »im gegenwärtigen Zusammenbruch der bürgerlichen Zivilisation« der moderne Wissenschaftsbetrieb samt oppositioneller Strömungen es nicht länger zuließ, sich auf Kritik oder Fortführung fachlicher Lehren zu beschränken. Solcher Schwierigkeiten ungeachtet hielten die beiden Autoren an ihrem hochgesteckten Ziel fest. Sie verwiesen auf viele weitere Arbeiten, die sie bei der Auswahl der Fragmente aus kompositorischen Gründen vorläufig weggelassen hatten, und auf ihre intensive Mitarbeit bei dem thematisch verwandten Antisemitismusprojekt von Institut und AJC. Noch Ende 1944, als die »Philosophischen Fragmente« vom Institut in einer Auflage von 500 Exemplaren als hektographiertes Typoskript herausgebracht wurden, hieß es am Ende der Vorrede: »Wenn das Glück, ohne den bösen Druck unmittelbarer Zwecke an solchen Fragen arbeiten zu können, auch weiterhin fortdauern sollte, hoffen wir, das Ganze in nicht allzuferner Zeit zu vollenden.« Das und den Verweis auf die vielen bei ihrer Auswahl weggelassenen Texte ließen die Autoren fort, als die »Philosophischen Fragmente«, nachdem sie einer gründlichen terminologischen Revision zugunsten einer stärkeren Betonung von eher verallgemeinerbaren Herrschafts- und Machtverhältnissen unterzogen worden waren, im Amsterdamer Querido-Verlag unter dem Titel »Dialektik der Aufklärung« als Buch erschienen.

Die »Dialektik der Aufklärung« präsentiert sich als eine Gruppe von fünf Essays, auf die noch eine Sammlung von Aufzeichnungen und Entwürfen folgt. Der theoretisch grundlegende einleitende Essay – ursprünglich »Mythos und Aufklärung« überschrieben, dann »Dialektik der Aufklärung«, zuletzt »Begriff der Aufklärung« – wird ergänzt durch zwei Exkurse philologisch-geschichtsphilosophischer Art: zu Homers »Odyssee« als einem der frühesten Zeugnisse bürgerlich-abendländischer Zivilisation und zu Kant, Sade und Nietzsche als unerbittlichen Vollendern der Aufklärung. Darauf folgten zwei Gegenwartsdiagnosen: eine Abhandlung über Kulturindustrie und eine über Antisemitismus. In die Erstere gingen Erfahrungen in den USA als vorgeschobenstem Beobachtungsposten auf diesem Gebiet ein, die andere bildete zugleich den theoretischen Teil des Antisemitismusprojekts, bei dem es um Erkenntnisse ging, die helfen sollten, zu verhindern, dass in den USA Ähnliches wie in Europa geschah.

Der Titelessay begann mit einem Paradox: »Seit je hat Aufklärung im umfassendsten Sinn fortschreitenden Denkens das Ziel verfolgt, von den Menschen die Furcht zu nehmen und sie als Herren einzusetzen. Aber die vollends aufgeklärte Erde strahlt im Zeichen triumphalen Unheils.« Das klang ähnlich pointiert wie der Anfang eines der berühmtesten Texte in der Geschichte politischen Denkens. »Der Mensch wird frei geboren, und überall ist er in Ketten«, beginnt Rousseaus »Du contrat social«. Bei Horkheimer und Adorno kommt zur Zuspitzung der Extreme die Demonstration eines dialektischen Zusammenhangs als Erklärung für ihre Verschlingung. Ihre Sicht des Zusammenhangs von Aufklärung und Unheil pointiert formulierend, beschließen sie ihren ersten raschen Durchgang durch die abendländische Geschichte des Denkens mit dem Satz: »Aufklärung ist totalitär.« Also: Das triumphale Unheil bedeutet nicht einen Bruch mit einer der Aufklärung, der Vernunft und dem Fortschritt verpflichteten westlichen Zivilisation, sondern ist ihr zuzurechnen. So provozierend begann diese Sammlung philosophischer Fragmente, deren Ziel laut Instituts-Information war: »a defense of rationalism by revealing its inherent pernicious implications and by showing that certain critical elements which were formerly directed against the humanistic ideals of the enlightenment can be usefully incorporated into them«. Was als gegenaufklärerische Polemik erschien, sollte zur Rettung der Aufklärung genutzt werden. Schon in den »Anfängen der bürgerlichen Geschichtsphilosophie« hatte Horkheimer sich zu einer Aufklärung bekannt, die, nach einem Wort Hegels, »über sich selbst aufgeklärt« wäre. Nun hieß es in der Vorrede zur »Dialektik der Aufklärung« wieder: »die Aufklärung muß sich auf sich selbst besinnen, wenn die Menschen nicht vollends verraten werden sollen«, und eine Seite weiter noch einmal: die an Aufklärung geübte Kritik soll »einen positiven Begriff von ihr vorbereiten, der sie aus ihrer Verstrickung in blinder Herrschaft löst«. Wie sah nun die Demonstration einer Dialektik von Mythos und Aufklärung aus? Welchen Stellenwert erhielt das Motiv einer aufgeklärten Aufklärung?

Der Titelessay spannt die »Bahn der europäischen Zivilisation« aus zwischen einer schemenhaften Vorwelt und einer Idee von aufgeklärter Aufklärung. Über die Bahn der europäischen Zivilisation hieß es bereits im Vorwort in »grober« Vorwegnahme des später Ausgeführten: »schon der Mythos ist Aufklärung, und: Aufklärung schlägt in Mythologie zurück«. Schon die Mythen, die berichten, vom Ursprung erzählen, erklären wollen, stehen im Zeichen von Disziplin und Macht, Herrschaft und Ordnung. Aufklärung als ein Prozess der Rationalisierung setzt Wahrheit zunehmend mit einer mathematisch-naturwissenschaftlichen Weltsicht gleich, für die das Dasein einem sich wiederholenden Schema gleicht. Die Welt des Mythos wie die der Aufklärung ist eine geschlossene Welt disponierenden Denkens. Beide, Mythos und Aufklärung, arbeiten an einer Entzauberung der Welt, die das vorzeitliche animistische Erbe nicht transformiert und verwandelt bewahrt, sondern eine »Ausrottung des Animismus« betreibt. Der ethnologischen, religionssoziologischen und kulturanthropologischen Literatur entnahmen Horkheimer und Adorno damals Hinweise auf ein Welt- und Selbstverhältnis, das sie in Anlehnung unter anderem an Benjamin und dessen sprach- und erkenntnistheoretische Spekulationen als »mimetisch« bezeichneten. Ähnlichkeit und Verwandtschaft charakterisieren dabei die Beziehung zur Sache. »Die Zauberei ist wie die Wissenschaft auf Zwecke aus, aber sie verfolgt sie durch Mimesis, nicht in fortschreitender Distanz zum Objekt.« (HGS 5, S. 33) Mimesis steht für einen »fluktuierenden Zusammenhang« (a. a. O., S. 75) von Mensch und Natur. Ähnlich wie Rousseau in manchen seiner Schriften entwerfen Horkheimer und Adorno das Bild einer vorzivilisatorischen Lebensform, von der unklar bleibt, ob sie je so existiert hat, die aber als Vorstellung existent und wirksam ist.

Die Konzeption eines abendländischen Rationalisierungsprozesses, in dem die Entzauberung der Welt mit einer Verkürzung der Rationalität auf Zweckrationalität bzw. der Vernunft auf eine instrumentelle Vernunft Hand in Hand geht, teilte die »Dialektik der Aufklärung« mit Max Weber. Mit einer unter anderem von Nietzsches »Genealogie der Moral« inspirierten »Urgeschichte der Subjektivität« verliehen sie ihr spezifische Konturen. Die Entstehung und Prägung des Subjekts – ein in seiner Bedeutung zwischen Individuum, Gesellschaft und Menschheit changierender Begriff –, das den mythischen Mächten zu entrinnen sucht, wird als genaues Komplementärphänomen zum Umgang mit der äußeren Natur gesehen. Mit den ersten instinktentbundenen Wahrnehmungen und Handlungen beginnt die Fixierung auf sich wiederholende, regelmäßige, berechenbare Ereignisse und Eingriffe. Der selektiven Wahrnehmung und

Handhabung der äußeren Natur entspricht das selektive Durchlassen von Triebregungen. Der auf Beherrschbarkeit hin wahrgenommenen Welt entspricht ein sich zwecks Selbstbehauptung ebenfalls beherrschendes Subjekt. »Furchtbares hat die Menschheit sich antun müssen«, so variieren Horkheimer und Adorno Nietzsche, »bis das Selbst, der identische, zweckgerichtete, männliche Charakter des Menschen geschaffen war, und etwas davon wird noch in jeder Kindheit wiederholt. Die Anstrengung, das Ich zusammenzuhalten, haftet dem Ich auf allen Stufen an, und stets war die Lockung, es zu verlieren, mit der blinden Entschlossenheit zu seiner Erhaltung gepaart.« (S. 56) Im Exkurs über Homers »Odyssee«, der ausführlicher die Urgeschichte der Subjektivität beleuchtet, wird die Geschichte der Zivilisation als die Geschichte einer Introversion des Opfers bestimmt – als Geschichte eines »Selbst, das immerzu sich bezwingt und darüber das Leben versäumt, das es rettet« (S. 79).

Was die Konzeption der »Dialektik der Aufklärung« zu einem Verständnis gesellschaftlicher Rückschritte beizutragen vermag, zeigte sich vor allem im Exkurs II über »Juliette oder Aufklärung und Moral« und in den »Elementen des Antisemitismus«, den beiden Texten, in denen der Anteil Horkheimers überwiegt. Aufklärung macht nicht nur selbst vor dem Minimum an Glauben nicht halt, ohne das die bürgerliche Welt nicht existieren kann, macht es nicht nur zur »Unmöglichkeit, aus der Vernunft ein grundsätzliches Argument gegen den Mord vorzubringen« (S. 142). Sie lässt darüber hinaus jede Hingabe als mythologisch, als abergläubisch erscheinen, die sich für in der Sache begründet hält. In jedem Genuss steckt die bedrohliche Selbstpreisgabe an ein anderes. Doch was macht Hingabe und Genuss so bedrohlich, so aufreizend?

In seiner späten Abhandlung »Der Mann Moses und die monotheistische Religion« meinte Freud von den seinerzeit durch Judenhass auffallenden Völkern, sie seien erst spät und oft nur durch blutigen Zwang getrieben zu Christen geworden – seien alle »schlecht getauft« und unter einer dünnen Tünche von Christentum geblieben, was ihre Ahnen waren, die einem barbarischen Polytheismus huldigten. Horkheimer und Adorno wandeln das zu einem Erklärungsmuster ab, gemäß dem Antisemitismus zu den Symptomen einer Gesellschaft »oberflächlich zivilisierter« (S. 134) Überlegener gehört, die in angespannter Distanzierung von der Natur leben. »Oberflächlich zivilisiert«, das schließt in den Augen der Autoren der »Dialektik der Aufklärung« das durchaus positive und für sie zur anthropologischen Ausstattung gehörende Element einer Sehnsucht nach Rückkehr zum Ursprung, nach Auflösung in das auf Distanz Gehaltene ein – ein Drang, der nur unterdrückt und deformiert, aber nie ganz ignoriert oder vernichtet werden kann. Für den Umgang mit dieser Sehnsucht, diesem Drang ist eine Reaktionsweise charakteristisch, an der sowohl auffällt, was Hass, Wut und Vernichtungswillen auf sich zieht, als auch: wie Hass, Wut und Vernichtungswille sich manifestieren.

Unbeherrschte Mimesis, die das Leiden unter den Versagungen der Zivilisation ausdrückt; Gesten von einer in der Zivilisation unterdrückten und verpönten Unmittelbarkeit wie Berühren und Anschmiegen, Beschwichtigen und Zureden; Verhaltensweisen und Situationen, die Bilder einer herrschafts- und zwanglosen Vorzeit und eines versöhnten Zustandes wachrufen – all das und gerade das weckt die Wut derer, die Natur nur krampfhaft beherrschen und nur über ein seiner selbst nicht sicheres, von Ressentiments geplagtes Selbst verfügen. »Was Unterschlupf sucht, soll ihn nicht finden; denen, die ausdrücken, wonach alle süchtig sind, den Frieden, die Heimat, die Freiheit: den Nomaden und Gauklern hat man seit je das Heimatrecht verwehrt. Was einer fürchtet, wird ihm angetan. Selbst die letzte Ruhe soll keine sein. Die Verwüstung der Friedhöfe ist keine des Antisemitismus, sie ist er selbst. [...] Getilgt soll werden, was bloß vegetieren will. In den chaotisch-regelhaften Fluchtreaktionen der niederen Tiere, in den Figuren des Gewimmels, in den konvulsivischen Gesten von Gemarterten stellt sich dar, was am armen Leben trotz allem sich nicht ganz beherrschen lässt: der mimetische Impuls« (S. 213). Die sich in der solche Unterdrückung auf Dauer stellenden Ordnung eingerichtet haben, wiederholen die Unterdrückung an allem, was sich ihr entzogen zu haben oder ihr entronnen zu sein scheint.

Gleichzeitig bietet ihnen solche Unterdrückung aber auch die Gelegenheit zur Ersatzbefriedigung. Führer und Gefolgschaft treffen sich – und das macht in Horkheimers und Adornos Augen den Kern des politischen Antisemitismus aus – in einer »rationalisierten Idiosynkrasie« (ibid.), die es ihnen erlaubt, der »mimetischen Verlockung« nachzugehen, ohne sich darin zu verlieren. Modellartig entwerfen die

Autoren einen solchen Vorgang am Beispiel der Funktion von Nase, Riechen und Geruch, die in der abendländischen Hierarchie der Sinne durchgängig am niedrigsten rangieren. Von allen Sinnen zeugt der Akt des Riechens, das angezogen wird, ohne zu vergegenständlichen, am sinnlichsten von dem Drang, sich ans andere zu verlieren und gleich zu werden. »Dem Zivilisierten ist Hingabe an solche Lust nur gestattet, wenn das Verbot durch Rationalisierung im Dienst wirklich oder scheinbar praktischer Zwecke suspendiert wird. Man darf dem verpönten Trieb frönen, wenn außer Zweifel steht, dass es seiner Ausrottung gilt. Das ist die Erscheinung des Spaßes oder des Ulks. Er ist die elende Parodie der Erfüllung. Als verachtete, sich selbst verachtende, wird die mimetische Funktion hämisch genossen. Wer Gerüche wittert, um sie zu tilgen, ›schlechte‹ Gerüche, darf das Schnuppern nach Herzenslust nachahmen, das am Geruch seine unrationalisierte Freude hat. Indem der Zivilisierte die versagte Regung durch seine unbedingte Identifikation mit der versagenden Instanz desinfiziert, wird sie durchgelassen. Wenn sie die Schwelle passiert, stellt Lachen sich ein. Das ist das Schema der antisemitischen Reaktionsweise« (S. 214). Die antisemitische Reaktionsweise zeigt, wie der totalitäre Faschismus die Rebellion der unterdrückten Natur durch veranstaltete Pogrome und »kollektiven Talmirausch« (S. 129) zugunsten einer oberflächlich zivilisierten Ordnung in Regie zu nehmen weiß. Sie schärft aber auch den Blick für weniger extreme Formen veranstalteter, organisierter, betriebsmäßiger Ermöglichung von Varianten einer »Mimesis der Mimesis« (S. 214).

Auch das Gewicht dessen, wovon der Essay über Kulturindustrie handelt – ein von Horkheimer und Adorno geprägter und gezielt gebrauchter Begriff, der dem Missverständnis vorbeugen sollte, das der zunächst auch von ihnen verwandte Begriff Massenkultur ermöglichte, dass es nämlich um eine Kunst der Massen gehe –, wird im Zusammenhang von Begriff und Funktion der Mimesis plausibel. Die »Elemente des Antisemitismus« handeln in ihrem originellen, für die »Dialektik der Aufklärung« spezifischen Teil von der Parodie der Mimesis, der Kulturindustrie-Essay davon, dass der Kulturbetrieb Verrat an dem begeht, worin die Autoren die Aufgabe von Kunst sahen: das Überwintern der Mimesis im gesellschaftlichen System naturverfallener Naturbeherrschung zu gewährleisten. Damit nehmen sie die Kulturindustrie ernster, als sie von sich aus genommen werden möchte. Auch Entwürfe für weitere Projekte des Instituts in den Jahren vor und nach dem Ende des Zweiten Weltkriegs – etwa »What National Socialism Has Done to the Arts« oder »Deutschlands Erneuerung nach dem Krieg und die Funktion der Kultur« – machten deutlich: Die politische Relevanz des Kulturindustrie-Themas war in der Überzeugung begründet: Neutralisierung der Kultur schwächt die Widerstandskraft gegen autoritäre Regime. Ein warnender Hinweis darauf war, dass im nationalsozialistischen Deutschland die Kulturindustrie funktionierte und ein gespaltenes Bewusstsein stabilisieren half. Die Aneignung der Kultur durch die westliche Geschäftswelt droht die Kultur ebenso nachhaltig auf eine Kompensationsfunktion zu reduzieren wie die Eingliederung aller kulturellen Aktivitäten in den faschistischen Machtapparat.

Die geschichtsphilosophisch-anthropologische Hintergrundannahme für die Einschätzung der Kulturindustrie enthält die im Titelaufsatz und im Odyssee-Exkurs gleich zweifach unternommene Interpretation der Vorbeifahrt des Odysseus an den Sirenen. Sie wird als Urgeschichte der Kunst gedeutet. Die Ambivalenz von Angst und Lockung angesichts der Ursprungsmächte erfährt in Gestalt der Kunst eine erste Stufe der Neutralisierung. Ihr wird am Beispiel der Musik, die als die irrationalste und unwiderstehlichste der Künste gilt, attestiert: »Seit der glücklich-mißglückten Begegnung des Odysseus mit den Sirenen sind alle Lieder erkrankt, und die gesamte abendländische Musik laboriert an dem Widersinn von Gesang in der Zivilisation, der doch zugleich wieder die bewegende Kraft aller Kunstmusik« ist (S. 83). Was auf den ersten Blick als abenteuerlich überzogener Maßstab dafür erscheint, was Musik eigentlich zu sein und wie sie zu wirken hätte, und als eine entsprechend überzogene Kritik, ja arrogante Geringschätzung dessen, was Musik in der Realität bietet und Menschen bedeutet, erweist sich bei näherem Hinsehen als ein Seismograph für die Verfassung einer Gesellschaftsform, einer Lebensform, der ganz anders geartet und in mancher Hinsicht aufschlussreicher ist als die üblichen Indizes für die Fortschrittlichkeit oder den Erfolg einer Gesellschaft. Am Komplex musikalischer Produktion, Reproduktion und Rezeption lässt sich ablesen, wie es in einer Lebensform um die Ausdrucksfähigkeit und den Umgang mit Sehnsüchten und Leidenschaften, Nöten und Leiden bestellt ist. Wo dieser Umgang durch Konventionen bzw. Warenförmigkeit eingeschränkt ist, unterentwickelt bleibt oder verkümmert, findet eine Neutralisierung zweiter Stufe statt. Darauf zielt die Unterscheidung zwischen »Kunst« und »Kulturindustrie«.

Kunst ist, worin die Erfahrung der Vorbeifahrt des Odysseus an den Sirenen nachklingt. Kulturindustrie dagegen übertönt und verdrängt solche Erfahrung durch erotische, spaßige oder alltägliche Betriebsamkeit. »Die permanente Versagung, die Zivilisation auferlegt, wird dem Erfassten unmissverständlich in jeder Schaustellung der Kulturindustrie nochmals zugefügt und demonstriert. Ihnen etwas bieten und sie darum bringen ist dasselbe. Das leistet die erotische Betriebsamkeit« (S. 167). Das leistet ebenso der organisierte und der veranstaltete Frohsinn. »Das reinste Amusement in seiner Konsequenz, das entspannte sich Überlassen an bunte Assoziationen und glücklichen Unsinn wird vom gängigen Amusement beschnitten: es wird durch das Surrogat eines zusammenhängenden Sinns zerstört, den Kulturindustrie ihren Produktionen beizugeben sich versteift und zugleich augenzwinkernd als bloßen Vorwand fürs Erscheinen der Stars misshandelt« (S. 168). Und das leistet ebenso jede Wiederholung des Alltags in der »soap opera«, die eine von Adorno zitierte Hausfrau auf die Formel brachte: »to get into trouble and out again«. Das läuft an vielen Stellen auf die resignierte Diagnose einer allmächtigen kulturindustriellen Manipulation passiv konsumierender Rezipienten hinaus. Im Gesamtzusammenhang der in der »Dialektik der Aufklärung« versammelten Fragmente gesehen geht es aber in erster Linie um den Versuch, eine Korrelation von Kulturstil und Gesellschaftsform aufzuzeigen, und zwar anhand der Frage, wie es in einer Gesellschaft um Kunst und den Umgang mit Kunst als Platzhalter eines mimetischen Verhältnisses zur Natur bestellt ist.

Die den Band beschließenden »Aufzeichnungen und Entwürfe« geben einen Eindruck von der Vielfalt der Themen, an denen sich die zeitdiagnostische Erschließungsfunktion einer Geschichtsphilosophie naturverfallener Naturbeherrschung überprüfen lässt. Beispielsweise zeigt sich eine ähnliche Fusion von Sehnsucht und Verachtung wie bei der antisemitischen Reaktionsweise, dieser Parodie der Mimesis, im Verhältnis zum Körper. »Die Hassliebe gegen den Körper färbt alle neuere Kultur« (S. 264), heißt es im Fragment »Interesse am Körper«. Die Distanzierung von der äußeren Natur lässt sich nur ineins mit der vom Körper vollziehen. Und der lässt sich in den Leib, der man ist, nur zurückverwandeln, wenn Natur nicht länger Gegenstand der Herrschaft ist. Dem Körper verhaftet sein, ohne ihn ineins mit der nichtmenschlichen Natur zu achten, macht ihn statt zum Medium des Heimischseins in der Welt zum Mittel verselbständigter Selbsterhaltung. Er wird als beweglicher Mechanismus gesehen, das Fleisch als Polsterung des Skeletts. Der Spaziergang wird in Bewegung, die Speise in Kalorien verwandelt. So bleibt der menschliche Körper »die Leiche, auch wenn er noch so sehr ertüchtigt wird« (S. 266).

In ihrer Gesamtkonstellation gaben die Fragmente eine vielgestaltige und anschauliche Antwort auf die Frage, wie Aufklärung zum Unheil werden konnte, nämlich durch ihre Konsequenz bzw. Überkonsequenz im Prozess einer Emanzipation von Natur, die keinerlei sympathetische Zusammenhänge mehr bestehen ließ und alles dem kategorialen Schema von Herrschaft und Unterdrückung unterwarf. Zuvor hatte ja auch Horkheimer das Ideal in einem »bewusst geführten Kampf der Menschheit mit der Natur«, in einer »Herrschaft der klassenlosen Menschheit über die Natur« gesehen. Noch in dem auf 1940 datierten Aufsatz »Autoritärer Staat« für eine Textsammlung »Walter Benjamin zum Gedächtnis« führte er als Kennzeichen einer sozialen Umwälzung an, dabei werde dank Sozialisierung und Planung der Wirtschaft Naturbeherrschung ins Ungemessene wachsen und gleichzeitig durch aktive Resistenz das Ende der Ausbeutung herbeigeführt werden. Erst am Ende des bereits weitgehend zusammen mit Adorno verfassten und in der letzten Nummer der Institutszeitschrift erschienenen Aufsatzes »The End of Reason« – in der deutschen Fassung »Vernunft und Selbsterhaltung« – trat erstmals das Motiv einer Emanzipation von Natur auf, die nicht darauf zielt, Natur zu beherrschen, sondern sie zu begreifen.

Auch in der »Dialektik der Aufklärung« waren Hinweise auf dieses Motiv noch indirekt und verstreut. »Aufklärung ist mehr als Aufklärung, Natur, die in ihrer Entfremdung vernehmbar wird«, hieß es einmal im Titelessay. »In der Selbsterkenntnis des Geistes als mit sich entzweiter Natur ruft wie in der Vorzeit Natur sich selber an, aber nicht mehr unmittelbar mit ihrem vermeintlichen Namen, der die Allmacht bedeutet, als Mana, sondern als Blindes, Verstümmeltes. Naturverfallenheit besteht in der Naturbeherrschung, ohne die Geist nicht existiert. Durch die Bescheidung, in der dieser als Herrschaft sich bekennt und in Natur zurücknimmt, zergeht ihm der herrschaftliche Anspruch, der ihn gerade der Natur versklavt.« (S. 63) In variierter Form sprachen die Autoren auch vom »Eingedenken der Natur im Subjekt, in dessen Vollzug die verkannte Wahrheit aller Kultur beschlossen liegt« (S. 64). Zwar erwartete Adorno, der sich letztlich mindestens ebenso sehr als Künstler wie als Denker begriff, erlösende Kraft eher von der Kunst, Horkheimer dagegen, der sich zwar nicht als unkünstlerisch, aber doch in erster Linie als selbständigen Denker sah, eher von der Theorie und einer Erkenntnis, die die Dinge beim Namen nennt. Doch das beeinträchtigte nicht die Gemeinsamkeit des zentralen Motivs: Eingedenken der Natur im Subjekt als die wahre Kultur und als die Wahrheit der Natur. Auf die Negativform dieses Zusammenhangs wies in den von Horkheimer stammenden Aufzeichnungen und Entwürfen der Aphorismus »Interesse am Körper« hin. »In der Selbsterniedrigung des Menschen zum corpus rächt sich die Natur dafür, daß der Mensch sie zum Gegenstand der Herrschaft, zum Rohmaterial erniedrigt hat.« (S. 264 f.)

Während der Arbeit an den »Philosophischen Fragmenten« war Horkheimer öfter hin und her gerissen zwischen Stimmungen des Hochgefühls über äußerste Leistungen und solchen der Verzweiflung darüber, noch nichts Eindrucksvolles vorlegen zu können. »There is no doubt«, hatte er einmal in einer frühen Phase der Arbeit an Pollock geschrieben, »that the studies which I am undertaking now and which are really the fullfillment of what we have dreamt to be our raison d'être, when we were young, cannot be achieved in one or two years. I am not struggling to make a book like Neumann did and all the others who, under the pressure of necessity and competition, turn out the more or less instructive literature of today. Husserl needed 10 years to write his Logische Untersuchungen and another 13 years to publish his Introduction in pure Phenomenology, not to speak of more famous works on philosophy and related subjects, and if you take my poor forces, education and routine into consideration, you will appreciate what I am in for.« (Horkheimer-Pollock, 27.11.1942/MHA: VI 33.63) Zu anderen Zeiten hatten ihn Zweifel befallen, ob überhaupt jemand erkennen würde, welche Fortschritte er in der Theorie gemacht hatte. Er dachte dabei vor allem an Felix Weil, den Stifter und Mäzen. Es waren dann Marcuse und Kirchheimer, die, als sie im Dezember 1944 die »Philosophischen Fragmente« zugeschickt bekamen, unabhängig voneinander ratlos reagierten und nur dankten. Anders als früher nach dem Erscheinen mancher Aufsätze Horkheimers in der Zeitschrift des Instituts waren die Reaktionen auf die ersten Proben des Dialektik-Buches offenbar insgesamt wenig ermutigend oder anregend. Eine so originelle Theorie, die konservative Zivilisationskritik mit progressiver Gesellschaftskritik verband, konnte in linken Kreisen offenbar nicht mit Verständnis rechnen.

Anders sah es aus, als 1947 Horkheimers überarbeitete Vorlesungen über »Society and Reason«, die er im Frühjahr 1944 an der Columbia University gehalten hatte, unter dem Titel »Eclipse of Reason« als Buch erschienen (zit. nach der zuerst 1967 unter dem Titel »Zur Kritik der instrumentellen Vernunft« erschienenen deutschen Übersetzung). Horkheimer selbst hatte einige Wochen vor seiner Reise nach New York in einem Brief an Pollock gemeint: »In January I may prepare the lecture together with Teddie. I intend to make it a more or less popular version of the philosophy of enlightenment as far as it has taken shape in the chapters of the book we have so far completed.« (Horkheimer-Pollock, 19.11.1943/HGS 17, S. 498) In seiner auf den März 1946 datierten Vorrede beanspruchte Horkheimer höchste Aktualität für sein Buch. »Der Fortschritt«, so meinte er, nachdem der Krieg mit dem verlustreichen Sieg der Alliierten und der totalen Niederlage Deutschlands geendet hatte, »droht das Ziel zunichte zu machen, das er verwirklichen soll – die Idee des Menschen. Ob dieser Zustand eine notwendige Phase im allgemeinen Aufstieg der Gesellschaft insgesamt ist oder ob er zu einem siegreichen Wiedererstehen der jüngst auf den Schlachtfeldern besiegten neuen Barbarei führen wird, hängt wenigstens zum Teil von der theoretischen Fähigkeit ab, die tiefen Veränderungen, die im öffentlichen Bewusstsein und in der menschlichen Natur statthaben, zu interpretieren.« (HGS 6, S. 25 f.) Offenbar sah Horkheimer im Ende des Krieges und in dessen Ausgang keine Zäsur, die Anlass für eine neue Sicht der Situation gegenüber den Kriegsjahren hätte sein können. Er meinte in seiner Vorrede abschließend: »Wie sie in unserer Zivilisation verstanden und praktiziert wird, tendiert die fortschreitende Rationalisierung dazu, eben jene Substanz der Vernunft zu vernichten, in deren Namen für den Fortschritt eingetreten wird.« Was war das Interessante an Horkheimers Text?

Er setzte, bescheidener als die »Dialektik der Aufklärung«, nicht bei einer in vorzivilisatorische Zeiten zurückreichenden Geschichte der abendländischen Zivilisation an. Er begann mit einer anschaulichen Gegenüberstellung. Nach der Bedeutung des Begriffs Vernunft gefragt würde ein normaler Zeitgenosse schließlich zu einer Formulierung gelangen, die besagte, vernünftig sei die Verwendung geeigneter Mittel für die Erreichung bestimmter Ziele, die im Interesse des Akteurs bzw. der Gemeinschaft, zu der er gehörte, lägen. Horkheimer taufte das »subjektive Vernunft«. Wie er einst im Aufsatz über »Traditionelle und kritische Theorie« den Teil über kritische Theorie schlicht mit der Feststellung eröffnet hatte: »Es gibt nun ein Verhalten, das ...«, so führte er nun einen von der subjektiven Vernunft verschiedenen Vernunftbegriff schlicht mit der Feststellung ein: »Lange Zeit herrschte eine diametral entgegengesetzte Ansicht von der Vernunft. Diese Ansicht behauptete das Dasein der Vernunft als einer Kraft nicht nur im individuellen Bewusstsein, sondern auch in der objektiven Welt – in den Beziehungen zwischen den Menschen und zwischen sozialen Klassen, in gesellschaftlichen Institutionen, in der Natur und ihren Manifestationen.« (A. a. O., S. 28) Bei der Charakterisierung dieser Anschauungsweise einer vergangenen Zeit berief er sich statt auf einfache Menschen vielmehr auf »große philosophische Systeme« wie die von Platon und Aristoteles, von Scholastik und deutschem Idealismus. »Im Brennpunkt der Theorie der objektiven Vernunft stand nicht die Zuordnung von Verhalten und Ziel, sondern die Begriffe – wie mythologisch sie uns auch heute anmuten mögen –, die sich mit der Idee des höchsten Gutes beschäftigten, mit dem Problem der menschlichen Bestimmungen und mit der Weise, wie höchste Ziele zu verwirklichen seien.« (Ibid.) Auf unkompliziert wirkende Weise gelangte er so zu der Diagnose: »Historisch hat es beide Aspekte der Vernunft, den subjektiven und den objektiven, seit Anbeginn gegeben, und das Vorherrschen jenes über diesen kam im Verlaufe eines langen Prozesses zustande. [...] Die gegenwärtige Krise der Vernunft besteht im Grunde in der Tatsache, daß das Denken auf einer bestimmten Stufe entweder die Fähigkeit verlor, eine solche Objektivität überhaupt zu konzipieren, oder begann, sie als einen Wahn zu bestreiten.« (S. 30) Die Vernunft habe noch nie die gesellschaftliche Realität geleitet, doch nun verzichte sie sogar darauf, Handlungen und Lebensweise der Menschen zu beurteilen. »Die Vernunft hat diese zur endgültigen Sanktion den im Widerstreit liegenden Interessen überlassen, denen unsere Welt tatsächlich ausgeliefert zu sein scheint.« (S. 32)

Mit diesem Pingpong-Spiel von früher und heute, von objektiver und subjektiver Vernunft gelang es Horkheimer, ohne dass der Leser einen eingehenderen historischen Vergleich und eine genauere Untersuchung des von ihm behaupteten »tiefgreifenden Wandelns der Anschauungsweise, der in den letzten Jahrhunderten im abendländischen Denken stattgefunden hat«, vermisste, durch die Gegenüberstellung zweier Haltungen ein anschauliches Bild seiner Sicht des Grundübels der westlichen Zivilisation zu vermitteln. Diese Anschaulichkeit geriet umso plastischer, je größer die Selbstverständlichkeit war, mit der Horkheimer in seine Beispiele für objektive Vernunft das Weiterwirken weit zurückliegender mythologischer Elemente einfließen ließ. »Diese alten Lebensformen, die unter der Oberfläche der modernen Lebensform schwelen«, heißt es im Kapitel »Mittel und Zwecke«, »liefern in vielen Fällen noch die Wärme, die einem jeden Entzücken innewohnt, jeder Liebe zu einem Ding, die mehr um seiner selbst als um eines anderen Dinges willen besteht. Das Vergnügen, einen Garten zu pflegen, geht auf alte Zeiten zurück, in denen die Gärten den Göttern gehörten und für sie bebaut wurden. Der Sinn für Schönheit in der Natur wie in der Kunst ist durch tausend zarte Fäden mit diesen abergläubischen Vorstellungen verknüpft. Wenn der moderne Mensch die Fäden zu ihnen durchschneidet, indem er sie entweder verspottet oder mit ihnen prunkt, so mag das Vergnügen noch eine Weile anhalten, aber sein inneres Leben ist ausgelöscht.« (S. 54 f.) Auch ein weiteres Beispiel hatte mit Naturerfahrung zu tun: das moderne Schicksal eines als Vergnügen an der Landschaft gedachten Spaziergangs. Die Kinder eines Vaters, der an solchen Spaziergängen noch Vergnügen findet, würden den Vater vielleicht zunächst nachahmen, doch der weitere Fortschritt eines an Nützlichkeitsmaßstäben orientierten Denkens würde bald dazu führen, dass sie meinten, so Horkheimer, »die Pflicht gegenüber ihrem Körper erfüllt (zu) haben, wenn sie nach den Kommandos einer Radiostimme einen Gymnastikkurs absolvieren«. (S. 56) Ein Spaziergang durch die Landschaft wäre nicht mehr nötig, und damit würde auch der Begriff der Landschaft, »wie sie von einem Fußgänger erfahren wird«, sinnlos und überflüssig. Die Landschaft verfiele zum Touring-Erlebnis.

Die Erfahrung, deren Verlust Horkheimer durch solche Beispiele zu veranschaulichen suchte, war die einer Art von sympathetischem Zusammenhang. Wo davon nichts mehr übrig war, kam es zu dem, was Horkheimer nun als »Revolte der Natur« bezeichnete, der er ein ganzes Kapitel seines Buches widmete. »Da die Unterjochung der Natur innerhalb und außerhalb des Menschen ohne ein sinnvolles Motiv vonstatten geht, wird Natur nicht wirklich transzendiert oder versöhnt, sondern bloß unterdrückt.« (S. 106) Die von Horkheimer gemeinte »Revolte der Natur« ist nicht die der äußeren Natur, etwa in Gestalt einer Naturkatastrophe, die durch technische Eingriffe oder Großprojekte zur Umgestaltung von Landschaften ausgelöst wurde. Es geht dabei vielmehr um die in den »Elementen des Antisemitismus« in der »Dialektik der Aufklärung« untersuchten Reaktionsweisen derer, die, oberflächlich zivilisiert, Natur krampfhaft beherrschen und bereit sind, die zu verfolgen und zu vernichten, bei denen sie Glück und Genuss wahrzunehmen vermeinen. Um eine »Revolte der Natur« handelt es sich aber für Horkheimer auch noch in einem weitergehenden Sinn. Den Darwinismus – im Unterschied zu Darwin – charakterisierte er als eine der rebellischen Natur zu Hilfe kommende Ideologie, indem er jede Lehre untergräbt, ob theologisch oder philosophisch, »die die Natur selbst als etwas betrachtet, das eine Wahrheit ausdrückt, die die Vernunft zu erkennen suchen muß«. (S. 133) »Die Gleichsetzung von Vernunft und Natur, wodurch die Vernunft erniedrigt und die rohe Natur erhöht wird, ist ein typischer Trugschluß des Zeitalters der Rationalisierung. Die instrumentelle subjektive Vernunft preist entweder die Natur als pure Vitalität oder schätzt sie gering als brutale Gewalt, anstatt sie als einen Text zu behandeln, der von der Philosophie zu interpretieren ist [...].« (S. 133 f.) Revolte der Natur – diese pathetisch klingende Formulierung besagte: solange Natur nicht durch eine sich als bewussten Teil der Natur sehende Menschheit kultiviert wird und dadurch in ihrer Gesamtkonstellation eine andere, geistig befreite, erhellte wird, kommt es zu Revolten unterdrückter Natur im Menschen, die ein dauerndes Potential für eine Indienstnahme zu Herrschaftszwecken und fortgesetzter Naturunterdrückung bildet.

So idealistisch und romantisch die Idee einer durch den Menschen mit sich versöhnten Natur, eines Zu-sich-Kommens der Natur im Menschen als wahrer Gestalt objektiver Vernunft war – Horkheimers sinnfälligere und schlichtere und im Unterschied zur »Dialektik der Aufklärung« englischsprachige Darlegung tat ihre Wirkung. »I might add at this point«, schrieb ihm Lazarsfeld nach der Lektüre des Buches, »that I also feel that your ›Eclipse of Reason‹ is a real step forward toward the kind of institute's policy I have always hoped you would follow. The book is written in such a way as to make it understandable to many people and will undoubtedly also influence many readers. As a matter of fact, I, myself, have never so clearly understood before some of your basic ideas.« (Lazarsfeld-Horkheimer, 19.7.1947/HGS 17, S. 848)

Dies Lob erhielt Horkheimer in einer Zeit neuer und bedrängender Probleme. Im Herbst 1946 hatten er und Adorno noch einmal Gespräche über eine Fortsetzung des Dialektik-Buchs geführt. Adornos Faszination für ein immanent-kritisches Ansetzen bei einer Selbstkritik des herrschenden Standes des Denkens, um schließlich zu einem Begriff der richtigen Vernunft zu gelangen, konnte Horkheimer nicht teilen. »Wir verwickeln uns da«, meinte er, »in etwas sehr Schwieriges. Ich habe dabei gar nicht das Gefühl der Fülle. Im Grunde haben wir soviel zu sagen und jetzt sind wir im Begriff, uns auf Gebiete zu verschieben, in denen wir nicht nur in Konkurrenz mit den abstraktesten Produkten des neunzehnten Jahrhunderts stehen, sondern wo wir auch gerade das nicht sagen können, was wir müssen, nämlich unseren Gegensatz zu der Welt, wie sie jetzt ist.« Das letzte Wort bei diesem Gespräch hatte Horkheimer mit dem resigniert klingenden Wunsch: »Ich möchte eigentlich von einer mehr inhaltlichen Sache ausgehen, z. B. von einer Analyse der Selbstbehauptung in der Massengesellschaft. Wieweit hat man an der Selbsterhaltung teilzunehmen und wieweit ist sie Wahnsinn?« (HGS 12, S. 604)

XIII Zögernde Rückkehr

Wie weit hat man an der Selbsterhaltung teilzunehmen und wie weit ist sie Wahnsinn? Eine merkwürdige Frage war es, mit der im Oktober 1946 das Gespräch Horkheimers und Adornos über eine Fortsetzung der »Dialektik der Aufklärung« endete. Merkwürdig, da das so klang, als müsse man, wenn man den Selbstbehauptungskampf für Wahnsinn hielt, nicht daran teilnehmen. Teilnehmen aber musste Horkheimer ununterbrochen. Beim Antisemitismusprojekt war es durch geschickte Präsentation des im ersten Jahr Geleisteten gelungen, das American Jewish Committee vom Sinn einer Fortsetzung der Arbeit in größeren Dimensionen zu überzeugen. Statt weiter an der Flaschenpost zu arbeiten, war Horkheimer im Oktober 1944 zu einem mehrmonatigen Aufenthalt nach New York gefahren. Dort residierte er im Gebäude des AJC als Begründer und erster Leiter von dessen Scientific Department. Währenddessen blieb Adorno an der Westküste und wirkte dort als einziger Mitarbeiter des geschrumpften Instituts am wichtigsten Teilunternehmen des Antisemitismusprojekts mit. Beim Berkeley-Projekt, das von ihm und den drei Psychologen der Berkeley Public Opinion Study Group durchgeführt wurde, sollte es darum gehen, die Charakterstruktur von Personen aufzudecken, die anfällig für Antisemitismus waren, und ein Instrument zu entwickeln, mit dem diese Anfälligkeit festgestellt werden konnte. Das Ergebnis war der ein halbes Jahrzehnt später erschienene gewichtigste Band der »Studies in Prejudice«, mit denen die Zusammenarbeit von AJC und Horkheimer-Institut endete: »The Authoritarian Personality«.

Es gehe ihm gesundheitlich nicht schlecht, schrieb Horkheimer nach den ersten Wochen in New York an Adorno. Doch er müsse seine ganze Energie aufbieten, um die geschäftigen Tage und Nächte auszuhalten, in denen er keinen einzigen vernünftigen Gedanken fassen könne. »Es sieht auch vorerst nicht so aus, als ob irgend etwas fürs Committee selbst dabei herauskäme. Ich sitze da bei unzähligen

Zusammenkünften, bei denen ich zuweilen ein gescheiteres oder dümmeres Wort einwerfe. Kehre ich in mein respektables Zimmer zurück und will anfangen irgendetwas zu diktieren, sei es auch nur ein Brief, so kommt ein freundlicher Executive ins Zimmer und frägt mich, ohne Scheu vor meinem Vornamen, was er wegen des Mayor's Committee oder der Kriegsveteranen tun soll, und verlässt mich dann mit dem Gefühl, daß ich es halt auch nicht besser weiß. Es ist gar nicht so als ob ein unmittelbarer Druck auf mich ausgeübt würde. Im Gegenteil. Vorerst herrscht ehrwürdige Scheu und die stille Erwartung, daß mit der Zeit irgend etwas Großartiges aus meiner ›Abteilung‹ hervorgehen wird. Dieser Respekt trägt es aber schon in sich, daß er eines Tages in grimmige Enttäuschung umschlägt.« (Horkheimer-Adorno, 9. 12. 1944 / AHB II, S. 379 f.)

Er war sich klar darüber, dass das AJC baldige erste Ergebnisse erwartete. Deshalb war sein Plan: »Ich muß ein paar Mitarbeiter haben, die so rasch wie möglich research im hiesigen Stil einleiten: intensives Testen von Radio Programmen, die direkt oder indirekt vom Committee veranlasst sind, Testen der drastischeren Propagandamittel, die von anderen Organisationen angewandt und vom Committee für unzweckmäßig erachtet werden, ferner Interviews in regionalen und sozialen Gruppen vor und nach der Bearbeitung durch kombinierte oder einzelne Propagandamethoden des Committees. Wenn diese Art research einmal im Gang ist, wird sich, so hoffe ich, die Atmosphäre zur Vorbereitung unserer eigenen prinzipiellen und auf längere Sicht angelegten Studien einstellen.« (Ibid.) Doch die Strategie, im Windschatten kurzfristiger konventioneller Untersuchungen langfristig angelegte theoriegeleitete durchzuführen, war nicht leicht auszuführen. Man musste mit anderen psychologischen Richtungen konkurrieren. Dazu gehörte die von dem 1933 emigrierten Gestaltpsychologen Kurt Lewin in den USA entwickelte Richtung der Gruppendynamik, zu deren institutioneller Basis 1945 das zunächst mit dem Massachusetts Institute of Technology liierte Research Center for Group Dynamics wurde. Es werde einem, meinte Horkheimer, stillschweigend angedeutet, »daß doch der Lewin in den ganzen Vereinigten Staaten action groups, dynamic operations, function group research betreibt, daß es nur so kracht«. (Horkheimer-Adorno, 19. 12. 1944 / AHB II, S. 396) Gleichzeitig war es schwierig, den reduzierten Personalbestand des Rumpf-Instituts vorübergehend aufzustocken. Man fände, klagte Horkheimer, »einfach keine kompetenten Textexperten auf dem Markt«.

Auch in dieser Situation bewährte sich Adorno. Er schickte Horkheimer verständnisvolle und ermutigende Briefe, außerdem Memoranden und Notizen mit einer Fülle von Ideen und Informationen. Eine besondere Rolle spielte dabei schon früh die Entwicklung einer F-Skala (Fascism Scale). Ein aus standardisierten Items bestehender Fragebogen sollte die Anfälligkeit für faschistisches Denken und Verhalten vermitteln, ohne dass dabei durch die Erwähnung etwa von Minderheitengruppen wie Juden oder Schwarze der Zweck für die untersuchten Personen erkennbar würde. Gerade die Idee des »indirect measurement« sollte, so Adorno, »unser ›Gegenschlager‹ gegen das Zeug von Lewin« sein. (Adorno-Horkheimer, 30.12.1944/AHB II, S. 417) Bei der Ausarbeitung von Fragen ließ Adorno sich von den »Elementen des Antisemitismus« in der »Dialektik der Aufklärung« inspirieren – im Ohr immer Horkheimers Mahnung, dass es auf den experimentellen Beweis der Bedrohlichkeit des Antisemitismus für die demokratische Zivilisation ankam. Sollte es gelingen, in relativ kurzer Zeit denselben Fragebogen in Samples von gesellschaftlich wichtigen Gruppen in verschiedenen Städten durchzuführen, so war Horkheimer überzeugt, dann würden für dieses Hauptprojekt bestimmt respektable Budgets bewilligt werden.

Im Frühjahr 1945 war schließlich ein Gesamtprogramm entworfen und von Horkheimer und dem Scientific Department des AJC beschlossen worden. Außer dem Berkeley-Projekt sah es acht weitere Teilprojekte sowie laufende Befragungen und Tests aus aktuellen Anlässen vor. Formelle Institutsmitarbeiter bildeten nur eine Minderheit des Personals. Ansonsten handelte es sich um von Horkheimer angeworbene Personen, die teilweise bereits früher mit dem Institut zusammengearbeitet hatten oder durch Auftragsarbeiten unterstützt worden waren. Dazu gehörte die Psychologin und Soziologin Marie Jahoda, Paul Lazarsfelds erste Ehefrau. Sie war in Österreich für die Untergrundorganisation »Revolutionäre Sozialisten« tätig gewesen, war 1936 verhaftet und nach acht Monaten vorzeitig unter der Bedingung entlassen worden, Österreich sofort zu verlassen. Dazu gehörte auch Paul Massing. Er war vor 1933 Doktorand am Frankfurter Institut gewesen. In den 1930er Jahren hatte er für den sowjetischen Geheimdienst gearbeitet. Nach dem Ende des Zweiten Weltkriegs

Abb. 18: Max und Maidon Horkheimer, Felix und Helen Weil und Friedrich Pollock im Nachtclub Ciro's in Hollywood, August 1945

und nach Verhören durch das FBI war er für die USA tätig. Davon hatte Horkheimer anscheinend allenfalls eine vage Ahnung. Als er im Sommer 1945 die Leitung der Wissenschaftsabteilung des AJC Samuel Flowerman überließ und an die Westküste zurückfuhr, hoffte er, günstige Bedingungen geschaffen zu haben, um die Oberaufsicht über die laufenden Projekte aus der Ferne führen zu können und im Übrigen Zeit für die »eigene« theoretische Arbeit zu haben. »Soweit mir die Beaufsichtigung der Projekte in Berkeley und die Tätigkeit als Chief Consultant des Komitees Zeit lassen«, schrieb er im Dankesbrief für ein Geburtstagstelegramm Marcuses, »versuche ich, die philosophische Arbeit weiterzumachen. Es geht langsam aber mit der alten Leidenschaft vorwärts und vielleicht zeigt es sich am Ende doch, daß es nicht ganz sinnlos war. Verrückter als die nach unserem Hegel vernünftige Arbeit der Weltgeschichte ist dieses abwegige und einsame Tun jedenfalls nicht.« (Horkheimer-Marcuse, 22.3.1946/HGS 17, S. 711)

Einige Zeit vor seiner Rückkehr an die Westküste machte er Adorno eine vertrauliche Mitteilung: Felix Weil habe eine neue Stiftung von $ 100 000 für das Institut gemacht. »Sie ist im Hinblick darauf getroffen, daß in Zukunft das Institut sich nicht mehr auf einen großen Betrieb einlassen sondern sich auf die entscheidenden Arbeiten konzentrieren soll. Lix ist sich dessen bewusst, daß heute dies nur möglich ist, wenn die paar Menschen, die das Institut ausmachen, auf eine Reihe von Jahren hinaus relativ gesichert sind. Lix selbst denkt daran, nach Kalifornien zu ziehen und zunächst für den Sommer dort ein Haus zu mieten.« (Horkheimer-Adorno, 6. 4. 1945 / AHB III, S. 81) Als Horkheimer zum Jahreswechsel an Felix Weil schrieb, war er bemüht, den Umstand, dass noch nichts auf die Erfüllung von dessen Wünschen hinwies, als Teil einer klugen Strategie hinzustellen. »Schon seit dem Frühjahr ist Dir unsere Tätigkeit für die Juden zu lang geworden und stets wäre Dir bei dieser Geschäftigkeit ein Ende mit Schrecken lieber gewesen als ein Schrecken ohne Ende. Heute haben wir uns im Prinzip schon zurückgezogen und in kurzer Zeit wird der Bruch offenbar werden. Fritz tut noch, was er kann, damit nichts unnötig verloren geht; ich selbst habe mich jedoch schon während den letzten Wochen anderen Dingen zugewandt und der Besuch von Flowerman hier wird daran nichts ändern.« (Horkheimer-Weil, 22. 12. 1945 / HGS 17, S. 692)

Zum baldigen Bruch mit dem AJC kam es nicht. Dafür waren Horkheimer die Projekte und die Verbindung mit dem bis dahin einzigen bedeutenden und einflussreichen Geldgeber, der bereit war, Unternehmungen des Instituts zu finanzieren, zu wichtig – und die im Laufe der Zeit zunehmenden Konflikte noch nicht gravierend genug. Doch ein anderer Rückzug wurde Wirklichkeit: der von der Columbia University. Im Winter 1945 / 46 fand im Auftrag der soziologischen Fakultät eine Evaluation des Instituts statt. Dabei wurde unter anderem bemängelt, dass das Institut nicht genug publiziere. Die wissenschaftliche Qualität des Instituts dagegen wurde vorbehaltlos anerkannt. Es drohte eine offizielle Empfehlung, Horkheimers Institut und Lazarsfelds Institut, das seit 1939 zur Columbia gehörte und seit 1944 »Bureau of Applied Social Research« hieß, zusammenzulegen. Das sollte so aussehen, dass formelle oder informelle Mitarbeiter des Horkheimer'schen Institute of Social Research wie Leo Löwenthal und Franz Neumann in Lazarsfelds Bureau of

Applied Social Research integriert würden. Für Horkheimer als Leiter eines unabhängigen und stark theoretisch orientierten Instituts wäre dann kein Platz mehr. Dem kam Horkheimer im Augenblick der offiziellen Anerkennung der wissenschaftlichen Qualität des Instituts durch eine diplomatische Ablösung des Instituts von der Columbia University zuvor. Im Juni 1946 schickte er dem Präsidenten der Columbia University einen Brief, in dem er sich für das Gespräch am Vortag bedankte und die Trennung als eine ungeachtet bester Aussichten auf noch engere Zusammenarbeit vorgenommene freie und verantwortungsbewusste Entscheidung des Instituts hinstellte. »Now that the war emergency is over«, erläuterte er die Gründe für die Trennung, »we feel that the time has come for us to evaluate results achieved in the course of more than two decades of work, and set forth our systematic findings in the form of books for the academic world. For the successful performance of this task, it is indispensable that we should continue to work on the basis of close personal cooperation. As I have stated, I am suffering from a chronic illness which has made it imperative for me to live during a great part of the year in a climate less rigorous than that of New York. Some of our associates have also set up permant residence in California. As a result, a considerable part of our activities will be transferred to the West Coast.« (Horkheimer-Fackenthal, 12.6.1946/HGS 17, S. 737)

Damit schien es diesmal ernst zu werden. Felix Weil schickte sich zusammen mit seiner vierten Ehefrau zum Umzug in den Westen an. Ebenso Pollock, dessen erste Frau 1939 gestorben war und der Anfang des Jahres Felix Weils Cousine Carlota geheiratet hatte. Das veranlasste Horkheimer, auf die Klärung einiger Dinge zu drängen. Dazu gehörte die Gestaltung des äußeren Lebens in Los Angeles. »Der Umstand, daß Du sozusagen die große Familie [den Dreierbund Horkheimer, Pollock, Maidon, R. W.] verlässt, für die Du viel Verantwortung getragen hast, zwingt uns, einige persönliche Dinge zu klären. Zum Beispiel hast Du selbstverständlich immer im Hause gewohnt, wenn wir beschlossen, uns beide hier aufzuhalten. Was Dich selbst betrifft, wird sich daran niemals etwa ändern. Wie ich jedoch schrieb, wäre es dumm, eine Symbiose beider Ehepaare anzustreben. Das Haus wurde vor allem gebaut, um einen Raum für meine spezielle Arbeit zu schaffen, für die Du Dich ebenso verantwortlich fühltest wie ich. Es wäre weder korrekt noch psychologisch sinnvoll, wenn Du Carlota glauben machtest, das Haus gehöre teilweise Dir. Du musst ihr sagen, daß Dein persönliches Recht, hier zu wohnen, auf unserer persönlichen Beziehung basiert. Rechtlich gehört das Haus Maidon. Je klarer Du ihr das machst, desto weniger Ressentiments werden entstehen.« Wichtig sei, dass Carlota nicht meine, Pollock gäbe Teile seines Vermögens auf oder mache unsinnige Geschenke. Schließlich kam Horkheimer in diesem Brief, der in vielem den förmlichen Memoranden über die Beziehung der beiden verschworenen Freunde glich, auf die materielle Basis eines Lebens für die Erkenntnis zu sprechen. »Die Idee, daß ich meine ganze Zeit darauf verwende zu schreiben, was mir wichtig erscheint, während Du Deine Zeit auf eine angemessene Beteiligung an der wissenschaftlichen Arbeit und die Verwaltung der Institutsgelder verteilst, wäre gewiß sehr verlockend, aber können wir uns das leisten? Muß ich nicht dafür sorgen, daß die Möglichkeiten, die ich derzeit beim Komitee und später vielleicht bei anderen Personen oder Institutionen habe, offengehalten werden? Kann ich eine Beeinträchtigung unseres akademischen Rufes akzeptieren? Kurz: Muß ich nicht auch versuchen, Geld zu verdienen?« (Horkheimer-Pollock, 7. 5. 1946/HGS 17, S. 728 f., aus dem Englischen übersetzt) Das waren rhetorische Fragen. Die Antwort gab Horkheimer selber. Er kappte die Verbindung mit der Columbia University in einem günstigen Augenblick, so dass das Weiterbestehen eines selbständigen und sei es auch fast nur noch formell existierenden Instituts gewährleistet war. Mit diesem Aktivposten im Rücken suchte er vielerlei Chancen wahrzunehmen bzw. sich offen zu halten.

Um die Zeit der Trennung von der Columbia University erreichten ihn erste Briefe von Heinz Maus. Vor 1933 hatte er zu Horkheimers Schülern gehört. 1943 war er verhaftet worden, später konnte er nach Norwegen emigrieren. Inzwischen war er zurück in Deutschland. »Damals«, so Maus, »erhielt ich die wundervolle Gabe der ›Zeitschrift‹, und Ihre Aufsätze, die ich später nach Deutschland einschmuggeln konnte, haben mir und meinen Freunden geholfen, die Jahre des Schreckens zu überstehen.« Nun wünschte er sich, Horkheimer möge »über den Rundfunk, besser durch die Presse zu uns sprechen und die Weiterführung der Theorie in Hinsicht auf die deutsche Situation erörtern«. (Maus-Horkheimer, 1946/HGS 17, S. 734)

Aus Frankfurt meldeten sich im Oktober 1946 die Universität

und der seit August amtierende sozialdemokratische Oberbürgermeister Walter Kolb. Den Anstoß für das Schreiben der Universität hatte allerdings ein Brief Felix Weils gegeben, der sein Erstaunen darüber zum Ausdruck gebracht hatte, dass die Gesellschaft für Sozialforschung noch nicht zur Rückkehr aufgefordert worden sei. Der Finanzwissenschaftler Wilhelm Gerloff, der 1933 als Rektor die Erklärung mit der Lossage der Universität vom Institut für Sozialforschung unterzeichnet hatte und nun Dekan der Wirtschafts- und sozialwissenschaftlichen Fakultät war, hatte daraufhin empfohlen, der Gesellschaft für Sozialforschung, »die über sehr grosse Mittel verfügt«, eine Einladung zur Rückkehr zu schicken.

In der »Wiederherstellung der unterbrochenen Verbindung«, hieß es dann im Brief des ersten gewählten Nachkriegsrektors der Universität, Walter Hallstein, würde die Universität eines der wesentlichsten Mittel erblicken, »den ihr zukommenden Anteil an den kulturellen Aufgaben zu leisten, die uns in Deutschland heute gestellt sind«. (Hallstein-Weil/Pollock, 17.10.1946/HGS 17, S. 766) Das unverbindlich klingende Schreiben war an die Vorsitzenden der »Gesellschaft für Sozialforschung« – Felix Weil und Friedrich Pollock – gerichtet. Weil und Adorno fanden den Brief unfreundlich, ja beleidigend, und waren sich einig, dass er erst einmal keine Antwort verdiene. Doch Horkheimer war anderer Ansicht.

Zu den Dingen, die ihn beschäftigten, gehörten auch Möglichkeiten zur Durchführung und Finanzierung von Projekten, die sich mit Deutschlands Geschichte und Zukunft befassten. Er wollte Möglichkeiten zu praktischer Einflussnahme auf historische Entwicklungen nutzen, und in Deutschland sah er einen Schauplatz wichtiger Weichenstellungen. Er würde gern dazu beitragen, dem Unfug beim sogenannten kulturellen Wiederaufbau in Deutschland Einhalt zu gebieten, schrieb er dem Rabbiner der Israelitischen Kultusgemeinde in Bern, der ihn über den Tod seiner Eltern informiert hatte. »Dieselben akademischen Erzieher, welche die deutschen Studenten für Hitler reifgemacht haben, dürfen unter den Augen der alliierten Behörden wieder ihre alte Rolle spielen. Die schlaueren unter ihnen gaben ihre Publikationen und Reden im 3. Reich als Beweise geheimer Opposition aus, dabei dienten diese Schriften ja nur dazu, um im Ausland den Ruf des 3. Reichs zu kräftigen. [...] Die Philosophie, die auf die ganze Erziehung einen so entscheidenden Einfluß ausübt, wird in- und außerhalb der Universitäten wieder von den alten Herrschaften besorgt […].« (Horkheimer-Josef Messinger, 21.3.1946/HGS 17, S. 709 f.)

Horkheimer übernahm die Beantwortung des Schreibens und dankte im Namen der Kollegen wie im eigenen demonstrativ für die »freundliche Einladung« zur Wiederaufnahme der wissenschaftlichen Arbeit an der Johann Wolfgang Goethe Universität, kündigte eine erneute sorgfältige Prüfung des ganzen Problemkreises einer wissenschaftlichen Tätigkeit im Nachkriegs-Deutschland an und wünschte genauere Informationen. »Wieviele Studenten sind zur Zeit an den geisteswissenschaftlichen Fakultäten der Frankfurter Universität, insbesondere den philosophischen und sozialwissenschaftlichen immatrikuliert? Kann ich einige Angaben über Lehrplan und Lehrkörper in diesen Fakultäten erhalten? Welche Erwartungen hätte die Universität in Bezug auf die Lehrtätigkeit derjenigen unserer Mitglieder, die vor der Schließung des Instituts doziert haben? Dr. Friedrich Pollock war Privatdozent der Volkswirtschaftslehre, Dr. Theodor Wiesengrund-Adorno war Privatdozent der Philosophie. Ich selbst hatte die Professur für Sozialphilosophie.« Die Fortsetzung des Briefes deutete, als sei es das Selbstverständlichste von der Welt, eine der einstigen Situation in Frankfurt entsprechende oder noch gesteigerte glanzvolle Situation des Instituts an. »Wenn wir nach Besprechungen mit unserem Beirat, mit amtlichen amerikanischen Stellen und den Universitätsanstalten, mit denen wir hier zusammenarbeiten, uns prinzipiell entscheiden sollten, die Verbindung mit der Frankfurter Universität wiederherzustellen, wäre wohl der nächste Schritt ein intensives Studium der gegenwärtigen Verhältnisse durch eines unserer Mitglieder.« (Horkheimer-Rektor der Universität Frankfurt am Main, 21.11.1946/HGS 17, S. 771 f.)

Gleichzeitig erfuhr Horkheimer von weiteren Erwartungen und Wünschen, die es im Nachkriegseuropa im Hinblick auf ihn, das Institut und die Zeitschrift gab. Herbert Marcuse, der noch in der Research and Intelligence-Division des State Department tätig war, berichtete von seinen Eindrücken auf einer dienstlichen Reise nach Europa. Er habe in London unter anderem mit Karl Mannheim und Richard Löwenthal, in Paris unter anderem mit Raymond Aron und Jean Wahl und Vertretern der jungen Existenzialisten und Surrealisten gesprochen, und alle hätten gefragt, warum in Gottes Namen die

Zeitschrift nicht wieder erscheine. »It was – so they said – the only and the last publication which discussed the real problems on a really ›avantgardistic‹ level. The general disorientation and isolation now is so great that the need for the reissue of the Zeitschrift is greater than ever before.« (Marcuse-Horkheimer, 18.10.1946/MHA: VI 27A.270) Am besten würde sie wie einst in den 1930er Jahren englische, französische und deutsche Artikel enthalten. Er schlug ein Sonderheft über Deutschland vor, ansetzend bei Analysen der in Deutschland zirkulierenden politischen, ökonomischen und kulturellen Programme und Richtlinien der wichtigsten Parteien. Das Material werde er zur Verfügung stellen.

Vergegenwärtigt man sich die Situation des inzwischen über fünfzigjährigen Horkheimer im ersten Nachkriegsjahr, zeigt sich auf exemplarische Weise das ganze ungewöhnliche Spektrum sowohl seiner Interessen, Absichten und Vorsätze als auch der Herausforderungen, Erwartungen und Wünsche, mit denen er sich konfrontiert sah. Dieses Spektrum war nicht nur weitgespannt, dazu gehörte auch kaum oder gar nicht miteinander zu Vereinbarendes. Er wollte an der Theorie weiterarbeiten, und das konnte er sich nur als eine völlig zurückgezogene Tätigkeit vorstellen. Gleichzeitig wollte er aber über die Hilfskräfte, Hilfsmittel und Vergünstigungen verfügen, die dem Leiter eines renommierten Instituts zur Verfügung standen. Er wollte Leiter eines Instituts sein, das dank eines befreundeten großzügigen Stifters nicht darauf angewiesen war, sich den Forderungen und Erwartungen von Auftraggebern und Foundations zu unterwerfen, und bemühte sich doch gleichzeitig aus Gründen langfristiger finanzieller Sekurität um Drittmittel und vielfältige Beziehungen und war darauf bedacht, durch originelle Untersuchungen und herausragende Publikationen im wissenschaftlichen und akademischen Konkurrenzkampf mitzuhalten. Er war gegen einen ausufernden Forschungsbetrieb und entwickelte doch immer wieder neue Ideen für großangelegte Projekte. Er bewältigte eine enorme Korrespondenz und ein beträchtliches Maß an Mitarbeit bei Projektanträgen und -durchführungen, Memoranden und Vorträgen, und schaffte es gleichzeitig, mit einzelnen Briefpartnern auf sehr persönliche, vertrauensvolle und nachdenkliche Weise zu korrespondieren oder in langen Briefen Gedankengänge zu entwickeln, die die Qualität von Aufzeichnungen und Entwürfen für die Weiterarbeit an »der Theorie« hatten. Er sah Chancen und Gefahren in den USA, aber auch in Deutschland und Europa. Angesichts dieser Konstellation ist es nicht überraschend, dass es immer wieder zu Aufschüben, unentschiedenem Hin- und Herschwanken und Mitarbeiter im Ungewissen lassenden Provisorien kam, die nicht frei von der Selbstherrlichkeit und Willkür eines Herrschenden über von ihm Abhängige war.

Die Zusammenarbeit mit dem AJC ging weiter, wenn auch beim Antisemitismusprojekt zunehmend konfliktreich. Das lag vor allem an Horkheimers Nachfolger als Direktor des Department of Scientific Research: Samual H. Flowerman, der langfristige Forschungsprojekte nicht schätzte. Doch auch John Slawson, der Executive Vice President des AJC in New York, verwies auf die Ungeduld des AJC-internen Aufsichtsausschusses, der nach zweieinhalb Jahren noch keine greifbaren Resultate sehe.

Umso dankbarer war Horkheimer für Rat und Lob Lazarsfelds, der als Berater für die Forschungstechniken bei den Projekten beteiligt war. Lazarsfeld schlug Horkheimer vor, er solle sich auf der Basis getrennter Budgets auf die langfristige Forschung konzentrieren und Flowerman kurzfristige Untersuchungen wie die Durchführung und Auswertung von Umfragen und Tests überlassen. Diesem Ratschlag folgte dann noch ein großes Lob. Von den ihm vorliegenden Kapiteln der Berkeley-Studie hätten ihn besonders die über Antisemitismus und die F-Skala sehr beeindruckt. »Meiner Ansicht nach ist damit erstmals das Problem gelöst, die Ideen Ihrer Gruppe mit der Tradition empirischer Forschung zu verbinden.« Die Grundbegriffe seien sehr klar und in empirisch überprüfbarer Form dargestellt. »Die Tests selbst ergaben dann, daß Ihre Annahmen richtig waren. Infolgedessen können Sie mit einem Schlag zwei wichtige Punkte für sich verbuchen: Die Studie liefert echte faktische Resultate und zeigt zugleich, welchen Wert das theoretische Denken für die empirische Forschung hat.« (Lazarsfeld-Horkheimer, 19.7.1947/HGS 17, S. 852, aus dem Englischen übersetzt)

Lazarsfelds Rat und Lob wirkten beflügelnd auf Horkheimer und veranlassten ihn zu enthusiastischen Vorschlägen für den Ausbau der Berkeley-Studie. Den Hauptakzent der langfristigen Forschung wollte er auf deren theoretische Verfeinerung und praktische Anwendung gelegt wissen. »Der Aufwand an Geld, Zeit und Kraft, den das Projekt bisher forderte, kann sich nur amortisieren, wenn wir es auf höherem Niveau fortführen. Alle entwickelten Forschungsmethoden lassen sich noch stark verbessern und von naiven Ansätzen reinigen.« Dann entwarf er noch viel weitergehende Pläne. »Aus der Arbeit in Berkeley müsste eine zuverlässige Strategie für die vergleichende Untersuchung faschistischer Tendenzen in den verschiedenen Teilen der Welt hervorgehen. Bisher haben die Ergebnisse unsere Hypothese bekräftigt, daß die anthropologische Basis der totalen Herrschaft eher in einem psychischen Charaktersyndrom des Durchschnittsmenschen liegt als in virulenten Vorurteilen der Massen. Das Syndrom wäre beschreibbar als die spezifische Bereitschaft des einzelnen, sich mit all dem zu identifizieren, was in der gesellschaftlichen Realität stark und mächtig ist. Allgemeine ökonomische und soziale Tendenzen bringen es mit sich, daß die in unserer ›F‹-Skala skizzierte psychische Disposition für die heutige Phase der Industrialisierung immer typischer wird. [...] Diese Hypothese weiter zu prüfen wäre gleichsam das empirische Äquivalent unserer philosophischen Studien über die komplexe Funktion des industriellen Fortschritts und der Aufklärung; deshalb sind wir, abgesehen von den pädagogischen und politischen Implikationen, sehr an der systematischen Entwicklung der ›Erwachsenen-Studie‹ interessiert.« (Horkheimer-Lazarsfeld, 21. 8. 1947 / HGS 17, S. 881, aus dem Englischen übersetzt)

Einige Monate später sah es schon wieder anders aus. »Maidon sagte mir, daß Du voraussichtlich die Verhandlungen mit dem AJC abbrechen wirst«, begann ein kurzer Brief Pollocks an Horkheimer, der Ende 1947, Anfang 1948 wieder einmal für einige Wochen in New York war. »Ich bin im Grunde froh darüber, wenn Du es tust. Gewiß werden wir es dann finanziell etwas schwerer haben mais ›nous ne mourrons pas de faim‹ und die Freiheit, ein so sinnvolles Leben zu führen, wie es heute überhaupt möglich ist, wird uns für die Geldsorgen reichlich entschädigen. Im Grunde ist die Situation in N. Y. doch so wie wir sie vorausgesehen hatten: entweder muß man sich ganz an die Welt verkaufen (vorausgesetzt, daß man einen Marktwert hat, wie Du) oder man sieht sich einem Wall von Intrigen, Uninteressiertheit an sachlichen Aufgaben und Machtkämpfen gegenüber, der nicht zu durchdringen ist – außer eben durch die Aufgabe alles dessen, was das Leben lebenswert macht. Kein Zweifel, daß Du heute noch der unbestrittene Leiter der ›wissenschaftlichen Abteilung‹ des AJC werden könntest – wenn Du 8–9 Monate im Jahr,

Tag und Nacht in New York dafür arbeiten würdest.« (Pollock-Horkheimer, 26.12.1947/HGS 17, S. 910) Das war die von Pollock praktisch durchgängig vertretene Position, bei der alles auf die Karte von Horkheimers theoretischer Leistung gesetzt wurde.

Horkheimer dagegen ließ es auch diesmal nicht zum Bruch mit dem AJC kommen. In einem Brief an Slawson verfuhr er eher werbend. Er war sich wohl im Klaren darüber, wie seine Lage von der anderen Seite gesehen wurde: als die eines Mannes, der die Waren nicht geliefert hat und nun trotzdem mehr Zeit und mehr Geld fordert. So beschwor er denn vor allem die gemeinsame Intention langfristiger Grundlagenforschung: »erstens die Bereicherung und Anregung unserer Gedanken zur Bildungspolitik und anderen Aspekten des Gesamtproblems; zweitens ein Bewusstseinswandel der amerikanischen Oberschicht gegenüber dem Vorurteil und der Diskriminierung.« Wenn Vorurteile nicht mehr ein Ventil für Aggressionen bildeten, sondern als ein Problem des eigenen Denkens gesehen würden, sei damit ein Einstellungswandel erreicht. »Um einen solchen Aspektwechsel ging es uns, zunächst bei aktuellen und künftigen Leitfiguren der Öffentlichkeit – Professoren und Studenten, Gesetzgebern, Schriftstellern und Funktionären – und später, aufgrund der Popularisierung, die wir als unausweichliches Resultat erwarteten und selbst nach Kräften fördern wollten, beim ganzen Volk. Kurz, wir planten ›Aktionsforschung‹, wie man Studien nennt, in deren Verlauf praktische Resultate erzielt werden.« (Horkheimer-Slawson, 10.1.1948/HGS 17, S. 914, aus dem Englischen übersetzt)

Es kam weder zum Bruch noch zu einem neuen Aufbruch in der Zusammenarbeit mit dem AJC. Doch die Enttäuschung darüber, auf wie wenig Verständnis er während der vier Wochen in New York für seine Ambitionen gestoßen war, und Briefe aus Europa, die er bei der Rückkehr an die Westküste auf seinem Schreibtisch vorfand, bestärkten Horkheimer in dem Entschluss, bald Ernst zu machen mit der ohnehin geplanten Reise nach Europa. In einem Brief an Ruth Nanda Anshen, eine mit ihm befreundete Autorin und Herausgeberin erfolgreicher Buchreihen wie der »World Perspectives Series«, meinte er, als amerikanischer Bürger sprechend, der er seit 1940 war: »Vielleicht kann ich dazu beitragen, daß einige der besten jungen Intellektuellen ihre Entmutigung überwinden, die aus der politischen Lage und möglicherweise aus gewissen Schwankungen unserer eigenen Haltung resultiert.« Bevor er sich auf lange Zeit der eigenen Arbeit zuwende, wolle er zu diesen jungen Leuten sprechen, ihnen erklären, dass der als typisch amerikanisch geltende naive Fortschrittsglaube und Positivismus in den USA nicht widerspruchslos hingenommen werde. Einzelne sowie kleine Gruppen zählten in Europa nach wie vor mehr als in den USA. »Wir müssen ihnen Bücher und Zeitschriften bereitstellen, die unsere Thesen stützen. Wir müssen vor kleinen, ausgewählten Gruppen an Universitäten und in privaten Kreisen sprechen. Wir müssen den Besten unter ihnen helfen, die richtigen Kontakte in den Vereinigten Staaten zu knüpfen.« (Horkheimer-Ruth Nanda Anshen, 28.1.1948/HGS 17, S. 918, aus dem Englischen übersetzt)

In dieser Haltung wurde Horkheimer von verschiedenen Seiten bestärkt. Aus Paris schrieb ihm der Leiter der dortigen europäischen Niederlassung des AJC, Zachariah Shuster, Entnazifizierung und Umerziehung seien gescheitert. Nichts rechtfertige die Annahme, die Deutschen dächten anders als zuvor. Es gebe aber bei Einzelnen und bei zahlreichen Gruppen ein ernsthaftes Streben nach Rückkehr in die zivilisierte Gesellschaft. Um sie zu ermutigen, müsse deutlich werden, dass die westliche Welt und besonders Amerika nicht allein den Antikommunismus fördere, sondern wirklich auf demokratische Werte setze. »Um das zu erreichen, müssen die Deutschen jedoch darauf bauen können, daß sich die US-Regierung und wichtige Gruppen Amerikas nach wie vor für das Projekt der Umerziehung einsetzen.« Von der amerikanischen Regierung sei das derzeit nicht zu erwarten. »Doch es gibt noch einige amerikanische Beamte in Deutschland, die anstreben, ein minimales Umerziehungsprogramm fortzuführen, und mit ihnen könnten wir kooperieren. Daneben wäre auch eine stärkere Annäherung zwischen den fortschrittlichen Kräften in Amerika und in Deutschland erforderlich.« (Shuster-Horkheimer, 10.3.1948/HGS 17, S. 942, aus dem Englischen übersetzt) Man brauche keine weiteren Umfragen, sondern müsse vor Ort direkt etwas für die Umerziehung tun. Aus Frankfurt erreichten Horkheimer um diese Zeit erneut Einladungen. Die Universität lud ihn offiziell ein, im Frühjahr als Honorarprofessor Vorlesungen zu halten, und der Oberbürgermeister lud ihn zur Teilnahme an der Hundertjahrfeier der Paulskirchenversammlung von 1848 ein.

Im April 1948 war es dann soweit. Nach einem Jahrzehnt reiste

Horkheimer erstmals wieder nach Europa. Er reiste als US-amerikanischer Bürger, finanziell unterstützt von der Rockefeller Foundation, um einerseits eine Gastprofessur an der Frankfurter Universität wahrzunehmen und Vorträge in verschiedenen deutschen Städten zu halten, und andererseits im Auftrag von Lazarsfelds Bureau of Applied Social Research, um für dessen Forschungsreihe über Probleme der internationalen Verständigung Informationen zur Reorganisation des deutschen Rundfunks zu sammeln. Außerdem wollte er Kontakte zu Intellektuellen herstellen, die zuverlässige Vertreter demokratischer Ziele und Ideale waren, und sich um Restitutionsansprüche des Instituts und solche persönlicher Art kümmern. »Die Eindrücke, die der Ankommende hier empfängt«, schrieb Horkheimer aus Paris, seiner ersten Reisestation, an Löwenthal, »entsprechen natürlich dem Bild, das er mitbringt: überholte Stufe der bürgerlichen Gesellschaft.« Doch: »Trotz allem sind wir Europa nahe. Trotz des Unaussprechlichen, das geschehen ist und als moralische Verkommenheit den Gesichtern eingebrannt ist. Selbst diese Verkommenheit ist noch in Beziehung zum Leben. Selbst sie ist unmittelbarer Ausdruck eines Menschlichen. Die Unmittelbarkeit ist es, die uns hier berührt – im Gegensatz zur Versteinerung.« (Horkheimer-Löwenthal, 29.4.1948/HGS 17, S. 958 f.) In Paris sah Horkheimer auch Suze wieder, die einstige Partnerin beim jugendlichen »Île heureuse«-Abenteuer. Die Begegnung, »von erotischem Inhalt ganz frei«, sei »keine Enttäuschung« gewesen, er habe »eine sehr lebendige und wahrhaft geistige Frau« erlebt, die geistig von dem zehre, »was sie mit uns erlebt hat«, berichtete er Pollock. (Horkheimer-Pollock, 17.5.1948/HGS 17, S. 968 f.)

Erst einen Monat nach seiner Ankunft in Europa kam Horkheimer nach Frankfurt am Main. »Die Menschen sehen recht ordentlich ernährt aus, viel besser als die Franzosen oder gar die Engländer, denen man begegnet«, berichtete er seiner Frau. »Die Professoren und anderen Professionen sind alle, samt und sonders, höchst gesuchte Kräfte. Die Alliierten brauchen sie bis hinab zur halbwegs guten Sekretärin. Nie kamen sie sich so wichtig vor, fast jeder hat schon ein Auto, tout comme chez nous. Mich haben der Rektor, die beiden Dekane und andere süß, aalglatt und verlogen, ehrenvoll begrüßt. Sie wissen noch nicht genau, sollen sie in mir einen relativ einflussreichen Amerikareisenden oder den Bruder ihrer Opfer sehen, dessen Gedanke die Erinnerung ist.« Doch das ändere nichts daran, dass die Sprache schön sei und ebenfalls die »Ansprechbarkeit des Einzelnen aus dem Volk«. Der I. G. Farben-Komplex stehe da und auch der Bahnhof. In Klammern fügte er hinzu: »(Wäre es gelungen, das Transportsystem schon 43/44 lahmzulegen, der Krieg wäre wahrscheinlich früher zu Ende gegangen und die Nazis hätten ihre Blutarbeit der letzten zwei Jahre nicht verrichten können?)« (Horkheimer-Maidon, 26.5.1948/HGS 17, S. 976 f.)

Die Wochen waren angefüllt mit Vorlesungen und Vorträgen, Sitzungen, Reisen und Besuchen. Wenn man mit letzter Hingabe arbeite und sich auch durch schwere Enttäuschungen nicht irre machen lasse, so sein vorläufiges Urteil in einem Brief an Marie Jahoda, »wird man wohl im heutigen Deutschland einigen Menschen mitteilen können, was durch die geschichtliche Nacht hindurch bewahrt werden soll«. Die Gefahren seien größer als an anderen Stellen der Erde. »Dafür gibt es kaum einen Platz, auf den es im Augenblick mehr ankäme, als auf Deutschland. Wenn die letzten Reste geistiger Existenz vollends dort ausgelöscht werden, geht etwas verloren, das auf der Welt bleiben muß.« (Horkheimer-Jahoda, 5.7.1948/HGS 17, S. 1008) Er unternahm auch schon erste Schritte, um zu retten, was vom Untergang bedroht war. Ganz wissenschaftlicher Institutsleiter, der sich mit dem Verwalter und Haushaltsexperten des Instituts abstimmte, schrieb er vor seiner Abreise aus Deutschland an Pollock: »Zum Finanziellen gehört noch, daß wir den Menschen, die in Deutschland etwas für uns tun, eine Kompensation wenigstens in irgend einer Form zukommen lassen sollten.« Er stellte Geld für Einkäufe zur Verfügung, die z. B. Studenten zugutekommen sollten, die nach Büchern der in Deutschland zurückgelassenen Instituts-Bibliothek Ausschau hielten. »Außerdem habe ich in verschiedenen Universitätsstädten einzelne besonders geeignete junge Kräfte angeregt, an einer gemeinsamen Studie über die Auswirkung der Denazifizierung auf die deutschen Universitäten zu arbeiten. Auch diesen Leuten sollte, zunächst wenigstens, durch Pakete geholfen werden.« (Horkheimer-Pollock, 10.7.1948/HGS 17, S. 1014)

Horkheimers erste Europa-Reise nach dem Krieg endete mit seiner Teilnahme an einer zweiwöchigen UNESCO-Konferenz in Paris über »Tensions Affecting International Understanding«. »Es ist ja erstaunlich«, schrieb er seiner Frau, »daß man mich, den outsider, zu den 10 ›weisen‹ Männern gerechnet hat, die den theoretischen

Beitrag der Wissenschaft zum Problem der Verhütung von Kriegen bestimmen sollen. Die Konferenz ist so ungefähr das Feinste, was es im Bereich der Sozialwissenschaften in diesem Jahre gibt und der Umstand, daß ich daran teilgenommen habe, wird auch in Zukunft förderlich sein, selbst wenn zunächst nichts unmittelbar Praktisches herauskommt, als die paar hundert Dollar, die man als Tagesgelder erhält.« (Horkheimer-Maidon, 4.7.1948/HGS 17, S. 998) Jeder der Teilnehmer – lauter Männer – musste, bevor er Paris verließ, einen schriftlichen Beitrag hinterlassen. Horkheimer gab seinem den Titel »Lessons of Fascism«.

Ziel seiner Analyse war, zu zeigen: nicht Aggressionstriebe oder ein bestimmter Nationalcharakter waren entscheidend für die Erklärung internationaler Konflikte bis hin zum Krieg, sondern ein Zusammenspiel von psychologischen und gesellschaftlichen Entwicklungen und Faktoren – demonstrierbar am Beispiel des faschistischen Deutschlands. Dass das deutsche Volk sich verleiten ließ, erst den Nationalsozialismus passiv hinzunehmen und sich dann angesichts der Erfolge eines rücksichtslosen Aufrüstungsprogramms und einer skrupellosen Innen- und Außenpolitik in eine Art Schuldgemeinschaft zwischen Partei und Volk hineinziehen zu lassen, die dann durch Massenkriegsverbrechen gezielt weiter gefestigt wurde – das verlangte eine psychologische Erklärung. Bei dieser psychologischen Erklärung spielten dann aber die von der gegenwärtigen Zivilisation hervorgebrachten Zwänge eine entscheidende Rolle: vor allem der Gegensatz zwischen den objektiven Möglichkeiten und wohlbegründeten gesellschaftlichen Erwartungen einerseits und den Gefühlen des Ausgeliefertseins und der Unsicherheit angesichts rasch zunehmender wirtschaftlicher Konzentration unter Teilnahme des Staates und Zunahme sozialer Kontrolle andererseits. Wo »wissenschaftliche Verwaltung und Indoktrinierung der Massen auf der einen Seite und Anpassung und Disziplin der Massen auf der anderen [...] die grundlegenden organisierenden Mechanismen im kulturellen wie wirtschaftlichen Bereich« geworden sind, entstehen Charakterstrukturen, die für faschistische Vorstellungen besonders empfänglich sind – so Horkheimer unter Bezugnahme auf die in den USA erarbeiteten Ergebnisse der Berkeley-Studie.

Seine Zusammenführung von Wirkungen der modernen Zivilisation, wirtschaftlicher Krisen und totalitärer Dynamik schien in einer

Situation, in der er selbst angesichts der Währungsreform und ungebrochener deutscher Tüchtigkeit einen enormen wirtschaftlichen Aufschwung in Deutschland prophezeite, bereits obsolet. Sie erhielt jedoch eine gewisse Plausibilität durch seine Hinweise auf den unverkennbaren Misserfolg der Entnazifizierung, die Missachtung des antifaschistischen Widerstandes und die zunehmende Tabuisierung der Erörterung sozialistischer Alternativen. Nur dann, wenn Zweifel und Opposition sich ohne Angst ausdrücken können, wenn eine demokratische Austragung von Konflikten möglich ist, wird die Ambivalenz gegenüber der eigenen Zivilisation abgebaut, die zu projektiven Verhaltensweisen und zur Diskriminierung von Minderheiten bis hin zu ihrer Vernichtung führt.

Wie die Realität aussah, hatte Horkheimer zuvor teils deutlich beim Namen genannt, teils vorsichtig angedeutet. »Was hat der durchschnittliche Europäer für die Zukunft aus den Nachkriegsverhältnissen im besetzten Deutschland gelernt? Er musste zu der Überzeugung kommen, daß es in Perioden des Totalitarismus nicht klug sein mag, an der Spitze zu stehen, aber ratsam, sogar vorteilhaft, zu den Sympathisanten zu zählen; daß es riskant sein mag, aktiv an den ärgsten Greueltaten beteiligt zu sein, aber völlig gefahrlos, kleinere Verbrechen zu begehen.« (Lehren aus dem Faschismus, HGS 8, S. 34) Ihm werde beigebracht, dass das ideologische Element des Krieges – also die Bekämpfung faschistischer Diktatur – nichts als ein Vorwand war, der die wirklichen, letztlichen Motive verbarg, – nämlich die Verhinderung der Etablierung einer neuen, konkurrenzfähigen Weltmacht. »Der ehemalige Nazi glaubt, daß er jetzt nachträglichen und stichhaltigen Grund hat, seinen Haß auf jene Deutschen zu rechtfertigen, die sich anders verhielten oder opponierten« – also Widerstandskämpfer, zu Volksfeinden und Schmarotzern erklärte Minderheiten, Emigranten wie Horkheimer selbst. Dabei konnte er sich auf eigene Eindrükke stützen, die er am deutlichsten in Briefen an seine Frau formulierte: »Man denke, die paar Prozent Deutscher, die unter Gefahr ihres Lebens wirklich gegen die Nazis waren, sind im Grunde heute noch die, welche in jeder Hinsicht benachteiligt sind. Nicht nur haben sie keine Protektion durch die ehemaligen Parteigenossen, sondern eben diese bringen es noch fertig, daß sich gegen diese wenigen alle jene Nachteile richten, von welchen die Deutschen als Besiegte betroffen werden.« (Horkheimer-Maidon, 20.6.1948/HGS 17, S. 990) Er selbst war angesichts dieser Verhältnisse nicht bereit, bei der Entnazifizierungsverhandlung gegen den früheren Rektor, der von 1934 bis 1944 an der Spitze der Universität stand, als einziger echter Belastungszeuge auszusagen, da das bedeute: »mich mit der Universität verfeinden«.

Letztlich wirkte von dieser ersten Europareise vor allem ein Eindruck nach, der für Europa sprach. Er meine, dass es gut wäre, für einige Jahre in Europa zu leben, teilte Horkheimer Pollock mit. »Nicht nur könnte man die Lage direkt vor Ort analysieren, man hätte auch mit Menschen zu tun, die man viel nachhaltiger beeinflussen könnte als die jungen Amerikaner. Unsere Arbeit für die Vereinigten Staaten und für den Frieden wäre in Europa viel wirkungsvoller als in den USA selbst. Dort [also in Europa, R. W.] gibt es Menschen, die uns brauchen und die insofern auch wir brauchen.« (Horkheimer-Pollock, 4.7.1948/HGS 17, S. 1003, aus dem Französischen übersetzt)

Kaum von dieser ersten Reise zurück, bemühte Horkheimer sich bereits um die Finanzierung einer weiteren. Aufs Neue hatte ein transatlantischer Spagat begonnen – diesmal gegenüber dem der 30er Jahre gewissermaßen andersherum und von anderem Charakter. Lange blieb Horkheimer schwankend, und die Alternativen, die er sah, schilderte er pathetisch. »Wenn ich«, erklärte er einem Bekannten in der Schweiz sein Problem, »den sehr warmen Einladungen der Behörden in Deutschland, vor allem auch der amerikanischen Militärregierung, folge, so werde ich eine Reihe von Jahren drüben bleiben müssen. Ich werde sowohl im Zusammenhang mit amerikanischen Organisationen in Paris und andernorts wie in Deutschland ein auf unmittelbare Wirkung abgestelltes Dasein führen. Die Hoffnung darauf, daß ich mich je im Zusammenhang meinen eigenen Studien widmen kann, würde damit zerstört, denn wenn die Europajahre vergangen sind, werde ich einfach zu verbraucht und müde sein.« (Horkheimer-Julius Marx, 27.11.1948/HGS 17, S. 1036) Es gehe um die Wahl zwischen Praxis und Theorie. Europa und Deutschland wären die »Praxis«. Wie sah demgegenüber in seinen Augen die Entscheidung für »die Theorie« aus? Er habe, schrieb er einen Monat später an seinen Cousin Hans Horkheimer in Peru, schon seit langem vor, alle Verbindungen mit der Praxis abzubrechen, »um endlich, noch vor Toresschluß, die Arbeiten zu schreiben, mit denen ich so lange schon umgehe«. (Horkheimer-Hans Horkheimer, 23.12.1948/HGS 17, S. 1047) Praktische Erfolge und Philosophie seien besonders in Amerika nicht miteinander vereinbar. Deshalb habe er sich schon acht Jahre zuvor in Kalifornien niedergelassen, um sich seinen eigenen Studien zu widmen, habe sich aber immer wieder – »hauptsächlich natürlich aus Geldgründen« – dazu verleiten lassen, »äußerlich ebenso aussichtsvolle wie innerlich unbefriedigende Aufträge anzunehmen«. Demnächst würde eine von ihm beeinflusste und herausgegebene Bücherserie erscheinen – nämlich die fünf Bände der »Studies in Prejudice«, das publizistische Ergebnis des Antisemitismusprojekts –, und damit betrachte er »die praktische Wirksamkeit der letzten Jahre als abgeschlossen«. Wahrscheinlich werde er in Amerika bleiben und endlich das eigene Programm durchführen.

Das Schwanken dauerte und nahm im März und April des folgenden Jahres die dem Freundespaar Horkheimer-Pollock gemäße Gestalt von Memoranden an. Deren Teile trugen Überschriften wie »Beschluß, die Einladung an die Universität Frankfurt abzulehnen«; »Gründe, die für die Änderung des tentativen Beschlusses vom 21. März 1949 betreffend Ablehnung der Einladung der Universität Frankfurt sprechen«; »Zusätzliche Gründe für die Reise nach Deutschland«; »Beschluß, die Professur in Deutschland endgültig aufzugeben«; »Beschluß, für das Sommersemester nach Frankfurt a. M. zu fahren«. Und dann kam es, wie Horkheimer es im Brief an Julius Marx angekündigt hatte: »Leicht ist es möglich, daß ich von einem zum anderen Tag mich doch entscheide, hinüber zu fahren.« Im Frühjahr und Sommer 1949 reiste er erneut nach Europa, diesmal zusammen mit Pollock. Bei diesem zweiten Deutschlandaufenthalt kam es unter anderem zu seiner Wiederberufung auf den alten Lehrstuhl, und die Pläne zur Errichtung einer Frankfurter Zweigstelle nahmen konkrete Formen an. Im Oktober erschien in der »American Sociological Review«, dem offiziellen Organ der US-amerikanischen soziologischen Gesellschaft, ein von namhaften Akademikern unterschriebener Aufruf zur Wiedererrichtung des Instituts für Sozialforschung an der Frankfurter Universität.

Als das Wintersemester kam, schickte Horkheimer, durch Krankheit verhindert, Adorno als seinen Stellvertreter nach Frankfurt – einen Stellvertreter, der sich und seine Talente ganz in den Dienst Horkheimers gestellt und sein Schicksal an das Horkheimers gekettet hatte. Die vage Aussicht, dass Adorno eventuell auf den frei werdenden einzigen Lehrstuhl für Philosophie neben Horkheimers reaktiviertem Ordinariat berufen werden könnte, begeisterte die beiden. Gleichzeitig riet Horkheimer zu einer Politik der Zurückhaltung und der Sprödigkeit. Es gehe darum, den Eindruck zu erwecken, »daß wir auch ohne Frankfurt und Deutschland blühen und gedeihen können«, und Gerüchten vorzubeugen, »wir suchten dort die Professuren, die wir hier nicht bekommen könnten« (Horkheimer-Adorno, 19.11.1949/AHB III, S. 336) Es gebe keinen Grund, diese Sache zum Probierstein für die eigenen Absichten zu machen. »Angesichts der Eingänge, die wir aus deutschen Ansprüchen zu erwarten haben, ferner auch nur des einen Professorengehalts und nicht zuletzt bei dem immerhin bestehenden Unterschied in den Lebenshaltungskosten für zwei Familien werden wir in Deutschland entschieden bequemer und sorgloser leben als hier. Dazu kommen im Fall des Neubaus die mit einer solchen Institution verknüpften Möglichkeiten für weitere Zuschüsse, ganz zu schweigen von der Nähe Frankreichs, das für eine zurückgezogene Existenz gewiß nicht schlechter ist als Oregon.« (Horkheimer-Adorno, 21.11.1949/AHB III, S. 343) Das sah Adorno nicht ganz so entspannt. Er meinte: »Zur Entscheidung selber: es ist meine tiefste und verantwortliche Überzeugung, daß das einzige Motiv, das die deutsche Unternehmung im Ernst rechtfertigt, die für unsere Produktion freilich ungeheuer wichtige Erlangung von Sekurität ist.« (Adorno-Horkheimer, 27.12.1949/AHB III, S. 398) Denn »geistig« seien sie die Gebenden, das Denken in Deutschland weit hinter ihrem zurückgeblieben und für die Analyse der Gesellschaft Amerika der bessere Standort.

Im Februar 1950 kam Horkheimer zum dritten Mal nach Frankfurt, um an Ort und Stelle zu einer endgültigen Entscheidung über das künftige Schicksal der immer kleiner gewordenen Gruppe kritischer Theoretiker zu gelangen. Er kam in dem Bewusstsein, dass er dank des endlichen Erscheinens der von ihm und Flowerman herausgegebenen »Studies in Prejudice« auf eine erfolgreiche amerikanische Periode und Position des Instituts zurückblicken konnte. Vor allem der umfangreichste Band, »The Authoritarian Personality«, der das meiste Aufsehen erregte und zu einem soziologischen Klassiker wurde, war durch Adornos Namen eng mit dem Institut verbunden. Horkheimer hätte es gerne gesehen, wenn durch die Nennung des Instituts auf der Titelseite diese Arbeit als eine in Kooperation mit der Berkeley Public Opinion Study entstandene Kollektivarbeit des Instituts präsentiert worden wäre. Doch das konnte er nicht durchsetzen. Es hätten ja nur einzelne Mitarbeiter des Instituts mitgewirkt und nicht das Institut als solches, hieß es. Und Finanzier der Publikation sei schließlich das AJC.

»Studies in Prejudice« hieß der Generaltitel der 5 Bände teilweise aufgrund der Erwägung, dass Demokraten sich eher für die Bekämpfung von Vorurteilen und sozialer Diskriminierung überhaupt als für die Bekämpfung des Antisemitismus engagieren würden. Der Titel entsprach aber auch den Befunden, die sich im Laufe der Untersuchungen ergeben hatten. Das Resümee, zu dem vor allem die Autoren der »Authoritarian Personality« gelangten, war: die verschiedenen Aspekte einer Person bilden eine Gesamtstruktur, und entsprechend müssen Abwehrmaßnahmen der Gesamtstruktur der vorurteilsvollen Persönlichkeit gelten. »The major emphasis should be placed, it seems, not upon discrimination against particular minority groups, but upon such phenomena as stereotypy, emotional coldness, identification with power, und general destructiveness.« (Adorno u. a., The Authoritarian Personality, New York 1967, S. 973) Dann galten die gewonnenen Einsichten auch, wenn die sozialen Objekte psychologischer Aggressivität wechselten und etwa statt Antisemitismus Antikommunismus virulent wurde. Ursprünglich hatte der Titel der Publikation der Berkeley-Studie »The Fascist Character« heißen sollen. Zum Schluss einigte man sich auf »The Authoritarian Personality«. Damit wurde nicht nur an Fromms Terminologie und die »Studien über Autorität und Familie« angeknüpft. Ungeachtet der Tatsache, dass im Buch selbst von der faschistischen, potentiell faschistischen oder vorurteilsvollen Persönlichkeit und der F-Skala die Rede war, sicherte der allgemeinere und zeitlosere Titel dem Buch auch größere und dauerhaftere Aufmerksamkeit.

Zur Zufriedenheit Horkheimers hatte er auch das Vorwort zu diesem wichtigsten Einzelband der »Studies in Prejudice« schreiben können. Das nutzte er unter anderem, um seine Vorstellung von praktischer Wirksamkeit wissenschaftlicher Erkenntnis und eben auch des vorliegenden Werks auf ebenso anschauliche wie anspruchsvolle Weise deutlich zu machen. Als Beispiele dafür, dass intellektuelle Beiträge von größerer Bedeutung für die Verbesserung des soziokulturellen Klimas sein konnten als gezielte Propaganda, führte er außer dem cartesischen Rationalismus den Einfluss von Sigmund Freuds Werk auf die moderne Kultur an. »Entscheidend daran ist nicht die Tatsache, daß die psychologische Forschung und Erkenntnis durch neue Ergebnisse bereichert wurden, sondern der Umstand, daß die Intellektuellen und vor allem die Pädagogen seit etwa fünfzig Jahren immer stärker auf den Zusammenhang zwischen der Unterdrückung von Kindern (sowohl zu Hause als auch in anderen Bereichen) und der gewöhnlich naiven Unkenntnis der Gesellschaft über die psychische Dynamik sowohl der kindlichen als auch des erwachsenen Lebens aufmerksam wurden. Die Öffnung des breiten gesellschaftlichen Bewusstseins für die wissenschaftlich gewonnene Erfahrung, daß frühkindliche Ereignisse sehr wichtig für das Glück und die Arbeitsfähigkeit des Erwachsenen sind, hat eine Revolution im Verhältnis zwischen Eltern und Kindern ausgelöst, die man noch hundert Jahre zuvor für unmöglich gehalten hätte.« (HGS 5, S. 416)

Solche Vorstellungen mussten Folgen für das eigene Handeln eines Intellektuellen und Wissenschaftsorganisators haben. Tatsächlich formulierte Horkheimer nach einigen Monaten in Frankfurt seine Entscheidung für Deutschland eindringlich in einem Brief an Pollock, der nach wie vor für Horkheimers Rückkehr nach Amerika und dessen zurückgezogene Arbeit an der Theorie plädierte. »Ich glaube, es ist zu spät. Noch im Juni [...] hätte ein energisches und rückhaltloses Bekenntnis in diesem Sinn zu dem Ziel geführt. Jetzt sehe ich nicht, wie wir ohne die schwerste Gefährdung unseres Namens die hiesige Position preisgeben können.« Das beziehe sich nicht auf das Institut und dessen Betrieb. Davon komme man leicht wieder los. Auch die Beziehung zu Ämtern brauche einen nicht zu kümmern. »Dagegen würde der Weggang bei Studenten, Lehrern und einem schwer zu bestimmenden weiteren Kreis von Menschen in Deutschland als ein ganz großer moralischer Vertrauensbruch wirken. Ich mache mir dabei gar keine Illusionen über positive Ergebnisse oder über die Dauer von solchen Beziehungen. Ich bin mir nur klar darüber, daß der Hauch von etwas anderem als dem, was ohnehin ist, die Ahnung einer anderen Weise des Daseins, die mit meiner Anwesenheit zusammenhängt, auch noch widerlegt würde und die Welt wieder einmal recht behielte.« Eine weitere bittere Feststellung machte die Entscheidung noch unwiderruflicher. »Wären wir in den letzten Jahren, ohne den Blick auf Deutschland zu richten und ohne

Abb. 19: Max Horkheimer mit Bauarbeitern auf dem Weg zur feierlichen Neueröffnung des neuen Instituts für Sozialforschung 1951

meine sonstigen Versuche im Extérieur, einfach glücklich in unseren Gärten geblieben, sähe die Sache anders aus. Dann wäre wahrscheinlich eine theoretische Arbeit im Gang, die zu uns paßte und die freilich, wenigstens, was mich betrifft, keine anderen Bestrebungen daneben zuließe. Es läge jetzt schon etwas vor, das den Fortschritt auf diesem Weg erleichterte.« Jetzt unter veränderten Verhältnissen etwas Neues zu beginnen fühle er sich nicht stark genug. Deshalb sein Entschluß: »Nachdem wir die kostbarsten, unersetzlichen Jahre für das Glück und die Theorie verloren haben, möchte ich nun nicht auch noch die, wenn auch noch so bescheidene Wirkung auf manchen Geist hier zunichte machen.« Er sehe keinen anderen Weg, als dass Pollock nachkomme und sich mit ihm zusammentue.

So geschah es, und im Laufe des Jahres waren die drei leitenden Personen des Instituts – Horkheimer, Pollock und Adorno – zusammen mit ihren Frauen zunächst wieder in Frankfurt vereint. Leo Löwenthal, der so ergebene und nützliche Helfer und Mitarbeiter des Instituts, blieb in den USA. Er hatte inzwischen ein Angebot des

State Department angenommen, als Abteilungsleiter der »Voice of America« eine Forschungsabteilung zur Untersuchung der Wirkung von deren Radioprogrammen aufzubauen. In Frankfurt konnte er, anders als der einstige Ordinarius Horkheimer und die einstigen Privatdozenten Pollock und Adorno, auch nicht mit einer baldigen Position an der Universität rechnen. Ähnliches galt für Herbert Marcuse.

Im November 1951 folgte im neuen Gebäude die Wiedereröffnung des Instituts für Sozialforschung. In seiner Rede verkündete Horkheimer programmatisch: »Eine gewisse kritische Haltung zu dem, was ist, gehört sozusagen zum Beruf des Theoretikers der Gesellschaft, und eben dieses Kritische, das aus dem Positivsten, was es gibt, der Hoffnung fließt, macht den Soziologen unpopulär. Die Studenten dazu zu erziehen, diese Spannung zum Bestehenden [...] zu ertragen, ihn im echten Sinne sozial zu machen – was einschließt, daß er auch ertragen können muß, allein zu stehen – ist vielleicht das wichtigste und letzte Ziel der Bildung, wie wir sie auffassen.« (IfS, Ein Bericht über die Feier seiner Wiedereröffnung, seine Geschichte und seine Arbeiten, Frankfurt/M. 1952, S. 12)

XIV »Der Hauch von etwas anderem«

Als Horkheimer und Pollock ihren alten Freund Adolph Lowe, der inzwischen Wirtschaftsprofessor an der New School for Social Research in New York war, um die Unterstützung eines Aufrufs renommierter Wissenschaftler zur Wiedererrichtung des Instituts an der Frankfurter Universität gebeten hatten, hatte er seine Unterschrift verweigert. Er bemängelte, dass als wesentlicher Zweck neben der Forschung nicht eine moralische Aufgabe genannt wurde, sondern »die Unterweisung einer neuen deutschen Studentengeneration in modernen Entwicklungen in den Sozialwissenschaften«. Der Hauptgrund für seine Weigerung aber war: »Dieser Aufruf erfolgt eigentlich nicht zugunsten Ihres Instituts. Ihr Institut – oder, fast kann ich sagen, unser Institut – bedarf keiner öffentlichen Neubestätigung seitens der wissenschaftlichen Welt. Seine Arbeit ist wohlbekannt und spricht für sich. Die Institution, die tatsächlich von dem Aufruf profitiert, ist die Universität Frankfurt am Main. Und hier muß ich kategorisch sein: bevor diese infame Einrichtung sich nicht selbst gereinigt hat, werde ich nicht hervortreten und zu ihren Gunsten sprechen.« (Lowe-Horkheimer, 10. 6. 1949/HGS 18, S. 48, aus dem Englischen übersetzt)

Tatsächlich waren nach der nationalsozialistischen Machtübernahme aus dem Dienst verstoßene Beamte nach dem Ende des Dritten Reichs bei Restitutionsansprüchen oft mit Personen konfrontiert, die das NS-Regime unterstützt oder von ihm profitiert hatten. Nach den ersten ernstgemeinten Verfahren wurde aus der Entnazifizierung geradezu eine Rehabilitierungsmaschinerie. Besiegelt wurden diese Verhältnisse unter anderem durch das im Mai 1951 verabschiedete Gesetz zu Artikel 131 des Grundgesetzes. Es regelte die Rechtsverhältnisse, Wiederverwendungs- und Versorgungsansprüche von Personen, die am 8. 5. 1945 im öffentlichen Dienst standen und durch Arbeits- und Wehrpflicht, Vertreibung oder Entnazifizierung daraus verdrängt wurden. Die Integration der »131er«, zu denen viele erheblich Belastete gehörten, die eben deshalb noch nicht wieder eingestellt werden konnten, verlief in der Regel glatt. Weniger glatt ging es bei der Wiedereinstellung von den Nationalsozialisten entlassener Beamter aufgrund des Wiedergutmachungsgesetzes zu. Das »Gesetz zur Regelung der Wiedergutmachung nationalsozialistischen Unrechts für Angehörige des öffentlichen Dienstes« war aus optischen Gründen wenige Tage vor dem »131er«-Gesetz verabschiedet und gleichzeitig mit ihm verkündet worden. (Cf. Norbert Frei, Vergangenheitspolitik, München 1996, S. 83)

Die Rückkehr des Instituts und der Universitätsdozenten Horkheimer, Adorno und Pollock klingt wie eine erstaunliche Erfolgsgeschichte. Sie hatte aber besondere Gründe. Dazu gehörte, dass es nicht um einzelne Personen, sondern um ein Institut ging, und dass dieses Institut über die Zäsur von 1933 hinweg seine Reputation als wissenschaftlich bedeutendes und finanziell gut ausgestattetes Unternehmen bewahren konnte. Dazu gehörte auch, dass das Institut inzwischen eine US-amerikanische Institution geworden war und das Ziel der Rückkehr in der US-Zone lag, was Förderung seitens der Militärregierung erwarten ließ. Dass die wichtigsten Repräsentanten des Instituts Juden waren, war in gewissem Sinn ein Vorteil, weil, so ein späterer Mitarbeiter, »der Wunsch allgemein war, an einem markanten Beispiel ein Stück praktischer Wiedergutmachung leisten zu können«. (Hellmut Becker, Horkheimers und Adornos Rückkehr, in: A. Nachama/J. H. Schoeps, Hg., Aufbau nach dem Untergang, Berlin 1992, S. 368) Wie andernorts gab es auch in Frankfurt und Hessen von Anfang an Menschen, die begriffen, dass es bei der Wiederaufnahme Deutschlands in die Völkergemeinschaft auch darauf ankam, ob und wie in Deutschland wieder jüdisches Leben möglich sein und ob und wie Deutschland sich seiner Vergangenheit stellen würde.

Ausschlaggebend war letztlich die große Beharrlichkeit und das diplomatische Geschick, womit Horkheimer ungeachtet des Schwankens und der komplexen Motive des »Interieurs« die Angelegenheit betrieb. Ausschlaggebend war weiterhin, dass, seitdem Horkheimer und der acht Jahre jüngere Adorno in Frankfurt vereint waren, beide ihr Äußerstes gaben, um die deutsche Position auf- und auszubauen bzw. die Rückkehr zu einem Erfolg zu machen. Er habe wohl eine Ewigkeit nicht selbst an sie geschrieben, sondern das Gretel überlassen, hieß es im Januar 1951 in einem Brief Adornos an seine Mutter in New York. »Denn was alles auf mir liegt, davon kannst Du Dir wirklich schwer eine Vorstellung machen, und wenn ich abends wie ein richtiger Bürohengst nach Hause komme, bin ich im allgemeinen so tödlich erschöpft, daß es kaum mehr als zu ein paar Fingerübungen [...] und einem vertrottelten Spielchen 66 langt. Das Institut hat sich in den letzten Monaten geradezu lawinenartig entwickelt, und da Max als Dekan der Fakultät womöglich noch angehängter ist als ich, so liegt die ganze Last der laufenden Institutsgeschäfte, mit unzähligen Konferenzen, Diktaten, der Ausarbeitung und Überwachung von Projekten usw. auf mir.« (Adorno-Eltern, 21.1.1951, in: Adorno, Briefe an die Eltern 1939–1951, Frankfurt/M. 2003, S. 540) Selbst zur Vorbereitung seiner Vorlesung über Ästhetik komme er nur an dem Tag, an dem er sie halte, und zu eigener Produktion sei er – »das erste Mal in meinem ganzen Leben« – seit dreiviertel Jahren nicht gekommen.

Horkheimer verausgabte sich auf seine Weise nicht weniger für den Expansionskurs des Instituts, die Integration in den Universitätsbetrieb und die allgemeine Pflege von guten Kontakten nach nahezu allen Seiten, sei es im politischen, akademischen oder kulturellen Bereich. Es war, als wolle er in Deutschland vieles bewusst anders machen als in den USA. Dort hatte er sich die Misserfolge des Instituts beim Bemühen um Unterstützung seitens der großen Foundations dadurch erklärt, dass er und seine Mitarbeiter Inhalt und Umfang ihrer Untersuchungen selbst bestimmen, sich der Kontrolle entziehen und unabhängig bleiben wollten und deshalb auf wichtige Kontakte und Publikationen zu wenig Wert gelegt hätten. Nun war ihm von vornherein klar, dass die Existenz des Instituts anders als früher wesentlich von Auftragsarbeiten und Drittmitteln abhängig sein würde. Doch wenn das in seinen Augen eine konsequente Anpassung an die Realitäten auf diesem Feld nötig machte und legitimierte, worin bestand dann noch das Besondere des Instituts? Auf eine »Gruppe mit gemeinsamen Anschauungen und Zielen«, wie Horkheimer und Pollock es sich einst in New York in den »Materialien zur Neuformulierung von Grundsätzen« für das Institut gewünscht hatten, kam es ihnen offenbar nicht mehr an. Worum ging es dann? Nur um eine Einrichtung zur Weitergabe US-amerikanischer sozialwissenschaftlicher Errungenschaften, von denen Horkheimer sich in den USA distanziert hatte, in denen er aber einen relativen Fortschritt gegenüber der Lage der Sozialwissenschaften in Deutschland sah? Oder sah er hier eine Chance, unter günstigeren Bedingun-

Abb. 20: Das neue Instituts-Gebäude an der Senckenberganlage

gen als in den USA und unter dem Titel eines Beitrags zur demokratischen Erneuerung Deutschlands das zu praktizieren, was in Lazarsfelds Augen die Besonderheit der Arbeit des Horkheimer-Kreises ausmachte: die Verbindung von europäischen Ideen und US-amerikanischen Forschungsmethoden?

Anders als einst bei der Übernahme der Leitung Ende der 20er Jahre bildete das Institut nicht mehr das Zentrum von Horkheimers Interesse und galt ihm nur sein vorläufiges Engagement. Das sprach er in seiner Rede bei der Wiedereröffnung deutlich aus. Lobend nannte er die Namen einiger junger Mitarbeiter bei bereits in Gang gekommenen Arbeiten und meinte dann: »Wir können nur hoffen, daß solcher Nachwuchs uns Ältere recht bald hier überflüssig macht und der Philosophie zurückgibt.«

Das Interesse, das Institut möglichst bald zu einer beeindruckenden Einrichtung zu machen, die man dann sich selbst überlassen konnte, macht erklärlich, dass Horkheimer nicht nur Beziehungen zu

Emigranten wie René König und Helmuth Plessner aufnahm, sondern dass es auch zu einer besonders engen, intensiven und nachhaltigen Zusammenarbeit mit einem einflussreichen Anwalt und Berater kultureller und wissenschaftlicher Einrichtungen kam: mit Hellmut Becker. Der Sohn des preußischen Kultusministers und Hochschulreformers Carl Heinrich Becker war eng mit den Weizsäcker-Familien und deren einflussreichem Umfeld verbunden. Er half unter anderem bei der großangelegten Aktion zur Rehabilitierung Ernst von Weizsäckers. Der einstige Staatssekretär und zweite Mann nach Ribbentropp im Auswärtigen Amt war im »Nürnberger Wilhelmstraßenprozeß« – so benannt nach dem Sitz des Außenministeriums – als Kriegsverbrecher zu 7 Jahren Haft verurteilt worden. Im Rahmen seiner Tätigkeit als Weizsäcker-Anwalt hatte Becker im September 1948 den Nürnberger Chefankläger Robert Kempner gewarnt, mit seinen Kontakten zu Schweizer Marxisten verderbe er es sich mit jenen Kreisen, auf deren Unterstützung er dringend angewiesen sei und verbaue er sich jedes künftige Leben in Deutschland. (Cf. Eckart Conze, Norbert Frei u. a., Das Amt und die Vergangenheit, München 2010, S. 429) Becker mit seinen vielen Verbindungen wurde ein wichtiger und enger Mitarbeiter des Instituts. Er vertrat es unter anderem in Fällen, in denen »Horkheimer, Adorno oder Pollock das Institut politisch und publizistisch nicht nach außen vertreten konnten oder wollten«. (Clemens Albrecht u. a., Die intellektuelle Gründung der Bundesrepublik, Frankfurt/M. u. a. 1999, S. 162) Mit einem Aufsatz über »Die verwaltete Schule« wurde er 1954 zu einem Mitstreiter der Institutsleiter auf dem Feld der Schul- und Bildungsreform in einer Welt, die Horkheimer seit seiner Rundfunksendung dieses Titels im Jahre 1950 als die »verwaltete« zu bezeichnen pflegte.

Für Horkheimer ergab sich fast von Anfang an die Rolle des Repräsentanten. Der Leiter des Instituts war er sowieso. 1950 war er fast einstimmig zum Dekan der philosophischen Fakultät gewählt geworden, im November 1951 wurde er Rektor der Universität und im Jahr darauf in diesem Amt bestätigt. Marcuse gratulierte ihm dazu mit den Worten: »Lassen Sie mich zuerst Ihnen noch einmal sagen, wie sehr ich mich ueber das Rektorat gefreut habe. Ich gebe zu, dass diese Freude zum Teil irrational ist: Freude darueber, dass die anderen mal nachgeben mussten, dass Sie jetzt mal oben und jene unten sind – ein Teil von Rache, meinetwegen. Aber dann auch wohl die (mehr

Abb. 21: Bundeskanzler Konrad Adenauer, Oberbürgermeister Walter Kolb und Rektor Max Horkheimer beim Frankfurter Universitätsfest 1952

oder weniger erzwungene) Anerkennung Ihrer Arbeit und Ihrer Wirkung. Wie dem auch sei – es war mal noetig. Also nochmals meinen herzlichsten Glueckwunsch, auch der Frau Magnifizentin.« (Marcuse-Horkheimer, 26.11.1951, MHA: V 118.182) Das sah Horkheimer selbst wohl anders. Denn als anlässlich seiner Wiederwahl als Rektor im New Yorker jüdischen Wochenblatt »Aufbau« ein Bericht dazu erschien und er darauf mit einem Brief reagierte, in dem er eine ganze Reihe von Falschinformationen zurechtrückte, betonte er, dass von Intrigen weder bei seiner Wahl noch bei seiner Wiederwahl die Rede sein konnte. »Mit der Kollegenschaft habe ich seit dem ersten Tage, an dem ich die Frankfurter Universität wieder betrat, ohne alle Reibung zusammengearbeitet, und die deutschen Studenten von heute sind gründlich verschieden von jenen Karikaturen, die man sich gelegentlich von ihnen zurechtmacht.« Seinen Vorgänger im Amt, Boris Rajewsky, der in dem »Aufbau«-Artikel als »weissrussischer Faschist« bezeichnet worden war und der tatsächlich SA-Mitglied und Vertrauensmann zwischen der Universität und der NSDAP gewesen war, nannte er sogar seinen Freund. Er schloss mit Sätzen, die Ausdruck einer von ihm immer wieder vertretenen Haltung waren: »Von all dem rede ich nicht um meiner selbst willen, sondern nur, um zu meinem bescheidenen Teil jeglicher Vergiftung der internationalen Atmosphäre entgegenzuarbeiten. Den Millionen jüdischer Opfer des Hitlerregimes hält nicht der die Treue, der die Menschen verdächtigt, welche sich um die substantielle Änderung Deutschlands bemühen, sondern der, welcher sie zu stärken versucht. In diesem Geist habe ich meine Funktionen hier übernommen, und in dem gleichen Geist ist mir auch hier begegnet worden.« (Horkheimer – »Aufbau«, 12.8.1952/HGS 18, S. 242 f.) Das sollten die Leser erfahren.

Noch bevor er zum Rektor gewählt worden war, lud Horkheimer den damaligen Bundespräsidenten Theodor Heuss ein, als Ehrengast an der Einweihung des neuen Institutsbaus teilzunehmen. Das tat er in einem bemerkenswerten Brief, der auf knappem Raum unaufdringlich werbend dem Bundespräsidenten die Bedeutung der Sache anschaulich machte, um die es ging. Die Gesellschaftswissenschaften hätten sich während der letzten Jahrzehnte vor allem in den Vereinigten Staaten zu einem hoch organisierten Spezialfach mit eigener durchgebildeter Methode entwickelt. Davon sollten die deutschen Studenten systematisch Kenntnis erhalten. Doch es gehe um mehr.

Abb. 22: Max Horkheimer und Bundespräsident Theodor Heuss, vermutlich Februar 1953

Die Studenten sollten lernen, all jene Methoden leicht und selbstverständlich zu handhaben, die der Gefahr eines unverantwortlichen Drauflosdenkens Einhalt geböten. Damit sei jedoch die Gefahr verbunden, dass der Apparat zum Selbstzweck werde und die Anhäufung umfangreichen Materials an die Stelle von Einsicht trete. »Daher legen wir den größten Nachdruck darauf, die neuen empirischen Verfahrensweisen mit der Tradition der großen europäischen Philosophie und Soziologie zu durchdringen.« Orientieren müsse sich das alles an dem, was im Leben der Gesamtgesellschaft heute wesentlich ist. »So erblicken wir denn«, beschloss er diese Information über den Sinn des Instituts, »in der Sozialwissenschaft kein bloßes Hilfsmittel von Verwaltung und Wirtschaft, sondern ein Element jener humanistischen Konzeption, mit deren Gelingen die Frage nach der Zukunft der Menschheit heute unauflöslich verbunden ist.« Der letzte Satz des Briefes zielte auf das Herz des Präsidenten, indem er mit demokratischer Höflichkeit eine Brücke zwischen oben und unten schlug: »Ich muß Ihnen nicht sagen, welch große Freude und Ehre es uns wäre, wenn der Bundespräsident, von dem wir wissen, wie groß sein Verständnis für die uns bewegenden Probleme ist, die Mitarbeiter an dem von uns Begonnenen durch seine Gegenwart ermutigte.« (Horkheimer-Heuss, 23. 10. 1951/HGS 18, S. 224 f.) Man kann nachvollziehen, dass Hellmut Becker beeindruckt war von der Sicherheit, mit der Horkheimer mit den politischen Führern des wiedererstehenden Deutschlands umzugehen wusste. Das Beispiel Heuss zeugt davon. Der Bundespräsident schlug zwar diese erste Einladung aus Termingründen aus. Doch gut ein Jahr später nahm er auf Einladung Horkheimers zur Zeit von dessen Rektorat an der Einweihung des Studentenhauses der Universität teil.

Beeindruckend war ebenso Horkheimers pädagogisches Geschick im Umgang mit der akademischen Jugend. An deren eigene Interessen anknüpfend lenkte er den Blick auf neue Wege des Denkens und Verhaltens. »Wir verschreiben uns nicht, wie man uns so gerne vorwirft, einem ›verstiegenen Idealismus‹, hieß es in der Ansprache, die er als Rektor bei der Immatrikulationsfeier der Universität für das Sommersemester 1952 hielt. »Die Universität wird Ihnen Elemente zu Ihren künftigen Berufen liefern. Ohne solches handgreifliche Interesse, ohne den Motor der Selbsterhaltung gelangten wir nicht zur Einsicht, die die Selbsterhaltung begrenzt. Aber Sie sollen nicht dem Willen zum Fortkommen stur sich überlassen. Wenn Sie sich zum Zweck, nützliche Erkenntnisse zu gewinnen, der Universität nur recht bedienen, müssen Sie so viel Sinn für ein an Wahrheit orientiertes Leben gewinnen, so viel Blick für die grauenvolle Wirklichkeit und die Aufgaben eines jungen geistigen Menschen in Deutschland, nach allem, was geschehen ist, daß Ihnen der Kitsch auf keinem Gebiet mehr genugtun kann.« Durch Lernen könne man auch dümmer, nämlich zu einem bornierten Spezialisten werden. »Sie sollen versuchen, Ihre eigene lebendige Erfahrung unablässig dem gegenüberzustellen, was Ihnen in der fachwissenschaftlichen Arbeit aufgeht. Das haben die wirklichen Denker immer getan und eben dadurch die wissenschaftliche Disziplin fruchtbar gemacht.« (Akademisches Studium, HGS 8, S. 386, 389)

Was in solchen Reden dem Anlass und der Situation gemäß nur

anklingen konnte, war das Eintreten für den Bezug von Wissenschaft zu historischen und gesellschaftlichen Erfahrungen. Viele suchten, wie z. B. Gerhard Schmidtchen, einer der ersten Mitarbeiter des Instituts, nach Antworten auf die Frage, wie es zur deutschen Katastrophe kommen konnte. Was er kennenlernte an Theologie, Psychologie, Philosophie, Volkswirtschaft, erschloss ihm keinen Weg zum Verständnis der gesellschaftlichen Kräfte, »die uns in die Katastrophe getrieben hatten«. Den fand er erst in Frankfurt, wo Horkheimer und Adorno für ihn gelebte Theorie verkörperten.

Trotz vielversprechender Anfänge und trotz Horkheimers Erfolgen als Repräsentant und Lehrer dauerte es eine Reihe von Jahren, bis die Situation des Instituts gefestigt schien. Es waren Jahre ohne kontinuierliche Leitung. Horkheimer war Rektor, Adorno noch einmal zu einem längeren Aufenthalt in den USA. Es waren zudem Jahre, in denen keine Fortsetzung der Zeitschrift und keine Publikationen des Instituts zustande kamen. Erst 1955 schienen die Jahre eines krisenhaften Neubeginns vorbei.

Drei Bände eröffneten in diesem Jahr die Reihe der »Frankfurter Beiträge zur Soziologie«. Ein verbindendes Programm war dabei nicht zu erkennen. Der eine Band – »Gruppenexperiment«, von Pollock bearbeitet – informierte über das erste größere Projekt des Instituts: eine die Methode der Gruppendiskussion verwendende und entwickelnde Untersuchung der Einstellung charakteristischer Gruppen der westdeutschen Bevölkerung zu weltanschaulichen und politischen Fragen. Ein weiterer Band – »Betriebsklima« – enthielt einen resümierenden Bericht über das erste im Auftrag eines Großunternehmens durchgeführte Projekt: die Untersuchung des »Betriebsklimas« in Werken des Mannesmann-Konzerns. Den Kontakt hatte der Institutsberater Hellmut Becker hergestellt. Der Mannesmann-Konzern war nicht irgendein Unternehmen. Er hatte zu den Gründern der antibolschewistischen Liga gehört, sich an der Finanzierung der NSDAP beteiligt und während des Zweiten Weltkriegs Werke in besetzten Ländern übernommen. Die Forschungsergebnisse sollten, so ein Vorstandsmitglied, der »gedeihlichen Einordnung in das Gefüge unserer Arbeitswelt« dienen. Horkheimer hatte die Auftragsarbeit gerechtfertigt als Aufklärung, die allen, »Betriebsinhabern« wie »Arbeitern«, helfe, sich über den Betrieb klarzuwerden, um dann bestimmte Faktoren zu verbessern.

Der erste Band aber war – deutlich symbolträchtig – Horkheimer zum 60. Geburtstag gewidmet. Die »Sociologica« betitelte Sammlung der Beiträge von 22 Autoren – deutschen und ausländischen, zurückgekehrten und nicht zurückgekehrten Emigranten – zeugte von den internationalen Beziehungen und dem internationalen Prestige des von Horkheimer und seinem Kodirektor Adorno geleiteten Instituts und wurde durch die Zueignung in die große Tradition des Instituts gerückt. Sie schloss mit dem offensichtlich von Adorno formulierten Wunsch, Horkheimer möge die Muße gewinnen, »all das Philosophisch-Theoretische heimzubringen, das in seinem Bewusstsein zur Formulierung drängt«. Und den Zusammenhang mit der Arbeit des Instituts auf eine Weise herstellend, die an die längst stereotypen Vorsätze der Memoranden von Pollock und Horkheimer denken lässt, hieß es weiter: »Die Forschungen, die er selbst ins Leben rief, haben dafür in weitem Maße die materialen Voraussetzungen geschaffen. Wir wissen, daß er die Kraft besitzt, unbeirrt die ganze Konsequenz aus dem Erarbeiteten zu ziehen, deren es heute wahrhaft bedarf.«

Doch was war an Philosophisch-Theoretischem von Horkheimer zu erwarten? Hans-Georg Gadamer, der einem Ruf nach Heidelberg folgend Frankfurt um die Zeit verließ, als Horkheimer und Adorno sich dort zu etablieren begannen, war von der Lektüre von Horkheimers »Eclipse of Reason« so beeindruckt, dass er der verpassten Gelegenheit gemeinsamen Wirkens nachtrauerte. »Ihr Buch«, schrieb er Horkheimer, »ist einfacher zu lesen als die Dialektik der Aufklärung, und dem mag es zuzuschreiben sein, daß ich, mit Bestürzung fast, jetzt erst das Ausmaß der Affinitäten zwischen Ihrem Denken und dem meinigen ganz sehe. Wie hätte das werden können, wenn wir ganz sachte und allmählich begonnen hätten, gemeinsame Seminarübungen abzuhalten, Sie, Adorno und ich.« (Gadamer-Horkheimer, 15.3.1950/HGS 18, S. 122) Auch er, fuhr er unter Hinweis auf die enge Zusammenarbeit Horkheimers mit Adorno fort, gehöre ja zu den Menschen, die im Austausch erst das Eigene ganz entwickelten, und das allgemeine Anliegen einer zweischneidigen Negativität gegen Theorie und Tatsache liege ganz auf seiner Linie.

Doch das blieben Träume. Angesichts der damaligen Lage der Philosophie in Westdeutschland konnte Horkheimer sich damit begnügen, Angesammeltes weiterzugeben. Schon die »Eclipse of Reason« war eine von ihm für Vorlesungszwecke popularisierte und von

Adorno wiederum angereicherte Version der »Dialektik der Aufklärung« gewesen. Die Rede »Zum Begriff der Vernunft«, die er bei seinem Antritt als Rektor der Universität hielt, war dann nochmals ein Konzentrat der »Eclipse of Reason« und lebte von dem Pingpong-Spiel mit objektiver und subjektiver Vernunft. Von der »Dialektik der Aufklärung« und der »Eclipse of Reason« konnte er umso unbekümmerter zehren, als die »Dialektik der Aufklärung« praktisch unbekannt blieb und die »Eclipse« erst 1967 in deutscher Übersetzung erschien. Er lebte philosophisch gewissermaßen vom Kapital. Charakteristisch für seine Tätigkeit als Philosoph und Soziologe wurden nicht Bücher oder von einem theoretischen Programm geleitete Aufsätze wie zu Zeiten der Zeitschrift für Sozialforschung. In erster Linie wirkte er vielmehr durch Vorträge, Gespräche und Beiträge, die bildungspraktischen Zielen dienten und sich teils an ein professionelles, teils an ein nicht-professionelles Publikum richteten. Jahre nach Gadamers melancholischem Brief war die Situation praktisch unverändert. Ende 1954 machte Marcuse Horkheimer darauf aufmerksam, dass andere sich aus der »Zeitschrift für Sozialforschung« und der »Dialektik der Aufklärung« bedienten, dass es aber »fuer das, was Sie und wir zu sagen haben, keinen noch so wichtigen ›Ersatz‹« gebe und »dass es immer notwendiger wird, es zu sagen«. (Marcuse-Horkheimer, 11.12.1954, MHA: V 118.96) Horkheimers Antwort darauf war: »Sie haben recht, wir müssen versuchen, ›es‹ zu sagen. Zu bedenken ist nur, daß auch meine gegenwärtige Existenz eine Art ›sagen‹ ist, wenn auch nur für recht wenige.« Er fügte etwas hinzu, was unmotiviert klang, aber eine dauernde Befürchtung zum Ausdruck brachte: »Ich möchte nicht gerne eine unbedachte Handlung begehen, durch die ich es kaputt mache. Wenn man von außen zugrunde gerichtet *wird*, ist das eine andere Sache.« (Horkheimer-Marcuse, 28.12.1954/HGS 18, S. 285)

Die gleiche Sorge bekundete Horkheimer, als er sich wegen seiner Chicagoer Gastprofessur in den Vereinigten Staaten aufhielt und von Adorno erfuhr, Ralf Dahrendorf habe nach wenigen Monaten Mitarbeit am Institut für Sozialforschung bereits wieder gekündigt. »Sie haben kaum einen Begriff«, machte er sich und Adorno Mut, »in wie hohem Ansehen wir hier stehen. Der Artikel von Mills in der Saturday Review ist symptomatisch.« C. Wright Mills, der in den 1950er Jahren zum führenden Vertreter einer »kritischen Soziologie« und dem nach John Dewey bekanntesten »öffentlichen Intellektuellen« in den USA wurde, hatte die »Studies in Philosophy and Social Science« in den höchsten Tönen gepriesen. Es gebe keine vergleichbare Publikation und es sei schlicht unverständlich, warum noch kein Verleger Auswahlbände mit den bedeutendsten Texten daraus vorgelegt habe. »Wir müssen«, so Horkheimers Konsequenz, »alles daran setzen, daß die Bedeutung der Vergangenheit durch unsere Zukunft nicht getrübt wird; es ist der Mühe wert.« (Horkheimer-Adorno, 24.8.1954/HGS 18, S. 274)

Zur Krönung der von Horkheimer vollzogenen Rückkehr des Instituts und seiner wichtigsten Mitarbeiter wurde eine weitere wissenschaftspolitische Glanzleistung: die Sigmund-Freud-Vorlesungen in Frankfurt am Main und Heidelberg anlässlich des 100. Geburtstags des Begründers der Psychoanalyse. Horkheimer organisierte sie zusammen mit Alexander Mitscherlich, dem damaligen Leiter der psychosomatischen Abteilung an der Heidelberger Universität. Eingeladen waren zu der von der Rockefeller Foundation und den Universitäten Frankfurt und Heidelberg finanzierten aufwendigen Veranstaltung ausschließlich ausländische Wissenschaftler, emigrierte und nicht-emigrierte. Das zeugte von den hervorragenden internationalen Verbindungen der Veranstalter und verhalf der Psychoanalyse zu einem Durchbruch in der deutschen Öffentlichkeit. (Cf. Hans-Martin Lohmann: Alexander Mitscherlich und die Frankfurter Schule, in: Boll/Gross, a. a. O., S. 190) »Damals«, so im Rückblick Jürgen Habermas, der 1956 als Assistent Adornos Mitarbeiter des Instituts geworden war, »befand sich die Psychoanalyse in den USA, in England, Holland und der Schweiz auf dem Höhepunkt ihrer Reputation. Die bahnbrechenden Werke von Erik Erikson, René Spitz, Ludwig Binswanger, Franz Alexander, Michael Balint, Gustav Bally und vielen anderen (zu denen natürlich auch Anna Freud gehörte) genossen internationale Anerkennung. Kaum mehr als ein Jahrzehnt nach Kriegsende trat diese Elite von Wissenschaftlern vor ein deutsches Publikum, um über die Fortschritte der 1933 schmählich vertriebenen Disziplin zu berichten. Ich weiß nicht, was mich, dem Freud während seines Psychologiestudiums nur in abschätzigen Zusammenhängen begegnet war, mehr fasziniert hat: die eindrucksvollen Personen oder die glanzvollen Vorträge.« (Habermas: Die Zeit hatte einen doppelten Boden, in: Die Zeit, 4. September 2003)

Mit Horkheimers und Adornos Doppellehrstühlen für Philosophie und Soziologie, dem Institut für Sozialforschung und dessen Publikationsreihe »Frankfurter Beiträge zur Soziologie« sowie den Freud-Vorlesungen, auf die 1960 mit Unterstützung Horkheimers die Gründung des Frankfurter Sigmund-Freud-Instituts folgte, war Frankfurt zum Fokus eines für viele befreiend wirkenden Prozesses der Öffnung geworden. Es war ein bis in die späten 1950er Jahre dauernder Prozess, bei dem die teils mit ihren Werken, teils in persona zurückgekehrten Emigranten eine wichtige Rolle spielten. »Sie hatten«, so Habermas, der wie Ralf Dahrendorf und Heinrich Popitz zur Generation der Nachkriegs-Beginner gehörte, »eine moralisch unbeschädigte Position und lehrten uns, wieder Anschluß zu finden an abgebrochene Traditionen, auch an das, was in Deutschland immer schon aus dem Kanon ausgeschlossen worden war« (Habermas: Zur Entwicklung der Sozial- und Geisteswissenschaften in der Bundesrepublik, in: ders.: Texte und Kontexte, Frankfurt/M. 1991, S. 209) oder was, so wäre zu ergänzen, ideologisch missbraucht bzw. verunstaltet worden war. Dank Horkheimer und Adorno und dem Institut war in Frankfurt wirklich »der Hauch von etwas anderem« spürbar. Horkheimers Vorlesungen waren besondere Ereignisse im Alltag des Universitätsbetriebs. Es handelte sich dabei im Wesentlichen um Einführungen in die Geschichte des neueren philosophischen Denkens. Damit konnte er an seine pädagogischen Erfolge der Jahre vor der Emigration anknüpfen. Für seine Hauptvorlesung im Sommersemester 1956 hätten sich 610 Studenten eingeschrieben, berichtete er stolz Maurice J. Karpf, einem befreundeten Mitglied des AJC in Los Angeles.

Währenddessen verfestigte sich bei ihm und Pollock immer mehr der Entschluss, sich in der Schweiz niederzulassen. Ein erster Schritt dazu war ein Schreiben Horkheimers an den Präsidenten der Friedhofskommission der Israelitischen Kultusgemeinde Bern. Er äußerte den Wunsch, zusammen mit seiner Frau einmal dort auf dem jüdischen Friedhof begraben zu werden, wo sich bereits die Gräber seiner im Schweizer Exil gestorbenen Eltern befanden. Eine Professur in Chicago, die er von 1954 bis 1959 innehatte, erlaubte ihm außerdem die Beibehaltung des transatlantischen Spagats. Immer wieder erwachte in ihm auch eine Sehnsucht nach Kalifornien. Immer wieder meldete sich aber auch der Ehrgeiz, die in Frankfurt erreichte deutsche Position zu halten. »Ich beteilige mich«, hatte er im Vorfeld der

Abb. 23: Institutsbesprechung 1955; am Tisch in der Mitte Max Horkheimer und Theodor W. Adorno, Erster von links Ludwig von Friedeburg, Vierte von links Gretel Adorno

Sigmund-Freud-Vorlesungen aus der Schweiz an Löwenthal in den USA geschrieben, »auf die dringende Bitte Mitscherlichs an der Sache deshalb, weil eine solche Veranstaltung in Deutschland eine Rückenstärkung der aufgeklärten kulturellen Kräfte bedeutet, weil die jungen Leute überhaupt nichts mehr von den Dingen wissen, aber durch sie hindurchgehen sollen, weil die Juristen im Hinblick auf die Neugestaltung des Strafgesetzbuches, die Ministerien und Pädagogen im Hinblick auf das neue Lehrerbildungsgesetz, an diese Dinge erinnert werden sollen, weil die Psychiatrie auf weite Strecken ein Skandal ist. Ich bin mir wohl bewusst, welche Risiken die Unternehmung mit sich bringt, aber sie gehört zu den Sachen, die mein Hiersein gerade noch rechtfertigen.« (Horkheimer-Löwenthal, 20. 1. 1956 / HGS 18, S. 336 f.)

Was die Überlegungen, Intentionen und Pläne des »Intérieurs« Horkheimer-Pollock für das Institut bedeuteten, dessen Herrscher ungeachtet seiner praktischen Nicht-Präsenz und der Kodirektorschaft Adornos letztlich allein Horkheimer war, brachte im Rückblick Jürgen Habermas auf den Punkt: »Obwohl bei ihm alle Fäden der Institutsarbeit zusammenliefen, konnte Adorno mit Organisationsmacht nicht umgehen. Er bildete eher den passiven Mittelpunkt eines komplexen Spannungsfeldes.« Dessen Figuren waren Horkheimer, Gretel Adorno und Ludwig von Friedeburg, der nach mehrjähriger Mitarbeit im Institut für Demoskopie Allensbach seit 1955 die empirische Abteilung des Instituts für Sozialforschung leitete. »Friedeburg hatte das legitime Interesse an einer inhaltlichen Kooperation mit Adorno, die zu einer stärker theoretischen Ausrichtung der empirischen Forschung führen sollte. Unabhängig davon wollte Gretel den persönlichen, sowohl wissenschaftlichen wie publizistischen Erfolg des Philosophen, den Adorno eigentlich erst posthum errungen hat. Und für Horkheimer sollte Adorno die unmögliche Aufgabe lösen, dem Institut mit Hilfe politisch unanstößiger, akademisch eindrucksvoller Studien öffentliche Geltung zu verschaffen, ohne die Radikalität der gemeinsamen philosophischen Intentionen ganz zu verleugnen und die nonkonformistische Signatur der Forschungseinrichtung – das für die studentische Nachfrage wichtige Image des Instituts – zu beschädigen.« (Habermas, Die Zeit hatte einen doppelten Boden, a. a. O.)

Im Mai 1956, zur Zeit der so erfolgreichen Sigmund-Freud-Zentenarvorlesungen und -konferenzen, bat Horkheimer wegen antisemitischer Äußerungen aus der Professorenschaft um vorzeitige Emeritierung. Der Dekan bat ihn dringlich, zu bleiben und erreichte, dass Horkheimer ein Sonderstatus eingeräumt wurde. Bis zur Vollendung seines 65. Lebensjahres war ihm erlaubt, sich für die Hälfte der Zeit von Lehrverpflichtungen unter Beibehaltung der vollen Bezüge beurlauben zu lassen. 1957 war es dann so weit: Horkheimer und Pollock übersiedelten nach Montagnola in der Schweiz. Zum transatlantischen Spagat kam damit ein deutsch-schweizerischer.

Von einer stärkeren Konzentration auf die »eigenen Studien« konnte auch jetzt keine Rede sein. Wo sich Spielräume auftaten, nutzte Horkheimer sie für weitere wissenschaftsorganisatorische und bildungspolitische Unternehmen. Sie zeugten in der Regel von seinen Gefühlen der Zugehörigkeit zu Amerika und zum Judentum. Als die Professur an der Universität Chicago Ende der 1950er Jahre zum Abschluss kam, wurde er auf die Einladung von AJC-Vizepräsident John Slawson hin, mit dem er inzwischen befreundet war, Consultant des AJC für Deutschland. Die Aufgabe, die er damit übernahm, entsprach den Intentionen, die ihn sowieso leiteten: die demokratische Kultur in Deutschland fördern. Ein Jahrzehnt lang engagierte er sich für die auf eine Idee Slawsons zurückgehenden »Study-Trips« – ein transatlantisches Bildungsprojekt. Studienaufenthalte in den USA, bei denen sie die dortigen Bildungseinrichtungen und das allgemeine politische Klima kennenlernten, sollten deutsche Lehrer und mit Bildung befasste junge Menschen dazu befähigen, in Deutschland Reformdebatten und -projekte anzuregen und anti-amerikanischen Ressentiments entgegenzuwirken. Bereits Mitte der 1950er Jahre hatte Horkheimer die Loeb-Lectures mit ins Leben gerufen – Gastvorlesungen für Hörer aller Fakultäten und für die interessierte Öffentlichkeit über Geschichte und Kultur des Judentums. Als der Zentralrat der Juden in Deutschland im November 1960 sein zehnjähriges Bestehen feierte, hielt Horkheimer, der bei seiner Rückkehr nach Frankfurt sogleich Mitglied der dortigen jüdischen Gemeinde geworden war, den Festvortrag. Neben all diesen Aktivitäten behielt er auch noch weiterhin das Institut im Auge – nach wie vor geleitet von der Sorge um das Weiterbestehen und das Renommee des von ihm Begonnenen. Zur »reinen Philosophie« kam er so nicht, wohl aber nach wie vor zu dem, worin er Meister war: zu Notizen, Aufzeichnungen, Gelegenheitsarbeiten. »Gelegenheitsarbeiten« nannten Horkheimer und Adorno selber die Reden und Vorträge, die sie, jeweils mit den Initialen M. H. oder T. W. A. gezeichnet, 1962 unter dem Titel »Sociologica II« in der Reihe der »Frankfurter Beiträge zur Soziologie« veröffentlichten.

XV Ein bürgerlich-jüdischer Gelegenheitsphilosoph

Im ersten der Memoranden, in denen Horkheimer und Pollock ihre schwankenden und wechselnden Beschlüsse zu Ablehnung oder Nicht-Ablehnung der Einladung der Frankfurter Universität formulierten, hieß es bei den Richtlinien für die zukünftige Arbeit: »Ein philosophisches Werk, vorzugsweise in Aphorismenform, als spezifische Aufgabe von Max.« (Memorandum Pollock-Horkheimer, 21. 3. 1949/ HGS 18, S. 17) Das erwies sich als ein realistisches Vorhaben, das zu Horkheimers ruhelosem Lebensstil passte und seinem Drang zum spontanen und eigenständigen Ausdruck lebendiger Erfahrung entsprach. Zusammen mit Pollocks Notizen über Gespräche mit Horkheimer füllten Horkheimers eigene Aufzeichnungen später an die 1000 Seiten in der Ausgabe der Gesammelten Schriften. Ein »philosophisches Werk« kam so nicht zustande. Horkheimer stellte aber in seinen letzten Lebensjahren selbst noch eine Auswahl der Notizen zusammen. Diese »Notizen 1949–1969« erschienen posthum in einem Band vereint mit einer Neuausgabe der »Dämmerung«.

Unter den frühen Notizen der Jahre 1949–1952 fällt eine Aufzeichnung über »Die verbotene Frage« auf. »Weder in der westlichen Hälfte noch gar in der östlichen werden die verschiedenen gesellschaftlichen Systeme, zwischen denen die Menschen zu wählen haben und um derentwillen sie einander anzufallen bereit wären, leidenschaftslos und mit Ausführlichkeit, auf jedes der Länder angewandt, mit Vor- und Nachteilen, günstigen Aussichten und Gefahren vernehmlich dargestellt.« Dass das im russischen Herrschaftsbereich nicht geschehe, sei kein Wunder. Aber sei die Situation nicht auch im Westen fragwürdig? »Hat der durchschnittliche Bürger und Arbeiter neben dem positiv oder negativ gefärbten Bilde des gegenwärtigen Russlands eine Vorstellung von den wirklichen Risiken oder Chancen des Sozialismus, wenn er, von allen angenommen, in den westlichen Ländern in Gang gebracht würde?« Eben das hatte er nicht. Noch nicht einmal über das englische Experiment in Sachen Sozialisierung seien die Menschen adäquat unterrichtet. Wo aber die wichtigsten Fragen der Menschheit mit einem Tabu belegt blieben, entstehe Hass auf den, der darüber vernünftig zu sprechen versuche, ergebe sich ein »Fanatismus gegen alles, was anders ist«. Unter solchen Bedingungen helfe auch der »Austausch« von Studenten, Professoren und anderen Privilegierten innerhalb der westlichen Länder nicht, urteilte Horkheimer lapidar. »Die Ausgetauschten teilen, angesichts der verschwindenden Verschiedenheiten ihrer eigenen Länder, zumeist den Glauben der Superiorität des ihnen gemeinsamen gesellschaftlichen Systems. Ausgesprochen oder nicht, bildet das dann das sich durch den Verkehr noch verstärkende Apriori der Beziehungen.« (HGS 6, S. 200 f.)

Horkheimer hielt sich offenbar selbst an das Tabu – jedenfalls was »die verbotene Frage« in ihrer konkreten Form betraf. Deutlich formulierte er sie nur in einer nächtlichen Notiz, wie so manche ketzerischen und selbstkritischen Gedanken. Das geschah vielleicht nicht so sehr aus Furcht vor Unverständnis oder Unannehmlichkeiten, als vielmehr aufgrund seiner Sicht der historischen Entwicklung im Großen, zu der er im Laufe der 1940er Jahre gekommen war. Gleich bei seinem ersten größeren Auftritt in Deutschland hatte er sie in deutlichen Worten dargelegt. Das war im Juni 1948. In der – wie er an seine Frau schrieb – »ziemlich vollen« Aula der Frankfurter Universität sprach er, vom Rektor offiziell willkommen geheißen und zu erneuter Mitarbeit aufgefordert, über »Philosophie und Studium«. Zur Frage nach der weltanschaulichen Aufgabe der Universität meinte er: »Wenn wir nicht mehr zur Geistes- und Kulturphilosophie der vorhitlerschen Zeit zurückkehren können, wenn die Wissenschaft allein zu einer philosophischen Orientierung immer weniger zu verhelfen vermag, so wird es trübe um den Beitrag der Universität auf diesem Gebiet bestellt sein. Der Traum des abendländischen Bürgertums, daß die menschlichen Angelegenheiten einmal auf Grund menschlicher Einsicht gerecht geordnet werden könnten, die Vorstellung, daß eine der Vernunft entsprechende Einrichtung des sozialen Ganzen möglich, ja das Ziel menschlicher Freiheit sei, scheint ausgeträumt.« Für eine Aufhellung dieses düsteren Bildes sah er keine Möglichkeit, wenn man nicht zu fragwürdigen Mitteln greifen wollte. »Besser als zu dem abstrakten Kulturgerede oder etwa den gleißnerischen Werthierarchien zurückzukehren, besser als die Lobpreisung der großen Persönlichkeit, die dann im Reich der alles verbindenden Prominenz so leicht ihren Frieden mit den großen Verbrechern macht, ist noch das schlichte Wissen um die Abwesenheit einer positiven Philosophie, um die Preisgegebenheit des Individuums.« Das sei das gerade gegenwärtig Positive: das »befreiende Aussprechen des Negativen als des Negativen«. Was darüber hinausging, versah er mit einem »noch«. Die Technisierung des Studiums sei noch nicht so weit fortgeschritten, daß die Geistigkeit des aufzunehmenden Inhalts ganz aus ihm gewichen wäre. Und so könne sie immer noch »jenen einzelnen« zum Bewusstsein verhelfen, die in dieser »Periode des Übergangs« – dem Zeitgeist Trotz bietend – »mit dem Wissen auch den Besitz des geistigen Erbes der bürgerlichen Epoche bewahren und weitergeben können«. (HGS 7, S. 372 ff.)

Vortrag und nächtliche Notiz zusammengenommen ließen eine Perspektive sinnvoller Tätigkeit in Deutschland eigentlich nicht zu. Doch es folgte dann ein Jahrzehnt, in dem bei Horkheimer der Gedanke an die verhängnisvolle Tabuisierung der wichtigsten sozialen Frage, nämlich der eines westlichen Sozialismus, und ebenso der an den ausgeträumten Traum des abendländischen Bürgertums in den Hintergrund gedrängt und übertönt wurde durch seine vielfältigen Engagements. Sie zehrten von der Hoffnung, nach der gescheiterten Entnazifizierung könnte im rasch wirtschaftlich erstarkenden Westdeutschland ein immer prominenter werdender Professor mit den ihm zur Verfügung stehenden pädagogischen und bildungsorganisatorischen Mitteln für gute deutsch-amerikanische Beziehungen, eine sich am US-amerikanischen Vorbild orientierende Demokratisierung der Gesellschaft, eine geschichtsbewusste deutsch-jüdische Verständigung und ein alles das ermöglichendes und förderndes und festigendes Bildungssystem sorgen. Aus dem zunächst kurzfristig gedachten Engagement war ein langfristiges geworden. Auch das Institut konnte längst nicht so bald sich selbst überlassen werden wie gedacht.

Wie sehr Horkheimers Leistungen geschätzt wurden, unterstrich die seltene Ehrung, die die Stadt Frankfurt ihm erwies. Zu seinem Geburtstag im Februar 1960 verlieh sie ihm die Ehrenbürgerwürde. Doch Ende der 50er, Anfang der 60er Jahre – dieser Eindruck drängt sich auf – empfand Horkheimer zunehmend Frustration und Enttäuschung, Resignation und Verzweiflung.

Abb. 24: Verleihung der Frankfurter Ehrenbürgerwürde im Februar 1960, links Bürgermeister Walter Leiske, rechts Atomphysiker Otto Hahn

Als ein erstes Anzeichen dafür kann man vielleicht seine Reaktion auf die schriftstellerischen Leistungen von Jürgen Habermas interpretieren, dem Assistenten Adornos. 1957 war von ihm ein »Literaturbericht zur philosophischen Diskussion um Marx und den Marxismus« in der von Hans-Georg Gadamer begründeten und damals führenden philosophischen Zeitschrift »Philosophische Rundschau« erschienen. Gadamer, der Habermas um einen größeren Beitrag über Marx gebeten hatte, war tief beeindruckt. »Hier war offenkundig«, meinte er im Rückblick, »daß einer gegenüber marxistischen Grundgedanken positiv eingestellt war, aber jedes politische Urteil vermied und sich allein auf die begriffliche Prüfung der behandelten Marx-Literatur beschränkte. Mir imponierte, wie er beides zu unterscheiden wusste und sich dem wissenschaftlichen Anspruch der Zeitschrift anpasste.« (H.-G. Gadamer: Der Meister der Kommunikation, in: Süddeutsche Zeitung, 18. 6. 1999)

Doch wo Gadamer Imposantes wahrnahm, sah Horkheimer eine Kette von Provokationen. »Teddie«, begann ein Jahr nach dem Erscheinen von Habermas' Literaturbericht ein langer Brief Horkheimers aus Montagnola an Adorno in Frankfurt am Main, »Briefe, so weit sie im geringsten über technische Einzelheiten hinausgehen, sind zwischen uns dürftige Hilfsmittel aber ich habe schon ein paar Mal angekündigt, zu der Arbeit von Habermas in der Philosophischen Rundschau schreiben zu wollen, und es soll nun trotz Gicht und Blödheit geschehen. Die Schrift liefert ein so treffliches Argument für die zwischen uns besprochenen Änderungen im Institut, daß es schade wäre, es nicht so bald wie möglich auszusprechen.« (Horkheimer-Adorno, 27. 9. 1958 / AHB IV, S. 508) Was folgte, warf ein Licht darauf, was Horkheimer vom Institut erwartete und was er befürchtete und fernhalten wollte. Ohne Rücksicht darauf, dass es sich um einen Literaturbericht für eine philosophische Zeitschrift handelte, fällte er sogleich ein vernichtendes Urteil über die Eignung von Habermas für eine Mitarbeit am Institut. »Ein begabter, unablässig auf geistige Überlegenheit sich verweisender Mensch findet den Weg zum Institut und zeigt, daß man geraume Zeit – wahrscheinlich doch schon mehr als ein Jahr? – bei uns sein kann, ohne im geringsten seine Erfahrung über die gesellschaftliche Wirklichkeit zu erweitern, ja ohne mit Verstand über die Gegenwart nachzudenken, ohne andere Anstrengung als die, für welche Lektüre und Scharfsinn und zur Not das Philosophische Seminar vollauf genügten.« Das Zentrum seiner Kritik bildete die Überzeugung, Habermas vertrete eine anachronistische Revolutionstheorie. »Daß H. eine Philosophie verkündet, die er einmal als ›Vorwort‹, einmal mit Merleau-Ponty als ›kritischen Prolog‹ zum ›Experiment‹ der Revolution bezeichnet, mehr als hundert Jahre, nachdem Marx eben dieses ›kontingente‹ Ereignis in Deutschland als das ›unmittelbare‹ und unausbleibliche Nachspiel der bürgerlichen Umwälzung erwartet hatte, wie es in keinem bürgerlichen Staat, sondern im zurückgebliebenen Russland und naturgemäß ganz anders, als er es sich vorstellte, tatsächlich eintreten konnte; [...] diese mit Geist gekoppelte Blindheit ließe ich mir von einem Habilitanden gefallen, der irgendwo an einem Seminar aufwächst. Ja, ich hätte meine Freude daran, daß es unter dem philosophischen Nachwuchs hierzulande nicht bloß Heideggerjünger, Existentialisten und Positivisten gibt, sondern im Gegensatz zum Osten, wo der nicht konforme Gedanke ausgerottet wird, immer noch dissentierende Jugend und Eigensinn. Aber gegenwärtig ist H.

bei uns am Institut für Sozialforschung und ich hege die ungewöhnliche Erwartung, daß die Assistenten dort ein Minimum an Verantwortung aufbringen, selbst wenn sie in Zeitschriften sich vernehmen lassen, auf die wir keinen Einfluß haben.« Was er dem als Frucht von Erfahrung und Nachdenken entgegenhielt, war: »Selbst in den Jahren, während der Nationalsozialismus heraufzog, während des Dritten Reichs, wussten wir um die Vergeblichkeit des Gedankens an Rettung durch Revolution. Sie heute hier als aktuell zu verkünden, ohne Reflexion auf die Konsequenzen des ›Ausgesprochenwerdens‹, deren Fehlen H. bei Marx kritisiert, kann nur den Geschäften der Herren im Osten Vorschub leisten, denen er doch den Kampf ansagt und denen sie in Wirklichkeit ausgeliefert wäre, oder den potentiellen Faschisten im Innern in die Hand spielen.« Um einiges höhnischer, als er ihn begonnen hatte, beendete Horkheimer seinen Brief mit den Sätzen: »Wahrscheinlich hat er als Schriftsteller eine gute, ja glänzende Karriere vor sich, dem Institut würde er großen Schaden bringen. Lassen Sie uns zur Aufhebung der bestehenden Lage schreiten und ihn in Güte dazu bewegen, seine Philosophie irgendwo anders aufzuheben und zu verwirklichen.« In einem P. S. fügte er seinem Brief noch ein erstes Urteil über die von Mitarbeitern des Instituts erstellte Studentenstudie hinzu, aus der später der Band »Student und Politik« hervorging. In Habermas' Einleitung dazu erkannte er ähnliche Thesen wie im Literaturbericht. »Das Wort Revolution ist, vermutlich unter Ihrem Einfluß, durch ›Entwicklung der formellen zur materialen, der liberalen zur sozialen Demokratie‹ ersetzt; aber das ›Potential‹ das dabei ›politisch wirksam‹ werden soll, dürfte, für die Phantasie des durchschnittlichen Lesers, wohl kaum durch demokratische Methoden sich aktualisieren lassen. Wie soll denn das Volk, das ›in Fesseln einer ... bürgerlichen Gesellschaft in liberal-rechtsstaatlicher Verfassung gehalten wird‹, in die sogenannte politische Gesellschaft übergehen, für die es nach H. ›längst reif‹ ist, wenn nicht durch Gewalt.« Für ihn war damit klar: »Solche Bekenntnisse im Forschungsbericht eines Instituts, das aus öffentlichen Mitteln dieser fesselnden Gesellschaft lebt, sind unmöglich.«

Einen Hinweis auf das, was Horkheimer offenbar noch mehr als die von ihm benannten Dinge ärgerte oder störte, geben Stellen in seinem Brief, an denen er dort mit Empörung und Verachtung reagiert, wo man Verständnis oder Sympathie hätte erwarten können.

»H. meint wirklich, heute sei es möglich, ›die Masse der Bevölkerung dazu zu bewegen, das, was ist, an dem, was möglich ist, zu messen.‹ Was für ein Kenner der Gegenwart, welch imponierende Zuversicht.« (Horkheimer-Adorno, a. a. O., S. 510 f.) War daran für Horkheimer womöglich anstößig, dass von der »Masse der Bevölkerung« angenommen wurde, was er selbst nur einzelnen zutraute? Habermas hatte in seinem Literaturbericht zu Marx und Marxismus gleich anfangs zwischen verschiedenen typischen Situationen der Interpretation von Marx' Pariser Manuskripten unterschieden. Zur Situation in Deutschland nach dem Krieg hieß es: »Nach dem Zusammenbruch von 1945 dagegen, und mit zunehmender ökonomischer wie politischer Konsolidierung Westdeutschlands, wurde der Marxismus akademisch. Kommunisten gab es so gut wie keine mehr im Lande; die Sozialisten blieben bis auf den heutigen Tag stumm. Karl Löwith hatte schon Anfang der vierziger Jahre, im Ausland, seine ausgezeichneten Interpretationen zur Geistesgeschichte des 19. Jahrhunderts vorgelegt; in deren Folge gewöhnte man sich daran, Marx mit Kierkegaard und Nietzsche in einem Atem zu nennen.« (Habermas, Literaturbericht zur philosophischen Diskussion um Marx und den Marxismus, Wiederabdruck in: Theorie und Praxis, Neuausgabe, Frankfurt/M. 1971, S. 388) Musste das nicht jemanden treffen, der in der ersten Zeit seiner Rückkehr eine Notiz über »Die verbotene Frage« verfasst hatte und sich selbst hütete, daran zu rühren? Musste durch die Art, wie Habermas vom Akademischwerden des Marxismus sprach, nicht die Entschiedenheit fragwürdig werden, mit der Horkheimer im Monat vor seinem Brief an Adorno in einer Notiz von »Marx als Stadium« gesprochen und die Marx'schen Theorien als Stadien des Gedankens bezeichnet hatte, durch die das Denken hindurchgehen müsse wie durch Nietzsche und Kant?

Den einleitenden Abschnitt seines Literaturberichts hatte Habermas mit dem Hinweis beschlossen, die philosophische Diskussion des Marxismus sei, soweit sie sich selbst als marxistisch verstehe, stets mehr als eine »nur« philosophische. »Das gilt sogar in gewissen Grenzen auch noch da, wo der Marxismus als solcher und in seinem Selbstverständnis abgewiesen, eben, wo er akademisch verwandelt wird.« (A. a. O., S. 390) Mit dem ganzen langen Literaturbericht in einer philosophischen Fachzeitschrift ging es Habermas ja um mehr als einen Literaturbericht: um die Herausarbeitung und Verdeutlichung eines spezifischen Typs von Gesellschaftstheorie, der zuerst von Marx ausgebildet worden war. Diese Theorie sah in der Analyse der Gesellschaft ein katalysatorisches Moment für deren Selbstbild und Gestaltung. Genau darum war es Horkheimer bei seiner Unterscheidung von traditioneller und kritischer Theorie gegangen. Musste er nicht auch in dieser Hinsicht auf die in Habermas' Literaturbericht zutage tretende Intention betroffen reagieren, da er selbst ja nach wie vor nicht bereit war, seine Aufsätze aus der Zeitschrift für Sozialforschung wiedererscheinen zu lassen, und das Etikett »kritische Theorie« zu einem vage auf Traditionen des Instituts und seiner Leiter verweisenden Begriff geworden war?

Auch in der Reaktion auf die Untersuchung über »Student und Politik« kann man ein Zeichen dafür sehen, dass damit bei Horkheimer eine empfindliche Stelle getroffen war. Indem die Mitarbeiter der Studie eine Vorstellung von sozialstaatlicher Demokratie zur Norm machten, erfuhren bei Horkheimer längst stereotyp gewordene und hohl klingende Begriffe wie vernünftige oder richtige Gesellschaft eine Konkretisierung, die sie für aktuelle Analysen und Auseinandersetzungen geeignet machte. Horkheimers endgültiges Urteil lautete schließlich: die an sich plausible These, dass im Ernstfall nur ein geringer Prozentsatz der Studenten der Frankfurter Universität sich im Falle einer Bedrohung von rechts für die Demokratie einsetzen werde, sei »durch windige empirische Kunststückchen gestützt«. (Horkheimer-Adorno, 2.3.1960/AHB IV, S. 615) Die Munition für diese Argumentation lieferte Pollock, mit dem Horkheimer in Montagnola Haus an Haus lebte und der später, als es um die Frage einer Neuausgabe der »Dialektik der Aufklärung« ging, zu dem »sehr betrüblichen Schluß« kam, dass sich der Inhalt »zur Massenverbreitung nicht eignet«.

Nachdem Horkheimers Vorschlag, die Studentenstudie nur in mimeographierter Form verfügbar zu machen, im Institut auf geschlossenen Widerstand gestoßen war, setzte er durch, dass »Student und Politik« als ein Buch ohne jeden Zusammenhang mit dem Institut erschien. Der Erfolg des von Horkheimer verstoßenen Buches übertraf weit den der offiziellen Instituts-Publikationen. Ebenso erging es Habermas' Habilitationsarbeit über den »Strukturwandel der Öffentlichkeit«. Die erfolgsgekrönte Untersuchung über Geschichte und Theorie eines zentralen Elements von Demokratie erschien ohne erkennbaren Zusammenhang mit dem Institut, an dem sie weitgehend entstanden war. Was Horkheimer angesichts der ernüchternden Diagnose der Lage der Demokratie in Deutschland so unerbittlich bleiben ließ, hatte offenbar mit seiner eigenen Ernüchterung zu tun, die er aber öffentlich nicht zu erkennen geben und über die er sich offenbar öffentlich nicht genauer äußern wollte.

Zur Entscheidung gedrängt, ob er um eindrucksvoller Studien und Publikationen wegen Anstößiges dulden oder gar anregen oder aber um eines ungefährdeten und pragmatischen Institutsbetriebs willen auf Tabus in Frage stellende und Aufsehen erregende Studien verzichten bzw. deren Publikation verhindern sollte, entschied Horkheimer sich für Letzteres. Gemessen am Sendungsbewusstsein des Zurückgekehrten, der etwas anderes verkörpern und vorstellen wollte, entwickelte sich das Institut zu einer Art Fassade, die vage Erwartungen weckte. Dabei sah Horkheimer die Lage nicht etwa weniger kritisch als die Autoren der Studentenstudie. Er sah sie eher noch kritischer, ja er hielt sie angesichts der Gesamtlage für perspektivlos.

Die Demokratie »or whatever you may call it« habe in Deutschland keine Tradition als verlorene Kriege und Reeducation, notierte er 1959/60 unter dem Titel »Hinter der Fassade«. »Wie sollte denn ein Volk Selbstbewusstsein aufbringen, das in der jetzt lebenden Generation auf Befehl eines zugleich schlauen und wahnsinnigen Demagogen zwölf Jahre lang den Mord als Handwerk übte, das die Nachbarn überfiel und die Welt unterjochen wollte, ein Volk, das nach der Niederlage sogleich die Feinde, weil sie jetzt die Herren waren, als Befreier begrüßte, nach dem ersten Schrecken jedoch den Haß gegen die Befreier entdeckte und mit jedem Tag, an dem es ihm auf Grund der fremden Hilfe besser geht, sich zu neuen Taten rüstet.« Berlin, die Wiedervereinigung, die Gebiete jenseits der Oder würden zu Stimulantien einer neuen patriotischen Gesinnung. »Unansprechbar, weil unreflektiert und von keinem vernünftigen Grund gestützt, vom Westen schlau die Reputation erborgend, man sei ein liberales Volk, man teile die politische Geschichte der freien Welt, schickt man sich an, der Freiheit den nächsten Streich zu spielen. Die Kotaus vor den Widerstandskämpfern, die offiziellen Absagen an den Antisemitismus, von den Synagogenbesuchen der Bürgermeister bis zum Schweigen bei Anne Frank, all dieses bereits kleinlaut und formell gewordene Schuldgetue hat bloß die Funktion, sich zum rechten Patriotismus wieder das gute Gewissen zu machen, sofern es nicht bloße Reklame für amerikanische Foundations ist.« (HGS 6, S. 302 f.)

Diese Sichtweise verstärkte er noch durch die Diagnose, seit mehr als 100 Jahren stehe die deutsche Politik unter dem Zeichen »zu spät«. Was sich gegenwärtig abspiele, sei die Einübung der auferlegten Demokratie in einem Augenblick, da sie historisch schon verurteilt sei. Verurteilt sah er sie, weil in seinen Augen die westliche Zivilisation im Zerfall begriffen war. Zu den aktuellen Indikatoren dafür gehörte für ihn der Umgang Amerikas mit Chruschtschow. »Amerika empfängt ihn als eine Art rugged individualist, tüchtigen businessman, frischfrohen Farmer, der etwas aushält, physisch und moralisch, ohne Humanitätsduselei. Der bringt was fertig für seine Leute, macht aus Russland eine gutgehende Fabrik, mit dem kann man sich verstehen. Implizit wird darin anerkannt, daß das Geschäft, die Produktion die Hauptsache ist, Christentum, Diamat sind Schmieröl, erfüllen ihre notwendige Funktion, die Gesellschaft zusammenzuhalten, irgend so was muß man haben.« (HGS 6, S. 301, Konvergenztheorie) Europa habe sich der zwanghaften Konzentration Amerikas auf Produktion und Geschäft imitierend angeschlossen, habe auf seine eigene historische Entwicklung verzichtet. »Das Bekenntnis zur Freiheit, das einzelne Individuen und Gruppen ernst meinen, ist im Ganzen zur Phrase herabgesunken und wird sich als solche erweisen, sobald es darauf ankommt, das Geschäft zu schützen. Dann wird, wie sich heute schon zeigt, die Diktatur in Kauf genommen. Chruschtschow lacht mit Recht. In puncto Technik und Lebensstandard wird er schließlich die anderen einholen, und alles, was darüber hinaus geht, was den Vorzug der westlichen Zivilisation hätte bilden können, die Entfaltung des Einzelnen durch Formen der Verwaltung, an denen sie wirklich als Gleiche teilnehmen, die damit gesetzte Ausbreitung des selbstbewussten Gedankens, der souveränen Instinkte und Kräfte der Einzelnen jenseits des bloß Fachlichen, das dadurch zum Moment herabsänke, ist hier aufgegeben worden. Das zu verwirklichen bleibt dann den neuen Herrenvölkern der Welt überlassen, wenn sie ihre Jugend, in der sie die Westler einholen, einmal hinter sich haben. Deshalb ist die westliche Begeisterung für den Machthaber Chruschtschow so beschämend.« (A. a. O., S. 301 f.)

Zur Hoffnung war nach Horkheimers inzwischen unerschütterlich gewordener Ansicht nur in der Vergangenheit einmal Grund gewesen. Er projizierte sie ganz auf das Bürgertum zur Zeit des Hochliberalismus im 19. Jahrhundert. »Für den Übergang zu einer Form der Gesellschaft, in der die Freiheit mit Gerechtigkeit verbunden wäre, zu einer höheren Bürgerlichkeit also, die die frühere in sich enthielte, ist es längst zu spät geworden«, notierte er unter der Überschrift »Geist, Kunst und Bürgertum«. Die »damals noch denkbare Vollendung der Bürgerlichkeit« sei durch Weltkriege und Faschismus ersetzt und vereitelt worden.

Wer die Geschichte und die Situation der westlichen Zivilisation so sah, bei dem konnten nach einem Jahrzehnt pädagogischen, bildungsreformerischen und wissenschaftsorganisatorischen Wirkens angesichts des Fehlens überzeugender Beweise des Gegenteils Zweifel aufkommen oder aufs Neue akut werden, ob das alles überhaupt zu soliden Ergebnissen führen konnte und überhaupt je führen könnte. Dem starken, von Horkheimer mit zugespitztem Sarkasmus formulierten Zweifel entsprach die unerbittliche Selbstkritik in der Notiz »Täuschung«. »Der Jude, der zurückkam, um zu helfen, daß es nicht wieder geschieht, ist ein Tor, der manchen Deutschen, die gegen den Schrecken ihr Leben gaben, die Treue hielt. Daß er jedoch dableibt, nachdem er wahrnimmt, wie das Nachkriegsdeutschland auf den Leichenbergen bloß Geschäfte macht, politische und kommerzielle, wie es je nach Gebrauch die sogenannte Vergangenheit bewältigt oder stillschweigend als Exportreklame einsetzt, wie die Obermörder wieder oben sitzen oder ihre Pensionen beziehen und die Anstifter und Nutznießer aufs neue ihren Rebbach machen – daß er das sieht und nicht so aufschreit, daß man ihn sogleich mundtot oder ganz tot macht, sondern dabei noch mittut, ist der letzten Verachtung wert.« (HGS 6, S. 361) Weitaus verwerflicher als das Verhalten der Geschäftemacher fand Horkheimer die sogenannten Geistigen. »Diese Herren, deren métier die Wahrheit sein soll, stärken durch ihre Wissenschaft das moralische Ansehen des Mörderlandes in der Welt oder geben ihm gar durch kritischen Tenor das heuchlerische Ornament der Freiheit, bis die nächste Wirtschaftskrise oder sonst ein Anlaß kommt und man die liberalistischen Verzierungen entfernt. Der intellektuelle Jude, der da mitmacht, verleugnet die Gemarterten mit jedem Wort, denn die Täuschung, daß ein Jude hier etwas ändern könne, der zu den Mördern sich gesellt, ohne daß sie ihn ans Kreuz schlagen, ist so offenkundig wie die böse Absicht dieses Volkes selbst. Ich weiß kein verhärteteres Kollektiv in der ganzen Welt. Und sie haben ihre Gefängnisse und Schlachthäuser, ihre Millionäre und ihr Heer, ihre Kirchen und ihren Geheimdienst – als ob nichts geschehen wäre.«

So drastisch formulierte und so drastisch zweifelnde Gedanken finden sich nur in den Notizen Horkheimers. Sie zeugten von einer peinigenden Zerrissenheit, deren Struktur bei ihm nicht neu war, die aber nun dadurch verschärft war, dass er sich nicht mehr nur als einen inkonsequenten Outsider des Bürgertums und einen inkonsequenten Europäer in Amerika sah, sondern auch als einen inkonsequenten Bruder der Gemarterten und Erschlagenen. So konnte er auf eine merkwürdige Vision verfallen, die er in der Notiz »Für eine Assoziation der Hellsichtigen« entwarf: »Eine Assoziation über alle Länder gründen, besonders in Deutschland, die dem Entsetzen derer Ausdruck verleiht, die keinen affirmativen Glauben haben, weder die Metaphysik noch die Politik. Diese erscheint ihnen im wahnsinnigen Nachkriegseuropa als humane Praxis unmöglich, jene als Galimathias. Die das Grauen des Wirtschaftswunders erfassen, die verlogene Demokratie, die Bestechungsprozesse mit Hitlerrichtern, den Luxus und das Elend, die rancune und Absage an jede Anständigkeit, die Bewunderung der östlichen und westlichen Magnaten, die Auflösung des Geistes, die Verprovinzialisierung der alten Zivilisation, für sie wäre die Assoziation eine Art Heimat. Keine Revolution im Schilde führend, weil sie in nackten Terror endigt, wären sie doch die freilich ohnmächtigen Erben der Revolution, die sich nicht ereignet hat, die armen Hellsichtigen, die in die Katakomben gehen.« (HGS 6, S. 304)

Mochten es auch »arme Hellsichtige« sein, so war es doch eine Elite, an die Horkheimer dabei dachte. Etwas davon erlebte er, trotz aller Skepsis und untergründiger Verzweiflung erfolgreich und prominent geworden, am ehesten in jüdischen Kreisen. Das lässt beispielsweise ein Brief vermuten, den er dem Präsidenten der Frankfurter B'nai B'rith-Loge schrieb. Zur Feier ihres fünfjährigen Bestehens schickte er dem Präsidenten eine Grußadresse, die verlesen wurde. Darin erinnerte er an seinen Vater, der ein hingebungsvolles Mitglied der alten Loge in Stuttgart gewesen sei, und an »unsere Teilnahme an den öffentlichen Feiern und Zusammenkünften«, die ihn in seiner Jugend stark geprägt hätten. (Horkheimer-Heinrich Guttmann, 12.4.1966/HGS 18, S. 623) Bei seinen häufig überraschenden Besuchen in den

Logenräumen, hieß es später in einem Nachruf im Frankfurter Jüdischen Gemeindeblatt, »genoss er patriarchalisch den Beifall und die Bemühungen um ihn als prominenten Gast«. (T. Freimüller, Max Horkheimer und die jüdische Gemeinde Frankfurt am Main nach 1945, in: M. Boll/R. Gross, Hg., Die Frankfurter Schule und Frankfurt, Göttingen 2009, S. 156)

Horkheimer blieb aber auch weiterhin ein öffentlicher Intellektueller, dessen Stimme in Deutschland gehört wurde. Die Form, in der er sich vernehmlich zu machen suchte, war dabei gelegentlich eigenwillig. Beispielsweise hatte er 1963 in der Frankfurter Allgemeinen Zeitung gelesen, der damalige langjährige Präsident des deutschen Bundestages, Eugen Gerstenmaier, habe erklärt, es gebe in der Bundesrepublik keinen Antisemitismus mehr. Daraufhin verfasste Horkheimer einen Brief, in dem er prägnant umriss, was Habermas später Dialektik der Normalisierung nannte.

»Die gemeinschaftliche Selbstbezichtigung war unrecht und unwahr, denn sie bezog nicht nur die Anständigen, sondern die zahllosen Helden und Märtyrer ins falsche Wir der Hitlerzeit mit ein. Schuld trifft die Einzelnen und seien es noch so viele; alles andere ist verhängnisvoller Mythos. Wäre jenes falsche Bekenntnis wahr und aufrichtig gewesen, dann würde das deutsche Volk jedem ins Wort fallen, der heute davon spräche, Antisemitismus, Hass, Gewalttat könne in ihm nicht mehr sich ausbreiten, [...] und nur die draußen oder die möglichen Opfer dürften, von sich aus, darauf beharren, die Gefahr des Hasses sei in Deutschland vorbei.« (Horkheimer-Gerstenmeier, 10. 6. 1963, in: Horkheimer, HGS 18, S. 549)

Horkheimer wollte keinen Aufruf zur Buße. Die Jugend sollte die eigene Geschichte kennenlernen ohne das Gefühl der Minderwertigkeit, des Neids und des geheimen Grolls. »Mit dem Hitlerreich, als es noch groß und mächtig war, die Arbeitslosigkeit durch Diktatur kurierte und fast den Krieg gewann, ebenso wie mit der Niederlage, haben die Deutschen eine Erfahrung gemacht, die andere Völker, etwa Frankreich, durch ältere, umjubelte Diktaturen und deren Niederlagen, einmal gewonnen und fast schon wieder vergessen haben. Die Gewaltherrschaft war in Deutschland krasser, weil sie in der Entwicklung später kam, wirksamerer Techniken sich bedienen konnte und ein schlechteres Gewissen übertönen musste als frühere Tyrannen anderswo. Einmal haben die Alliierten Frankreich von Bonaparte befreit, der sonst Europa erobert hätte. Wenn die Jugend in

Zukunft für ihre demokratische Verfassung einstehen will, so muss sie in einem schwierigen inneren Prozess die Unverletzlichkeit der Person erst als Idee sich zu eigen machen und an der deutschen Geschichte die unendliche Bedeutung individueller wie kollektiver Freiheit einsehen lernen. [...] Die Nazi-Episode darf nicht nur ein dunkler Fleck in der eigenen Geschichte bleiben, sie kann als eines der schmerzlichen historischen Erlebnisse des eigenen Volkes erinnert werden, durch die es mündig wird. [...] Um ihre gefährdete Kultur zu bewahren, müssen die Völker dieses Kontinents [...] daran denken, dass sie jeden Augenblick in Frage steht. Sie bedürfen der Fähigkeit, auf die Illusion zu verzichten, die in ihrem Innern lauernde Barbarei sei tot.« (Ebd. S. 551 f.) Horkheimer schickte den Brief dann nicht dem Präsidenten des deutschen Bundestags, sandte aber einen Durchschlag an den hessischen Minister für Erziehung und Volksbildung als Anregung für den Unterricht.

Von ungebrochener Teilnahme am öffentlichen intellektuellen und politischen Leben konnte im Laufe der sechziger Jahre bei Horkheimer inzwischen immer weniger die Rede sein. Dafür waren seine Ansichten zu verfestigt und zu sehr durch Ängste und Überlegungen sehr spezifischer und persönlicher Art bestimmt. Wie ein Symbol dafür wirkt der Brief, den er, der große Zweifler und Zögerer, Schwankende und Widersprüchliche im Sommer 1965 an den S. Fischer Verlag schrieb, mit dem er vertraglich eine Neuauflage seiner in den 1930er und 1940er Jahren in der »Zeitschrift für Sozialforschung« erschienenen Aufsätze vereinbart hatte. Die radikale Skepsis, die er in seinem Brief hinsichtlich westlicher Entwicklungsperspektiven zum Ausdruck brachte, war erstaunlich deutlich. »Das Dritte Reich, zu jeder wachen Stunde meines ihm entkommenen Lebens mir bewusst, war historisch keine Ungereimtheit, vielmehr Signal des totalitären, das auch diesseits des Eisernen Vorhangs mehr und mehr als zeitgemäß erscheint. In ihrer Auseinandersetzung mit dem nahen, fernen, fernsten Osten haben die Demokratien der Abschaffung der individuellen Rechte, der absoluten Unterordnung des Einzelnen, dem uniformen Zustand, den sie verhindern wollen, zugleich mehr und mehr sich anzupassen. Mein auf Analyse der Gesellschaft damals bauender Glaube an fortschrittliche Aktivität schlägt in Angst vor neuem Unheil, vor der Herrschaft allumfassender Verwaltung um.« Deutlich formulierte er auch seine Überzeugung von der in der Vergangenheit liegenden und versäumten bürgerlichen Utopie. »Die Episode der Humanität, der Abkehr von Tortur und Terror, auch im neunzehnten Jahrhundert auf das Innere fortschrittlicher Länder beschränkt, hat bereits den Schimmer der Romantik angenommen.« Vor dem Hintergrund eines solchen historischen Panoramas erklärte Horkheimer abschließend: »Mein Zögern entspringt der Schwierigkeit, die alten Gedanken, die von jener Zeit nicht unabhängig waren, wieder auszusprechen, ohne dem, was heute mir als wahr erscheint, Eintrag zu tun, dem Glauben an die nahe Verwirklichung der Ideen westlicher Zivilisation zu entsagen und für die Ideen trotzdem einzustehen – ohne Vorsehung, ja, gegen den ihr zugeschriebenen Fortschritt.« (HGS 3, S. 10 f.)

Präsent waren in jenen Jahren durch Raubdrucke bezeichnenderweise gerade die Texte Horkheimers, die er für Dokumente vergangener Möglichkeiten und Hoffnungen hielt. Als er die alten Aufsätze dann schließlich 1968 doch wieder erscheinen ließ – als Dokumente deklariert, doch gleichwohl zensierend bearbeitet –, präsentierte er sie mit einer für ihn charakteristischen melancholischen und emphatischen Geste als eine Hommage an eine Studentin, die das erste ihm persönlich bekannte Opfer des Nationalsozialismus war: »Zum Andenken an Lisel Paxmann und die anderen Studenten aller Länder, die im Kampf gegen den Terror ihr Leben verloren«.

XVI Verschwinden hinter Formeln

Schon zur Zeit seiner heftigen Kritik an Habermas hatte Horkheimer die Maxime formuliert, was es zu verteidigen gelte, sei »der Rest der bürgerlichen Civilisation, in der der Gedanke individueller Freiheit und der richtigen Gesellschaft noch eine Stätte hat« (Horkheimer-Adorno, 27.9.1958/AHB IV, S. 516). Wo aber westlicher Marxismus für praktisch bedeutsam gehalten werde, würden »durch Demonstrationen, Propaganda, politische Streiks« nur die Geschäfte der östlichen Machthaber besorgt oder der Faschismus im eigenen Land beschleunigt. (HGS 6, S. 270) Empfohlen hatte er dagegen in einem Festvortrag in der Frankfurter Paulskirche zum 100. Todestag Schopenhauers 1960 die Philosophie dieses »hellsichtigen Pessimisten«. Dessen Denken sei für die Jugend der Gegenwart »unendlich aktuell«. (Die Aktualität Schopenhauers, HGS 7, S. 137) Es sei nüchtern, ohne philosophisch zu resignieren, teile mit erleuchteter Politik die Illusionslosigkeit und mit theologischer und philosophischer Tradition die Kraft begrifflichen Ausdrucks und lege das Motiv zur Solidarität der Menschen und der Wesen überhaupt frei: dass sie endliche, von Leiden und Tod bedrohte Wesen seien.

Angesichts solcher Vorstellungen war es kein Wunder, dass Horkheimer für Intellektuellen-Proteste und Protestbewegungen der 1960er Jahre – mit Ausnahme der Kritik an den vom Bundestag am 15. Mai 1968 mit großer Mehrheit verabschiedeten Notstandsgesetzen – wenig Verständnis hatte und erst recht keine Sympathie oder Solidarität empfand. Das zeigte sich am deutlichsten bei der Einschätzung des Vietnam-Krieges und der Rolle der USA dabei. Schon bei der Eröffnung der deutsch-amerikanischen Freundschaftswoche am 7. Mai 1967 auf dem Frankfurter Römerberg protestierten Studenten gegen die Veranstaltung und gegen die Teilnahme Horkheimers daran. Abends hielt Horkheimer im Amerikahaus eine frei vorgetragene Rede. Darin ging er auf die Demonstrationen gegen den Krieg in Vietnam ein. »Wenn in Amerika es gilt, einen Krieg zu führen – und

Abb. 25: Tumulte zum Auftakt der Deutsch-Amerikanischen Freundschaftswoche vor dem Römer in Frankfurt/M., 7. Mai 1967

nun hören Sie wohl zu – einen Krieg zu führen, so ist es nicht so sehr die Verteidigung des Vaterlandes, sondern es ist im Grunde die Verteidigung der Verfassung, die Verteidigung der Menschenrechte.« In Vietnam kämpften junge Menschen, die glaubten, sie verteidigten die Welt, in der es noch so etwas wie Freiheit gibt, gegen das Gegenteil, wobei man sich leider der Hilfe totalitärer Mächte bedienen müsse. »Das kann ein Fehler sein, das kann ein Denkfehler sein, es kann verkehrt sein, aber derjenige, der urteilt, der soll wenigstens sich auch um diese Dinge kümmern; der soll wenigstens, wenn er von Vietnam redet, daran denken, daß wir hier nicht zusammen wären und frei reden könnten, wenn Amerika nicht eingegriffen hätte und Deutschland und Europa vor dem furchtbarsten totalitären Terror schließlich gerettet hätte.« (HGS 18, S. 646) Für ihn war klar: die USA verteidigten in Vietnam die freie Welt gegen den Ansturm der östlichen Barbaren. Eines lasse sich mit einiger Sicherheit sagen, hieß es in einer Notiz

Pollocks über Gespräche mit Horkheimer, »daß der Rückzug nicht bloß ein fürchterliches Blutbad in Südvietnam bedeuten, sondern auch den Weg der Chinesen zum Rhein wesentlich beschleunigen würde«. (South Vietnam und die Intellektuellen, HGS 14, S. 361) In seiner Rede fügte Horkheimer noch hinzu: »Ich möchte nochmals wiederholen: über das Grauenvolle gibt es keinen Zweifel, aber das Grauenvolle ist ja in der Welt, in der wir leben. Wir verkehren doch, welchem Staat wir auch angehören, mit einer ganzen Reihe von Nationen, in denen die widerliche totalitäre Herrschaft sich ausbreitet. Wenn Sie sehr genau sich das ansehen, wie Politiker von sogenannten hochentwikkelten Ländern ihre schönen und großen Verbeugungen machen und wunderbare Verhandlungen führen mit Vertretern von Regierungen, die eine totalitäre Herrschaft ausüben, dann werden Sie die unendlichen Probleme kennen, mit denen unser aller schuldbeladenes Leben zu tun hat.«

Als Marcuse von solchen Ansichten Horkheimers hörte, reagierte er mit leidenschaftlichen Einwänden. Bewusst extrem formulierend schrieb er in einem Brief aus Cambridge in den USA: »Ich sehe in Amerika heute den historischen Erben des Faschismus. Die Tatsache, daß die Konzentrationslager, die Morde, die Folterungen außerhalb der Metropole stattfinden (und meist Schergen anderer Nationalität überlassen werden) ändert nichts am Wesen. Was in Vietnam geschieht, sind Kriegsverbrechen und Verbrechen an der Menschheit. Die ›andere Seite‹ begegnet dem Terror mit Terror, aber sie hat weder Napalm, noch ›fragmentation bombs‹, noch ›situation raids‹. Und sie verteidigt ihr armseliges, mit entsetzlicher Mühe und mit schweren Opfern etwas menschlicher gewordenes Leben, das die westlichen Machthaber, mit der ganzen brutal-leistungsfähigen technischen Perfektion der westlichen Zivilisation systematisch aushungern, verbrennen, vernichten.« (Marcuse-Horkheimer, 17.6.1967/HGS 18, S. 657) Und was die von Horkheimer beschworene Eignung der USA betraf, das Übergreifen totalitärer Gewalten auf die Teile der Welt, wo Freiheit noch ein Dasein habe, wenn nicht zu verhindern, so doch zu verzögern, gab er zu bedenken: »Aber waren es nicht die Amerikaner, die wo auch immer in ihrem globalen Interessenfeld eine genuin linke Bewegung aufzukommen schien, diese Bewegung blutig unterdrückt haben (auch hier wieder meistens mit Schergen des betreffenden Landes)? Waren es nicht die Amerikaner, die ruchlose ›totalitäre Gewalten‹ installierten: in Südamerika, Mittelamerika, Griechenland, – Süd-Vietnam? Allerdings kann ich nicht einen Begriff von ›totalitär‹ akzeptieren, der von vornherein so definiert ist, daß er nur auf ein kommunistisches Regime anwendbar ist.«

Nichts deutet darauf hin, dass Horkheimer solche Argumente beeindrucken konnten. In seiner Sicht der Dinge gab es kein Schwanken. Der Krieg der USA in Vietnam, so hieß es auch ein Jahr später in einer Notiz Pollocks über ein Gespräch mit Horkheimer, war für ihn der »berechtigte Versuch, dem Vordringen der Chinesen schon in Asien Einhalt zu tun und nicht erst, wenn es ganz bestimmt zu spät ist«. (HGS 14, S. 492) Die Domino-Theorie, wonach der kommunistische Umsturz in einem Land weitere in den Nachbarländern auslösen würde, war in seinen Augen völlig zutreffend, und zumindest in Deutschland sah er einen Antiamerikanismus am Werk, der die gleiche Funktion hatte wie der Antisemitismus.

Die gleiche Erwägung, die da, wo es um die Beurteilung des Vietnam-Krieges und die Rolle der USA ging, wie eine zynische Apologie klang, erwies sich in einem anderen Zusammenhang als der Gedanke eines aufmerksamen und kritischen Intellektuellen. In einem Rundfunk-Beitrag zu der Sendereihe »Gedanken zur Zeit« äußerte Horkheimer sich im April 1968 »zur Behandlung totalitärer Machthaber in den Massenmedien«. Zum Anlass nahm er die monatelange Diskussion über die Tätigkeit von Bundespräsident Heinrich Lübke, der im Zweiten Weltkrieg Mitarbeiter eines Architektur- und Ingenieurbüros war, das im Auftrag der nationalsozialistischen Rüstungsindustrie Bauaufträge durchführte. Um deutlich zu machen, was ihn irritierte, erwähnte er namentlich den spanischen Diktator General Franco. Der genieße ein hohes Ansehen, empfange ergebene mächtige Personen aus allen Ländern und werde – »ebenso wie die anderen Kommandeure linker oder rechter Schreckensherrschaft« – von den Tagesnachrichten behandelt, als ob er ein ehrenwerter Mensch sei. »Alle diese Herren […] werden lächelnd und händeschüttelnd mit anderen Politikern fotografiert, und kein Adjektiv verrät ihre Vergangenheit oder die zuweilen ihr noch ähnliche Gegenwart. Sie essen nicht, sondern sie ›speisen‹, sie reisen nicht, sondern sie ›begeben sich‹ in eine andere Stadt, sie sind Persönlichkeiten ohne weiteren Zusatz.« (HGS 13, S. 99) Über der Beschäftigung mit Lübke und – das konnte er sich nicht verkneifen – Vietnam sollte man nicht versäumen, auf solche Lücken in der Redeweise politischer Informationen hinzuweisen.

So wenig Horkheimer auch von der Studenten- und Protestbewegung hielt, er war jederzeit zu Vorträgen und Diskussionen bereit. Seine Versuche, sich dies Phänomen zu erklären, zeigten eine gewisse Bandbreite. Am differenziertesten waren Überlegungen, die er gemäß einer Notiz Pollocks im Dezember 1968 über »Die Motive der rebellierenden Studenten« anstellte. Zu den psychologischen Wurzeln gehöre eine radikalisierte Form des alten Pubertätsphänomens der Opposition des Sohnes gegen die doppelte Moral des Vaters, dem der Abgrund zwischen seiner Weltanschauung und seiner Praxis entgegengehalten werde. Doch das reiche als Erklärung nicht aus. Hinter »dem Hass und der Gewalttätigkeit« stecke offenbar auch »die Sehnsucht nach dem sinnvollen Leben«. »Die alten bürgerlichen Ideale, Freiheit, Gleichheit und Brüderlichkeit, treten, wenn auch in verzerrter Form, hervor: Die Freiheit im Sinn der Auflehnung gegen jede Repression ohne das Wissen, daß keine Gesellschaft, die überleben will, uneingeschränkte Freiheit gewähren kann, und daß obendrein die Forderung nach Freiheit mit der nach Gerechtigkeit nicht zu vereinen ist. Die Forderung nach Gleichheit geht ebenso weit über das hinaus, was in einer auf Arbeitsteilung gegründeten Gesellschaft verwirklicht werden kann. Das Mitspracherecht an der Universität nimmt im Munde der Studenten heute unsinnige Gestalt an. […] Die Forderung nach Brüderlichkeit tritt in Formen auf, die aufs peinlichste an die ›Volksgemeinschaft‹ erinnern. An den Wunsch nach Geborgensein in einer mächtigen Gruppe, das aus der in der heutigen Gesellschaft vorherrschenden Isoliertheit heraushilft.« (HGS 14, S. 505) Die Konsequenz aus dieser Diagnose war für Horkheimer, »daß die heutigen Rebellen, oder mindestens viele von ihnen, sich in eine neue totalitäre Ordnung begeistert einfügen würden«. Nach einem Gespräch mit Hans-Jürgen Krahl, einem hochbegabten Doktoranden Adornos, kam Horkheimer zu dem Urteil, gerade die intelligentesten, aktivsten Studenten erwiesen sich als radikale Positivisten. »Alles, was nicht wissenschaftlich beweisbar ist, zählt nicht, ist Romantik, Blabla, Aberglaube. Sehnsucht nach dem Anderen? Ein mythologisches Überbleibsel. Sie sprechen zwar noch von Ethik, können aber keine Begründung dafür geben. Sie sagen den falschen Autoritäten den

Abb. 26: Horkheimer mit einer Delegation des American Jewish Comittee (AJC) bei Außenminister und Vizekanzler Willy Brandt 1968

Kampf an, ohne zu wissen, was Sachautorität ist.« (HGS 14, S. 523, Die Menschen haben sich verändert)

Die Aufmerksamkeit, mit der Horkheimer die Entwicklung der Studentenbewegung verfolgte, deutet darauf hin, dass er ungeachtet seiner Reserve wenigstens auf hoffnungsvoll stimmende Einzelne oder kleine Gruppen gesetzt hatte. Das Gespräch mit einem herausragenden Einzelnen wie Krahl wirkte auf ihn umso ernüchternder. Die Sehnsucht nach dem Andern konnte er nach fast zwei Jahrzehnten des Wirkens in Deutschland nicht ›aufgehoben‹ sehen.

Hart trafen ihn die rasch aufeinanderfolgenden Todesfälle im engsten Kreis. Im August 1969 starb Adorno, im Oktober desselben Jahres Maidon, im Dezember 1970 Pollock. Beide, Horkheimers Frau, die zum Judentum konvertiert war, und Pollock, wurden wie Horkheimers Eltern auf dem jüdischen Friedhof von Bern bestattet.

Betriebsam blieb Horkheimers Leben weiterhin. Er war beschäftigt mit weitgestreuter Korrespondenz, darunter viele Anfragen, die sein Werk und sein Leben und die Geschichte der Frankfurter Schule betrafen. Er war außerdem mit der Vorbereitung bisher unveröffentlichter Texte befasst. Und er war bis zuletzt ein hochgeachteter Gesprächspartner für Journalisten, die der Welt seine Ansichten über Religion und Gesellschaft, verwaltete Welt und Individuum, kritische Theorie und die Sehnsucht nach dem ganz Anderen vermitteln wollten.

Gerade die Gespräche der letzten Jahre – darunter »Was wir ›Sinn‹ nennen, wird verschwinden« (1970), »Verwaltete Welt« (1970), »Die Sehnsucht nach dem ganz Anderen« (1970), »Neues Denken über Revolution« (1971) oder »Das Schlimme erwarten und doch das Gute versuchen« (1972) – hinterließen fast den Eindruck eines religiös angehauchten Gurus, der bereitwillig auf alle Fragen die erwarteten Antworten gab, zu allen Bemerkungen die erwarteten Kommentare machte. Das hatte nicht selten etwas Peinigendes – etwa bei der Frage eines Spiegel-Redakteurs nach Horkheimers Meinung zur Antibabypille, nachdem Horkheimer die Enzyklika des Papstes gerechtfertigt hatte, in der Katholiken der Gebrauch künstlicher geburtenregelnder Mittel verboten wurde. Sei denn die Pille im Hinblick auf die Dritte Welt und das Damoklesschwert einer Überbevölkerung nicht ein Fortschritt? Horkheimers Antwort darauf: »Das leugne ich nicht. Ich halte es jedoch für meine Pflicht, den Menschen klarzumachen, daß wir für diesen Fortschritt einen Preis zahlen müssen, und dieser Preis ist die Beschleunigung des Verlustes der Sehnsucht, letztlich der Tod der Liebe.« (Die Sehnsucht nach dem ganz Anderen, HGS 7, S. 397) Und schon kreiste das Gespräch um das bekannte Horkheimer-Thema der Sehnsucht nach dem ganz Anderen.

In einem der letzten Gespräche, einem sehr ausführlichen, fasste Horkheimer mit einfachen Worten zusammen, zu welcher Einschätzung von Marx er gelangt war. Ähnlich wie die Kritische Theorie habe Marx »die richtige Gesellschaft« für nicht beschreibbar gehalten – bis auf den Hinweis, dass darin jeder Mensch sich frei entfalten könne. »Und da war und ist nun meine Meinung – und sie ist sehr verstärkt worden durch den Gang der Revolution im Osten –, daß die Art von Entfaltung, die im Liberalismus in ungerechter Weise nur einem Teil der Menschen möglich war, daß die in der richtigen Gesellschaft nicht auf alle ausgedehnt werden kann; denn in der richtigen Gesellschaft, so wie Marx sie gedacht hat, werden ja alle Menschen

Abb. 27: Max und Maidon Horkheimer auf der Terrasse ihres Bungalows in Montagnola, Tessin

genug zu essen, zu leben haben, sie werden ein anständiges Heim, eine Wohnung oder irgendwelche Anstalten besitzen. Es fehlt in dieser guten Gesellschaft, der gerechten Gesellschaft, wie ich meine – und das ist ein philosophischer Gedanke, den ich schon geäußert habe –, es fehlt der Anreiz zur Entfaltung; denn wenn es mir schon so gut geht, warum soll ich dann mich weiter so anstrengen?« (Das Schlimme erwarten und doch das Gute versuchen, in: HGS 7, S. 458 f.) Seine Überzeugung war also: eine Revolution werde die gesellschaftliche Situation nicht verbessern, sondern eine Periode des Terrorismus beschleunigt herbeiführen; das Ziel einer Revolution sei aber auch fragwürdig, da es ohne Anreiz durch Not und Empörung keine allgemeine Entfaltung geben könne. Vernünftig schien dann: die Sehnsucht nach dem ganz Anderen.

Sowohl auf die materielle und soziale wie auf die geistige und

Abb. 28: Letzte Aufnahme von Max Horkheimer

psychologische Situation Horkheimers traf schließlich zu, was er fast zwei Jahrzehnte zuvor in einem seiner Beiträge zu den »Sociologica II« über Schopenhauer gesagt hatte. »Die Furcht davor, der gesellschaftlichen Realität ohne Vermögen ausgesetzt zu sein, nicht weniger als seine Dankbarkeit gegen die Verteidiger der von ihm gefürchteten Ordnung fällt über diese kein freundliches Urteil. Der Sinn des Kaufmanns, den er von seinem Vater übernommen hat, die Unbefangenheit, die sich der Gabe verdankt, auch in anderen Ländern und Sprachen zu Hause zu sein, die gebildete Nüchternheit sind bei Schopenhauer philosophisch geworden.« (Schopenhauer und die Gesellschaft, in: HGS 7, S. 48) Die Bilanz des philosophisch gewordenen Kaufmanns ergab: »Wer auf die Welt setzt, ist betrogen.« Schopenhauer misstraute Reformen und Revolutionen, ohne das Bestehende zu glorifizieren. »Philosophie ist dazu da, daß man sich nicht dumm machen läßt«, lautete dann die Bestimmung von Philosophie, in der Horkheimer sich einig sah mit Schopenhauer.

Zu seinen spätesten Äußerungen wurden Gespräche, die die Grundlage für eine Biographie über ihn bilden sollten. Mitte der 1960er Jahre hatte es zu diesem Zweck schon einmal einen Anlauf gegeben. Dabei waren im Gespräch mit Ernst von Schenck sowohl Horkheimer wie Pollock zu Wort gekommen, und vieles erschien dadurch in unterschiedlichem Licht. Der Versuch wurde ergebnislos abgebrochen. Anfang der 1970er Jahre kam es zu einem weiteren Versuch. Doch nun konnte nur noch Horkheimer im Gespräch mit Mathias Becker allein berichten. Dabei ergaben sich melancholische Rückblicke auf eine Freundschaft, die, geleitet von der Idee einer »Île heureuse«, eine Alternative zur Welt der Väter verkörpern sollte. »Wenn Sie den Pollock gefragt hätten, wozu er sich am meisten gehörig fühlt, dann hätte er gesagt: zu Max und Maidon, und wir hatten ein Gefühl von Dreien. Und es hat sich dann die Île heureuse doch verwirklicht.« (Biographische Interviews Max Horkheimer-Mathias Becker, 1971–1972, MHA: X 183 a) Doch fügte er dann hinzu: er, Horkheimer, habe die Prämien für das bekommen, was ohne Pollock nicht möglich gewesen wäre; er, Horkheimer, habe sich kampflustig in der Welt bewegt, während Pollock sich im Hintergrund auf finanzielle und administrative Aufgaben beschränkte. Schon zur Zeit der jüdischen Tanzschule sei er, Horkheimer, der Präsident gewesen, und Pollock der Schatzmeister – er eben schon der Ministre de l'Intérieur, Pollock

Abb. 29: Grab von Max und Maidon auf dem jüdischen Friedhof in Bern

der Ministre de l'Extérieur. Pollock sei eben immer schon konformistischer und mehr mit der Realität beschäftigt gewesen, während er, Horkheimer, eine Tendenz zur Distanz, zum Nonkonformismus habe. Das habe sich schon in der Jugend beim Verhältnis zum Judentum gezeigt: bei Pollocks assimiliertem Vater und Pollock selbst keine Spur von jüdischer Religion, während ihn, Horkheimer, der bereits in der Schule erlebte Antisemitismus dem Judentum näher gebracht habe. Das habe mit Hierarchie nichts zu tun, vielmehr habe sich auf diese Weise eine wunderbare Verbindung ergeben, die es in der Biographie darzustellen gelte. »Und das hat eben soweit angehalten, daß Pollock sich mit all den Dingen beschäftigt hat, die uns real nützlich sein konnten, während ich mich mit dem beschäftigte, was uns beide zu Wahrheitssuchern gemacht hat.«

Von Glück sprach Horkheimer in solchen Zusammenhängen nicht. Dem kam er, wie Schilderungen Pollocks und Hellmut Beckers zeigen, am nächsten in städtischem Leben und Treiben. Zu Hause fühlte er sich demnach vor allem in New York – in ostjüdischen Quartieren, wo es keinen Ladenschluss gibt, man nachts noch in irgendeinen Drugstore gehen und ein belegtes Brot essen kann und wo man Leute findet, die herumflanieren – wo man zwanglos dazugehört. Doch für Horkheimer konnte es das nur geben, weil er andererseits mit prominenten und einflussreichen Personen auf gutem Fuß stand, weil er, wenn beispielsweise John Slawson nach Deutschland kam, er für ihn ein Zusammentreffen mit Willy Brandt, Ludwig Erhard oder Außenminister Gerhard Schröder arrangieren konnte. Es war ein Leben im Spagat, auf das Horkheimer am Ende zurückblickte. Er selbst sprach es so aus: »Die Vorstellung, daß man dazugehört, ist etwas, was ich nicht habe. Dieses Gefühl, daß man eigentlich zu denen gehört, die unten sind, das beherrscht mich. Die Stimmung ist immer so, so sprechen zu wollen, als ob man ganz unten geblieben wäre, und die Lust, daß man so sprechen kann.« (Biographische Interviews, a. a. O.)

Horkheimer starb am 7. Juli 1973 in einer Nürnberger Klinik. Nach einer Operation fuhr er gelegentlich zu Nachuntersuchungen dorthin. »Am 13. Juni«, heißt es in einem Brief seiner Montagnolaer Sekretärin, »sprach er noch in Zürich vor einem vollen Saal in der Israelitischen Kulturgemeinde über ›Das Judentum und die Krise der Religion‹, saß nachher, wie man mir erzählte, mit Studenten und

anderen Zuhörern im Restaurant Shalom, das sich im selben Haus befindet, zusammen und unterhielt sich. Wenige Tage danach fuhr er dann nach Nürnberg, wo er immerhin einige gute Bekannte hatte, die ihn einluden und besuchten; er hatte auch noch Besuche von anderen Leuten, die eigens nach Nürnberg kamen. Knapp vor seiner geplanten Rückkehr jedoch traten Kreislaufstörungen ein, denen das Herz nicht gewachsen war.« (Hertha Dembitzer-Hannah Tillich, 3. 9. 1973 / HGS 18, S. 816)
Bestattet wurde Horkheimer neben seiner Frau auf dem jüdischen Friedhof von Bern. Am Tag seiner Beisetzung ehrte die Stadt Frankfurt am Main ihren Ehrenbürger mit einer Trauerbeflaggung der städtischen Gebäude.

Bibliographie

Siglen

AHB Adorno / Horkheimer: Briefwechsel I – V, Frankfurt a. M. 2003 ff.
HGS Horkheimer: Gesammelte Schriften
MHA Max Horkheimer Archiv
ZfS Zeitschrift für Sozialforschung

Gesammelte Schriften, hrsg. von Alfred Schmidt und Gunzelin Schmid Noerr, Frankfurt a. M. 1985 ff.

Bd. 1 Aus der Pubertät. Novellen und Tagebuchblätter 1914–1918, 1988.
Bd. 2 Philosophische Frühschriften 1922–1932, 1987.
Bd. 3 Schriften 1931–1936, 1988.
Bd. 4 Schriften 1936–1941, 1988.
Bd. 5 Dialektik der Aufklärung und Schriften 1940–1950, 1987.
Bd. 6 Zur Kritik der instrumentellen Vernunft und Notizen 1949–1969, 1991.
Bd. 7 Vorträge und Aufzeichnungen 1949–1973, 1985.
Bd. 8 Vorträge und Aufzeichnungen 1949–1973, 1985.
Bd. 9 Nachgelassene Schriften 1914–1931, 1987.
Bd. 10 Nachgelassene Schriften 1914–1931, 1990.
Bd. 11 Nachgelassene Schriften 1914–1931, 1987.
Bd. 12 Nachgelassene Schriften 1931–1949, 1985.
Bd. 13 Nachgelassene Schriften 1949–1972, 1989.
Bd. 14 Nachgelassene Schriften 1949–1972, 1988.
Bd. 15 Briefwechsel 1913–1936, 1995.
Bd. 16 Briefwechsel 1937–1940, 1995.
Bd. 17 Briefwechsel 1941–1948, 1996.
Bd. 18 Briefwechsel 1949–1973, 1996.
Bd. 19 Nachträge, Verzeichnisse und Register, 1996.

Wichtige Einzelveröffentlichungen

Anfänge der bürgerlichen Geschichtsphilosophie, Stuttgart 1930.
Aus der Pubertät. Novellen und Tagebücher, hrsg. von Alfred Schmidt, München 1974.

Dämmerung. Notizen in Deutschland, Zürich 1934.
Dialektik der Aufklärung. Philosophische Fragmente, Amsterdam 1947 (zusammen mit Theodor W. Adorno).
Eclipse of Reason, New York 1947. (Dt.: Zur Kritik der instrumentellen Vernunft. Übers. und hrsg. von Alfred Schmidt, Frankfurt a. M. 1967)
Sociologica II. Reden und Vorträge, Frankfurt a. M. 1962 (zusammen mit Theodor W. Adorno).
Kritische Theorie. Eine Dokumentation, 2 Bde., hrsg. von Alfred Schmidt, Frankfurt a. M. 1968.
Die Sehnsucht nach dem ganz Anderen, hrsg. von Helmut Gumnior, Hamburg 1970.
Notizen 1950 bis 1969 und Dämmerung. Notizen in Deutschland, hrsg. von Werner Brede, Frankfurt a. M. 1974.

Weiteres von Horkheimer

(Hrsg.): Zeitschrift für Sozialforschung, Studies in Philosophy and Social Science, Leipzig / Paris / New York 1932–1941. Reprint: München 1980.
(Hrsg.): Studien über Autorität und Familie. Paris 1936. Reprint: Lüneburg 1987.
(Hrsg.): Studies in Prejudice, 5 Bde., New York 1949 / 50.
(Hrsg.): Zeugnisse. Theodor W. Adorno zum sechzigsten Geburtstag, Frankfurt a. M. 1963.
Biographische Interviews mit Max Horkheimer und Friedrich Pollock. (Ernst von Schenck 1965 / 66, MHA X 132 b)
Biographische Interviews mit Max Horkheimer. (Mathias Becker 1971–72, MHA X 183 a)

Literatur zu Horkheimer

Abromeit, John: Max Horkheimer and the Foundation of the Frankfurt School, Cambridge u. a. 2011.
Adorno, Theodor W.: Offener Brief an Max Horkheimer, in: Die Zeit, 12. 2. 1965, wieder abgedruckt in: Gesammelte Schriften, Bd. 20.1, Frankfurt a. M. 1986, S. 149–164.
Ders.: Briefe an die Eltern 1939–1951, Frankfurt a. M. 2003.
Ders. u. a.: The Authoritarian Personality, New York 1967.
Albrecht, Clemens u. a.: Die intellektuelle Gründung der Bundesrepublik, Frankfurt a. M. u. a. 1999.
Asbach, Olaf: Kritische Gesellschaftstheorie und historische Praxis. Entwicklungen der Kritischen Theorie bei Max Horkheimer 1930–1942 / 43, Frankfurt a. M. 1997.
Becker, Hellmut: Horkheimers und Adornos Rückkehr, in: A. Nachama / H. Schoeps, Hg., Aufbau nach dem Untergang, Berlin 1992.

Boll, Monika / Gross, Raphael (Hrsg.): Die Frankfurter Schule und Frankfurt. Eine Rückkehr nach Deutschland, Göttingen 2009.
Bouß, Wolfgang: Die Einübung des Tatsachenblicks. Zur Struktur und Veränderung empirischer Sozialforschung, Frankfurt a. M. 1982.
Breuer, Stefan: Horkheimer oder Adorno: Differenzen im Paradigmakern der kritischen Theorie, in: Leviathan, Heft 3, 1985.
Brunkhorst, Hauke: Dialektischer Positivismus des Glücks. Max Horkheimers materialistische Dekonstruktion der Philosophie, in: Zeitschrift für philosophische Forschung, Heft 3, 1985.
Conze, Eckart u. a.: Das Amt und die Vergangenheit, München 2010.
Dahms, Hans-Joachim: Positivismusstreit, Frankfurt a. M. 1994.
Demirović, Alex: Der nonkonformistische Intellektuelle. Die Entwicklung der Kritischen Theorie zur Frankfurter Schule, Frankfurt a. M. 1999.
Diner, Dan: Vom Universellen und Partikularen: Max Horkheimer, in: Rainer Erd u. a. (Hrsg.): Kritische Theorie und Kultur, Frankfurt a. M. 1989.
Dubiel, Helmut: Wissenschaftsorganisation und politische Erfahrung. Studien zur frühen Kritischen Theorie, Frankfurt a. M. 1978.
Feuer, Lewis: The Frankfurt Marxists and the Columbia Liberals, in: Survey, Summer 1980.
Frei, Norbert: Vergangenheitspolitik, München 1996.
Freimüller, T.: Max Horkheimer und die jüdische Gemeinde Frankfurt a. M., in: Boll / Gross, Hg.: Die Frankfurter Schule und Frankfurt, Göttingen 2009.
Gadamer, Hans-Georg: Der Meister der Kommunikation, in: Süddeutsche Zeitung, 18. 6. 1999.
Geyer, Carl Friedrich: Kritische Theorie. Max Horkheimer und Theodor W. Adorno, Freiburg / München 1982.
Grimminger, Michael: Revolution und Resignation. Sozialphilosophie und geschichtliche Krise im 20. Jahrhundert bei Max Horkheimer und Hans Freyer, Berlin 1996.
Gumnior, Helmut / Ringguth, Rudolf: Max Horkheimer in Selbstzeugnissen und Bilddokumenten, Reinbek 1973.
Habermas, Jürgen: Philosophische-politische Profile. Erw. Ausg. Frankfurt a. M. 1981.
Ders.: Literaturbericht zur philosophischen Diskussion um Marx und den Marxismus, in: Philosophische Rundschau, Tübingen 1971, Heft 3 / 4, wieder abgedruckt in: Ders., Theorie und Praxis, Neuausgabe, Frankfurt a. M. 1971.
Ders.: Theorie des kommunikativen Handelns, 2 Bde., Frankfurt a. M. 1981.
Ders.: Der philosophische Diskurs der Moderne, Frankfurt a. M. 1985.
Ders.: Zur Entwicklung der Sozial- und Geisteswissenschaften in der Bundesrepublik, in: Texte und Kontexte, Frankfurt a. M. 1991.
Ders.: Die Zeit hatte einen doppelten Boden, in: Die Zeit, 4. 9. 2003, wieder abgedruckt in: Adorno-Portraits, hrsg. von Stefan Müller-Doohm, Frankfurt a. M. 2007
Ders. u. a. (Hrsg.): Gespräche mit Herbert Marcuse, Frankfurt a. M. 1978.

Heuß, Anja: Die Sammlung von Moses Moritz Horkheimer, in: Exilforschung Bd. 29, 2011.
Honneth, Axel: Kritik der Macht. Reflexionsstufen einer kritischen Gesellschaftstheorie, Frankfurt a. M. 1985.
Ders. (Hrsg.): Schlüsseltexte der Kritischen Theorie, Wiesbaden 2006.
Ders. / Wellmer, Albrecht (Hrsg.): Die Frankfurter Schule und die Folgen, Berlin 1986.
Hoy, David Couzens / McCarthy, Thomas: Critical Theory, Cambridge, Mass., 1994.
Institut für Sozialforschung: Ein Bericht über die Feier seiner Wiedereröffnung, seine Geschichte und seine Arbeiten, Frankfurt a. M. 1952.
International Institut of Social Research: A Report on its History, Aims und Activities 1933–1938, Columbia University Press, New York 1938.
Jay, Martin: Dialektische Phantasie. Die Geschichte der Frankfurter Schule und des Instituts für Sozialforschung 1923–1950, Frankfurt a. M. 1976.
Kellner, Douglas: Critical Theory, Marxism and Modernity, Cambridge, Mass., 1989.
Koch, Gertrud: Die Kritische Theorie in Hollywood, in: dies.: Die Einstellung ist die Einstellung, Frankfurt a. M. 1992, S. 54–126.
Koch, Thilo: Hg.: Porträts zur deutsch-jüdischen Geistesgeschichte, Köln 1961.
Kommerell, Max: Briefe und Aufzeichnungen 1919–1944. Aus dem Nachlaß hg. von Inge Jens, Olten / Freiburg i. B. 1967.
Korn, Karl: Lange Lehrzeit, München 1979.
Kraushaar, Wolfgang (Hrsg.): Frankfurter Schule und Studentenbewegung, 3 Bde., Hamburg 1998.
Küsters, Gerd-Walter: Der Kritikbegriff der Kritischen Theorie Max Horkheimers. Historisch-systematische Untersuchung zur Theoriegeschichte, Frankfurt a. M. / New York 1980.
Löwenthal, Leo: Mitmachen wollte ich nie, Frankfurt a. M. 1980.
Ders.: Schriften Bd. 4, Judaica, Vorträge, Briefe, Frankfurt a. M. 1984.
Lohmann, Hans-Martin: Alexander Mitscherlich und die Frankfurter Schule, in: Boll / Gross, Hg.: Die Frankfurter Schule und Frankfurt, Göttingen 2009.
Lutz-Bachmann, Matthias (Hrsg.): Kritische Theorie und Religion, Würzburg 1997.
Maor, Maimon: Max Horkheimer, Berlin 1981.
Marx, Karl: Vom Selbstmord. Mit einem Vorwort von Michael Löwy, hg. von Eric A. Plaut / Kevin Anderson, Köln 2001.
Ders., Engels, Friedrich: Die heilige Familie, Werke Bd. 2, Berlin 1969.
Negt, Oskar: Denken als Gegenproduktion, in: Früchtl, Josef / Calloni, Marina (Hrsg.): Geist gegen den Zeitgeist, Frankfurt a. M. 1991, S. 76–93.
Ders.: 50 Jahre Institut für Sozialforschung, in: Der neue Egoist 2, Hannover 1976, S. 18–22.
Pangritz, Andreas: Vom Kleiner- und Unsichtbarwerden der Theologie. Ein Versuch über das Projekt einer »impliziten Theologie« bei Barth, Tillich, Bonhoeffer, Horkheimer und Adorno, Tübingen 1996.

Post, Werner: Kritische Theorie und metaphysischer Pessimismus. Zum Spätwerk Max Horkheimers, München 1971.

Reijen, Willem van / Schmid Noerr, Gunzelin (Hrsg.): Vierzig Jahre Flaschenpost: »Dialektik der Aufklärung« 1947 bis 1987, Frankfurt a. M. 1987.

Dies. (Hrsg.): Grand Hotel Abgrund. Eine Photobiographie der Frankfurter Schule, Hamburg 1990.

Rosen, Zvi: Max Horkheimer, München 1995.

Sattler, Dieter: Max Horkheimer als Moralphilosoph, Frankfurt a. M. 1996.

Schmid Noerr, Gunzelin: Nachworte des Herausgebers zu HGS 5, 8 und 18, Frankfurt a. M. 1987, 1985, 1996.

Ders.: Gesten aus Begriffen. Konstellationen der kritischen Theorie, Frankfurt a. M. 1997.

Schmidt, Alfred: Zur Idee der kritischen Theorie. Elemente der Philosophie Max Horkheimers, München 1974.

Ders. / Altwicker, Norbert (Hrsg.): Max Horkheimer heute. Werk und Wirkung, Frankfurt a. M. 1986.

Schnädelbach, Herbert: Max Horkheimer und die Moralphilosophie des deutschen Idealismus, in: ders.: Vernunft und Geschichte, Frankfurt a. M. 1987.

Skuhra, Anselm: Max Horkheimer. Eine Einführung in sein Denken, Stuttgart u. a. 1974.

Srubar, Ilja (Hrsg.): Exil, Wissenschaft, Identität. Die Emigration deutscher Sozialwissenschaftler 1933–1945, Frankfurt a. M. 1988.

Stirk, Peter M. R.: Max Horkheimer. A New Interpretation, Hemel Hempstead 1992.

Toury, Jacob: Jüdische Textilunternehmer in Baden-Württemberg 1683–1938, Tübingen 1984.

Wiggershaus, Rolf: Die Frankfurter Schule. Geschichte, theoretische Entwicklung, politische Bedeutung, München 1986.

Ders.: Max Horkheimer zur Einführung, Hamburg 1998.

Ziege, Eva-Maria: Antisemitismus und Gesellschaftstheorie. Die Frankfurter Schule im amerikanischen Exil, Frankfurt a. M. 2009.

Namenregister

(Kursive Seitenzahlen beziehen sich auf Abbildungsunterschriften)

Bildnachweis

Die Abbildungen stammen aus dem Archivzentrum der Universitätsbibliothek Frankfurt am Main, wo der Nachlass Max Horkheimers betreut wird; gedankt sei hier besonders Stephen Roeper für seine Hilfe. Die Fotos für die Abbildungen 16 und 29 stammen vom Autor. Da in einigen Fällen trotz sorgfältiger Recherche die Inhaber der Rechte nicht festzustellen oder nicht erreichbar waren, verpflichtet sich der Verlag, geltend gemachte rechtmäßige Ansprüche nach den üblichen Honorarsätzen zu vergüten.